U0570222

宋 歐陽修 宋 祁 撰

# 新唐書

第 二 册

卷一一至卷二七（志）

中華書局

# 唐書卷十一

## 志第一

### 禮樂一

由三代而上，治出於一，而禮樂達于天下；由三代而下，治出於二，而禮樂爲虛名。古者，宮室車輿以爲居，衣裳冕弁以爲服，尊爵俎豆以爲器，金石絲竹以爲樂，以適郊廟，以臨朝廷，以事神而治民。其歲時聚會以爲朝覲、聘問，懽欣交接以爲射鄉、食饗，合衆興事以爲師田、學校，下至里閭田畝，吉凶哀樂，凡民之事，莫不一出於禮。由之以敎其民爲孝慈、友悌、忠信、仁義者，常不出於居處、動作、衣服、飲食之間。蓋其朝夕從事者，無非乎此也。此所謂治出於一，而禮樂達天下，使天下安習而行之，不知所以遷善遠罪而成俗也。

及三代已亡，遭秦變古，後之有天下者，自天子百官名號位序、國家制度、宮車服器一切用秦，其間雖有欲治之主，思所改作，不能超然遠復三代之上，而牽其時俗，稍即以損益，大抵安於苟簡而已。其朝夕從事，則以簿書、獄訟、兵食爲急，曰：「此爲政也，所以治民。」至於三代禮樂，具其名物而藏於有司，時出而用之郊廟、朝廷，曰：「此爲禮也，所以敎民。」此所謂治出於二，而禮樂爲虛名。故自漢以來，史官所記事物名數、降登揖讓、拜俛伏興之節，皆有司之事爾，所謂禮之末節也。然用之郊廟、朝廷，自搢紳、大夫從事其間者，皆莫能曉習，而天下之人至於老死未嘗見也，況欲識禮樂之盛，曉然諭其意而被其敎化以成俗乎？嗚呼！習其器而不知其意，忘其本而存其末，又不能備具，所謂朝覲、聘問、射鄕、食饗、師田、學校、冠婚、喪葬之禮在者幾何？自梁以來，始以其當時所行傅於周官五禮之名，各立一家之學。

唐初，即用隋禮，至太宗時，中書令房玄齡、祕書監魏徵，與禮官、學士等因隋之禮，增以天子上陵、朝廟、養老、大射、講武、讀時令、納皇后、皇太子入學、太常行陵、合朔、陳兵太社等，爲吉禮六十一篇，賓禮四篇，軍禮二十篇，嘉禮四十二篇，凶禮十一篇，是爲貞觀禮。高宗又詔太尉長孫无忌、中書令杜正倫李義府、中書侍郎李友益、黃門侍郎劉祥道許圉師、太子賓客許敬宗、太常卿韋琨等增之爲一百三十卷，是爲顯慶禮。其文雜以式令，而義府、敬宗方得幸，多希旨傅會。事既施行，議者皆以爲非，上元三年，詔復用貞觀禮。由是終高宗世，貞觀、顯慶二禮兼行。而有司臨事，遠引古義，與二禮參考增損之，無復定制。武氏、中宗繼以亂敗，無可言者，博士掌禮，備官而已。

玄宗開元十年，以國子司業韋縚爲禮儀使，以掌五禮。十四年，通事舍人王嵒上疏，請刪去禮記舊文而益以今事，詔付集賢院議。學士張說以爲禮記不刊之書，去聖久遠，不可改易，而唐貞觀顯慶禮，儀注前後不同，宜加折衷，以爲唐禮。乃詔集賢院學士右散騎常侍徐堅、左拾遺李銳及太常博士施敬本撰述，歷年未就而銳卒，蕭嵩代銳爲學士，奏起居舍人王仲丘撰定，爲一百五十卷，是爲大唐開元禮。由是，唐之五禮之文始備，而後世用之，雖時小有損益，不能過也。

貞元中，太常禮院脩撰王涇考次歷代郊廟沿革之制及其工歌祝號，而圖其壇屋陟降之序，爲郊祀錄十卷。元和十一年，祕書郎、脩撰韋公肅又錄開元已後禮文，損益爲禮閣新儀三十卷。十三年，太常博士王彥威爲曲臺新禮三十卷，又採元和以來王公士民昏祭喪葬之禮爲續曲臺禮三十卷。嗚呼，考其文記，可謂備矣，以之施于貞觀、開元之間，亦可謂盛矣，而不能至三代之隆者，具其文而意不在焉，此所謂「禮樂爲虛名」也哉！

## 五禮

一曰吉禮。

大祀：天、地、宗廟、五帝及追尊之帝、后。中祀：社、稷、日、月、星、辰、岳、鎭、海、瀆、帝社、先蠶、七祀、文宣、武成王及古帝王、贈太子。小祀：司中、司命、司人、司祿、風伯、雨師、靈星、山林、川澤、司寒、馬祖、先牧、馬社、馬步，州縣之社稷、釋奠。而天子親祠者二十有四。三歲一祫，五歲一禘，當其歲則舉。其餘二十有二，一歲之間不能徧舉，則有司攝事。其非常祀者，有時而行之。而皇后、皇太子歲行事者各一，其餘皆有司行事。

凡歲之常祀二十有二：冬至、正月上辛，祈穀；孟夏，雩祀昊天上帝于圓丘；季秋，大享于明堂；臘，蜡百神于南郊；春分，朝日于東郊；秋分，夕月于西郊；夏至，祭地祇于方丘；孟冬，祭神州、地祇于北郊；仲春、仲秋上戊，祭于太社；立春、立夏、季夏之土王、立秋、立冬，祀五帝于四郊；孟春、孟夏、孟秋、孟冬、臘，享于太廟；孟春吉亥，享先農，遂以耕籍。

凡祭祀之節有六：一曰卜日，二曰齋戒，三曰陳設，四曰省牲器，五曰奠玉帛、宗廟之晨祼，六曰進熟、饋食。

一曰卜日。凡大祀、中祀無常日者卜，小祀則筮，皆于太廟。

卜日，前祀四十有五日，卜于廟南門之外，布卜席闑西閾外。太常卿立門東，太卜正占者立門西，卜正奠龜於席西首，灼龜之具在龜北，乃執龜立席東，北向。太卜令進受龜，詣卿示高，卿受視已，令受龜，少退俟命。卿曰：「皇帝以某日祗祀於某。」令曰：「諾。」遂還席，西向坐。命龜曰：「假爾太龜，有常。」興，授卜正龜。卜正負東扉坐，作龜，興。令進，受龜，示卿。卿受，反之。令復位，東向，占之，不釋龜，進告於卿曰：「某日從。」乃以龜還卜正。凡卜日必擧初旬；不吉，卽繇中及下，如初儀。

若筮日，則卜正啓韇出策，兼執之，受命還席，以韇擊策，述命曰：「假爾太筮，有常。」乃釋韇坐策，執卦以示，如卜儀。小祀筮日，則太卜令莅之，日吉乃用，遇廢務皆勿避。

二曰齋戒。其別有三：曰散齋，曰致齋，曰淸齋。大祀，散齋四日，致齋三日；中祀，散齋三日，致齋二日；小祀，散齋二日，致齋一日。

大祀，前期七日，太尉誓百官於尙書省曰：「某日祀某神祇于某所，各揚其職。不供其事，國有常刑。」於是乃齋。皇帝散齋于別殿；致齋，其二日于太極殿，一日于行宮。前致齋一日，尙舍奉御設御幄於太極殿西序及室內，皆東向。尙舍直長張帷於前楹下。致齋之日，質明，諸衞勒所部屯門列仗。晝漏上水一刻，侍中版奏「請中嚴」。諸衞之屬各督其隊入陳於殿庭，通事舍人引文武五品已上袴褶陪位，諸侍衞之官服其器服，諸侍臣齋者結佩，詣閤奉迎。二刻，侍中版奏「外辦」。三刻，皇帝服衮冕，結佩，乘輿出自西房，曲直華蓋，警蹕侍衞，卽御座，東向，侍臣夾侍。一刻頃，侍中前跪奏稱：「侍中臣某言，請就齋室。」皇帝降座入室，文武侍臣還本司，陪位者以次出。

凡豫祀之官，散齋理事如舊，唯不弔喪問疾，不作樂，不判署刑殺文書，不行刑罰，不預穢惡。致齋，唯行祀事，其祀官已齋而闕者攝。其餘淸齋一日。

三曰陳設。其別有五：有待事之次，有卽事之位，有門外之位，有牲器之位，有席神之位。

前祀三日，尙舍直長施大次於外壝東門之內道北，南向。衞尉設文武侍臣之次於其前，左右相向。設祀官次於東壝之外道南，從祀文官九品於其東，東方、南方朝集使又於其東，蕃客又於其東，重行異位，北向西上。介公、酅公於西壝之外道南，武官九品於其西，西方、北方朝集使又於其西，蕃客又於其西，東上。其褒聖侯若在朝，位於文官三品下。設陳饌幔於內壝東西門之外道北，南向；北門之外道東，西向。

明日，奉禮郎設御位於壇之東南，西向；望燎位當柴壇之北，南向；祀官公卿位於內壝東門之內道南，分獻之官於公卿之南，執事者又於其後，異位重行，西向北上。御史位於壇下，一在東南，西向；一在西南，東向。奉禮郎位於樂縣東北，贊者在南，差退，皆西向。又設奉禮郎、贊者位於燎壇東北，西向。皆北上。協律郎位於壇上南陛之西，東向。太樂令位於北縣之間，當壇北向。從祀文官九品位於執事之南，東方、南方朝集使又於其南，蕃客又於其南，西向北上。介公、酅公位於中壝西門之內道南，武官九品又於其南，西方、北方朝集使又於其南，蕃客又於其南，東向北上。所以即而行事也。

又設祀官及從祀羣官位於東西壝門之外，如設次，所以省牲及祀之日將入而序立也。次設牲牓於東壝之外，當門西向。蒼牲一居前，又蒼牲一、又青牲一在北，少退南上。次赤牲一、次黃牲一、白牲一、玄牲一、又赤牲一、白牲一在南，少退北上。廩犧令位於牲西南，祝史陪其後，皆北向。諸太祝位於牲東，各當牲後，祝史陪其後，西向。太常卿位於牲前少北，御史位於其西，皆南向。

又設酒尊之位。上帝，太尊、著尊、犧尊、山罍各二，在壇上東南隅，北向；象尊、壺尊、山罍各二，在壇下南陛之東，北向，俱西上。配帝，著尊、犧尊、象尊、山罍各二，在壇上，於上帝酒尊之東，北向西上。五帝、日、月各太尊二，在第一等。內官每陛間各象尊二，在第二等。中官每陛間各壺尊二，在第三等。外官每道間各概尊二，於下壇下。衆星每道間各散尊二，於內壝之外。凡尊，設於神座之左而右向。尊皆加勺冪，五帝、日、月以上，皆有坫，以置爵也。設御洗於午陛東南，亞獻、終獻同洗於卯陛之南，皆北向。罍水在洗東，篚在洗西，南肆。篚，實以巾爵也。分獻，罍、洗、篚、冪各於其方陛道之左，內向。執尊、罍、篚、冪者，各立於其後。玉幣之篚於壇上下尊坫之所。

前祀一日，晡後，太史令、郊社令各常服，帥其屬升，設昊天上帝神座於壇上北方，南向，席以稾秸。高祖神堯皇帝神座於東方，西向，席以莞。五方帝、日、月於壇第一等，青帝於東陛之北，赤帝於南陛之東，黃帝於南陛之西，白帝於西陛之南，黑帝於北陛之西，大明於東陛之南，夜明於西陛之北，席皆以稾秸。五星、十二辰、河漢及內官五十有五於第二等十有二陛之間，各依其方，席皆內向。其內官有北辰座於東陛之北，曜魄寶於北陛之西，北斗於南陛之東，天一、太一皆在北斗之東，五帝內座於曜魄寶之東，皆差在前。二十八宿及中官一百五十有九於第三等，其二十八宿及帝座、七公、日星、帝席、大角、攝提、太微、太子、明堂、軒轅、三台、五車、諸王、月星、織女、建星、天紀等一十有七皆差在前。外官一百有五於內壝之內，衆星三百六十於內壝之外，各依方次十有二道之間，席皆以莞。

若在宗廟，則前享三日，尚舍直長施大次於廟東門之外道北，南向。守宮設文武侍臣次於其後，文左武右，俱南向。設諸享官、九廟子孫於齋坊內道東近南，西向北上。文官九品又於其南，東方、南方蕃客又於其南，西向北上。介公、酅公於廟西門之外，近南。武官九品於其南，西方、北方蕃客又於其南，東向北上。前享一日，奉禮郎設御位於廟東南，西向。設享官公卿位於東門之內道南，執事者位於其後，西向北上。御史位於廟堂之下，一在東南，西向；一在西南，東向。令史各陪其後。奉禮郎位於樂縣東北，贊者二人，在南差退，俱西向。協律郎位於廟堂上前楹之間，近西，東向。太樂令位於北縣之間，北向。設從享之官位，九廟子孫於享官公卿之南，昭、穆異位。文官九品以上，又於其南，東方、南方蕃客又於其南，西向北上。介公、酅公位於西門之內道南，武官九品於其南，少西，西方、北方蕃客又於其南，東向北上。設牲牓於東門之外，如郊之位。設尊彝之位於廟堂之上下，每座斝彝一，黃彝一，犧尊、象尊、著尊、山罍各二，在堂上，皆於神座之左。獻祖、太祖、高祖、高宗尊彝在前楹間，北向；懿祖、代祖、太宗、中宗、睿宗尊彝在戶外，南向。各有坫焉。其壺尊二、太尊二、山罍四，皆在堂下階間，北向西上；簋、鉶、籩、豆在堂上，俱東側階之北。每座四簋居前，四簠次之，六登次之，六鉶次之，籩、豆爲後，皆以南爲上，屈陳而下。御洗在東階東南，亞獻又於東南，俱北向。罍水在洗東，篚在洗西，南肆。享日，未明五刻，太廟令服其服，布昭、穆之座於戶外，自西序以東：獻祖、太祖、高祖、高宗皆北廂南向，懿祖、代祖、太宗、中宗、睿宗南廂北向。每座黼扆，莞席紛純，藻席畫純，次席黼純，左右几。

四曰省牲器。省牲之日，午後十刻，去壇二百步所，禁行人。晡後二刻，郊社令、丞帥府史三人及齋郎，以尊、坫、罍、洗、篚、羃入設於位。三刻，謁者、贊引各引祀官、公卿及牲皆就位。謁者引司空，贊引引御史，入詣壇東陛，升，行掃除於上，降，行樂縣於下。初，司空將升，謁者引太常卿，贊引引御史，入詣壇東陛，升，視滌濯，降，就省牲位，南向立。廩犧令少前，曰：「請省牲。」太常卿省牲。廩犧令北面舉手曰：「腯。」諸太祝各循牲一匝。西向舉手曰：「充。」諸太祝與廩犧令以次牽牲詣廚，授太官。謁者引光祿卿詣廚，省鼎鑊，申視濯溉。祀官御史省饌具，乃還齋所。祀日，未明十五刻，太官令帥宰人以鸞刀割牲，祝史以豆取毛血，各置於饌所，遂烹牲。其于廟亦如之。

五曰奠玉帛。祀日，未明三刻，郊社令、良醞令各帥其屬入實尊、罍，太祝以玉幣置於篚，太官令帥進饌者實諸籩、豆、簠、簋於饌幔。未明二刻，奉禮郎帥贊者先入就位。贊者引御史、博士、諸太祝及令史、祝史與執事者，入自東門壇南，北向西上。奉禮郎曰：「再拜。」贊者承傳，御史以下皆再拜。執尊、罍、篚、羃者各就位。贊者引御史、諸太祝升壇東陛，御史一人，太祝二人，行埽除於上，及第一等；御史一人，太祝七人，行埽除於下。未明一刻，謁者、贊引各引羣臣就門外位，太樂令帥工人、二舞以次入，文舞陳於縣內，武舞立於縣南。謁者引司空入，奉禮郎曰：「再拜。」司空再拜，升自東陛，行埽除於上，降，行樂縣於下。謁者、贊引各引羣臣入就位。初，未明三刻，諸衞列大駕仗衞。侍中版奏「請中嚴」。乘黃令進玉輅於行宮南門外，南向。未明一刻，侍中版奏「外辦」。皇帝服衮冕，乘輿以出。皇帝升輅，如初。黃門侍郎奏「請進發」。至大次門外，南向。侍中請降輅。皇帝降輅，乘輿之次〔二〕。半刻頃，太常博士引太常卿立於大次外，當門北向。侍中版奏「外辦」。質明，皇帝服大裘而冕，博士引太常卿，太常卿引皇帝至中壝門外。殿中監進大珪，尚衣奉御又以鎭珪授殿中監以進。皇帝搢大珪，執鎭珪。禮部尚書與近侍者從，皇帝至版位，西向立。太常卿前奏：「請再拜。」皇帝再拜。奉禮郎曰：「衆官再拜。」在位者皆再拜。太常卿前曰：「有司謹具，請行事。」協律郎跪，俛伏，舉麾，樂舞六成。偃麾，戛敔，樂止。太常卿前奏：「請再拜。」皇帝再拜。奉禮郎曰：「衆官再拜。」在位者皆再拜。諸太祝跪取玉幣於篚，各立於尊所。皇帝升壇自南陛，北向立。太祝以玉幣授侍中，東向以進。皇帝搢鎭珪受之，跪奠於昊天上帝，俛伏，興，少退，再拜，立於西方，東向。太祝以幣授侍中以進，皇帝受幣，跪奠於高祖神堯皇帝，俛伏，興，拜，降自南陛，復于位。皇帝將奠配帝之幣，謁者七人，分引獻官奉玉幣俱進，跪奠於諸神之位；祝史、齋郎助奠。初，衆官再拜，祝史各奉毛血之豆入，各由其陛升，諸太祝迎取於壇上奠之，退立於尊所。

若宗廟，曰晨祼。享日，未明四刻，太廟令、良醞令各帥其屬入實尊、罍，太官令帥進饌者實諸籩、豆、簠、簋。未明三刻，奉禮郎帥贊者先入就位。贊者引御史、博士、宮闈令、太祝及令史、祝史與執事者，入自東門，當階間，北向西上。奉禮郎曰：「再拜。」御史以下皆再拜。執尊、罍、篚、冪者各就位。贊者引御史、諸太祝升自東階，行掃除於堂上，令史、祝史行掃除於下。太廟令帥其屬陳瑞物太階之西，上瑞爲前列，次瑞次之，下瑞爲後，又陳伐國寶器亦如之，皆北向西上，藉以席。未明二刻，陳腰輿於東階之東，每室各一，皆西向北上。贊者引太廟令、太祝，宮闈令帥內外執事者，以腰輿升自東階，入獻祖室，開埳室。太祝、宮闈令奉神主各置於輿，出，置於座。次出懿祖以下神主如獻祖。鑾駕將至，謁者、贊者各引享官，通事舍人分引從享羣官、九廟子孫、諸方客使，皆就門外位。鑾駕至大次門外，回輅南向。將軍降，立於輅右。侍中請降輅。皇帝降輅，乘輿之大次。通事舍人引文武五品以上從享之官皆就門外位。太樂令帥工人、二舞入。謁者引司空入，就位。奉禮郎曰：「再拜。」司空再拜，升自東階，行掃除於堂上，降，行樂縣於下。初，司空行樂縣，謁者、贊引各引享官，通事舍人分引九廟子孫、從享羣官、諸方客使入就位。皇帝停大次半刻頃，侍中版奏「外辦」。皇帝出。太常卿引皇帝至廟門外，殿中監進鎮珪，皇帝執鎮珪。近侍者從入，皇帝至版位，西向立。太常卿前曰：「再拜。」皇帝再拜。奉禮郎曰：「衆官再拜。」在位者皆再拜。太常卿前曰：「有司謹具，請行事。」協律郎舉麾，鼓柷，樂舞九成；偃麾，戛敔，樂止。太常卿曰：「再拜。」皇帝再拜。奉禮郎曰：「衆官再拜。」在位者皆再拜。皇帝詣罍洗，侍中跪取匜，興，沃水；又跪取盤，興，承水。皇帝搢珪，盥手。黃門侍郎跪取巾於篚；興，以帨受巾，跪奠於篚。又取瓚於篚，興，以進，皇帝受瓚。侍中酌水奉盤，皇帝洗瓚，黃門侍郎授巾如初。皇帝拭瓚，升自阼階，就獻祖尊彝所。執尊者舉冪，侍中贊酌鬱酒，進獻祖神座前，北向跪，以鬯祼地奠之，俛伏，興，少退，北向再拜。又就懿祖尊彝所，執尊者舉冪，侍中取瓚於坫以進，皇帝受瓚。侍中贊酌鬱酒，進懿祖神座前，南向跪，以鬯祼地奠之。次祼太祖以下，皆如懿祖。皇帝降自阼階，復于版位。初，羣官已再拜，祝史各奉毛、血及肝、膋之豆立於東門外，齋郎奉爐炭、蕭、稷、黍各立於其後，以次入自正門，升自太階。諸太祝各迎取毛、血、肝、膋於階上，進奠於神座前。祝史退立於尊所，齋郎奉爐炭置於神座之左，其蕭、稷、黍各置於其下，降自阼階以出。諸太祝取肝、膋燔於爐，還尊所。

## 校勘記

〔一〕乘輿之次　開元禮卷四、通典卷一〇九、一一四，唐會要卷九下及本卷下文「次」上均有「大」字。

# 唐書卷十二

## 志第二

### 禮樂二

六日進熟。皇帝既升，奠玉、幣。太官令帥進饌者奉饌，各陳於內壝門外。謁者引司徒出詣饌所，司徒奉昊天上帝之俎，太官令引饌入門，各至其陛。祝史俱進，跪，徹毛血之豆，降自東陛以出。諸太祝迎饌於壇上，司徒、太官令俱降自東陛以出。又進設外官、衆星之饌。皇帝詣罍洗，盥手，洗爵，升壇自南陛。司徒升自東陛，立於尊所。齋郎奉俎從升，立於司徒後。皇帝詣上帝尊所，執尊者舉冪，侍中贊酌汎齊，進昊天上帝前，北向跪，奠爵，興，少退，立。太祝持版進於神右，東向跪，讀祝文曰：「維某年歲次月朔日，嗣天子臣某，敢昭告于昊天上帝。」皇帝再拜。詣配帝酒尊所，執尊者舉冪，侍中取爵於坫以進，皇帝受爵，侍中贊酌汎齊，進高祖神堯皇帝前，東向跪，奠，興，少退，立。太祝持版進於左，北向跪，讀祝文曰：「維某年歲次月朔日，曾孫開元神武皇帝臣某，敢昭告于高祖神堯皇帝。」皇帝再拜。進昊天上帝前，北向立。太祝各以爵酌上尊福酒，合置一爵，太祝持爵授侍中以進，皇帝再拜，受爵，跪，祭酒，啐酒，奠爵，俛伏，興。太祝各帥齋郎進俎。太祝減神前胙肉，共置一俎，授司徒以進，皇帝受以授左右。皇帝跪，取爵，遂飲，卒爵。侍中進受虛爵，復於坫。皇帝俛伏，興，再拜，降自南陛，復于位。文舞出，武舞入。初，皇帝將復位，謁者引太尉詣罍洗，盥手，洗瓠爵，自東陛升壇，詣昊天上帝著尊所，執尊者舉冪，太尉酌醴齊，進昊天上帝前，北向跪，奠爵，興，再拜。詣配帝犧尊所，取爵於坫，酌醴齊，進高祖神堯皇帝前，東向跪，奠爵，興，再拜。進昊天上帝前，北向立。諸太祝各以爵酌福酒，合置一爵，進于右，西向立。太尉再拜，受爵，跪，祭酒，遂飲，卒爵。太祝進受虛爵，復於坫。太尉再拜，降，復位。初，太尉獻將畢，謁者引光祿卿詣罍洗，盥手，洗瓠爵，升，酌盎齊。終獻如亞獻。太尉將升獻，謁者七人分引五方帝及大明、夜明等獻官，詣罍洗，盥手，洗瓠爵，各由其陛升，酌汎齊，進，跪奠於神前。初，第一等獻官將升，謁者五人次引獻官各詣罍洗，盥、洗，各由其陛升壇，詣第二等內官酒尊所，酌汎齊以獻〔一〕。贊者四人次引獻官詣罍洗，盥、洗，詣外官酒尊所，酌清酒以獻。贊者四人，次引獻官詣罍洗，盥、洗，詣衆星酒尊所，酌昔酒以獻。其祝史、齋郎酌酒助奠，皆如內官。上下諸祝各進，跪徹豆，還尊所。奉禮郎曰：「賜胙。」贊者曰：「衆官再拜。」在位者皆再拜。太常卿前奏：「請再拜。」皇帝再拜。奉禮郎曰：「衆官再拜。」在位者皆再拜。樂作一成。太常卿前奏：「請就望燎位。」皇帝就位，南向立。上下諸祝各執篚，取玉、幣、祝版、禮物以上。齋郎以俎載牲體、稷、黍飯及爵酒，各由其陛降壇，詣柴壇，自南陛登，以幣、祝版、饌物置於柴上。戶內諸祝又以內官以下禮幣皆從燎。奉禮郎曰：「可燎。」東、西面各六人，以炬燎火。半柴，太常卿前曰：「禮畢。」皇帝還大次，出中壝門，殿中監前受鎮珪，以授尚衣奉御，殿中監又前受大珪。皇帝入次，謁者、贊引各引祀官，通事舍人分引從祀羣官、諸方客使以次出。贊者引御史、太祝以下俱復執事位。奉禮郎曰：「再拜。」御史以下皆再拜，出。工人、二舞以次出。

若宗廟，曰饋食。皇帝既升，祼，太官令出，帥進饌者奉饌，陳於東門之外，西向南上。謁者引司徒出，詣饌所，司徒奉獻祖之俎。太官引饌入自正門，至於太階。祝史俱進，徹毛血之豆，降自阼階以出。諸太祝迎饌於階上設之，乃取蕭、稷、黍擩於脂，燔於爐。太常卿引皇帝詣罍洗，盥手，洗爵，升自阼階，詣獻祖尊彝所，執尊者舉冪，侍中贊酌汎齊，進獻祖前，北向跪，奠爵。又詣尊所，侍中取爵於坫以進，酌汎齊，進神前，北向跪，奠爵，退立。太祝持版進於神右，東面跪，讀祝文曰：「維某年歲次月朔日，孝曾孫開元神武皇帝某，敢昭告于獻祖宣皇帝、祖妣宣莊皇后張氏。」皇帝再拜，又再拜。奠，詣懿祖尊彝，酌汎齊，進神前，南向跪，奠爵，少西，俛伏，興。又酌汎齊，進神前，南向跪，爵，少東〔二〕，退立。祝史西面跪，讀祝文。皇帝再拜，又再拜。次奠太祖、代祖、高祖、太宗、高宗、中宗、睿宗，皆如懿祖。乃詣東序，西向立。司徒升自阼階，立於前楹間，北面東上。諸太祝各以爵酌上尊福酒，合置一爵，太祝持爵授侍中以進。皇帝再拜，受爵，跪，祭酒，啐酒，奠爵，俛伏，興。諸太祝各帥齋郎進俎，太祝減神前三牲胙肉，共置一俎上；以黍、稷飯共置一籩，授司徒以進；太祝又以胙肉授司徒以進。皇帝每受，以授左右，乃跪取爵，飲，卒爵。侍中進受虛爵，以授太祝，復於坫。皇帝降自阼階，復于版位。文舞出，武舞入。初，皇帝將復位，太尉詣罍洗，盥手，洗爵，升自阼階，詣獻祖尊彝所，酌醴齊進神前，北向跪，奠爵；少東，興，再拜。又取爵於坫，酌醴齊進神前，北向跪，奠爵；少西，北向再拜。次奠懿祖、太祖、代祖、高祖、太宗、高宗、中宗、睿宗如獻祖。乃詣東序，西向立。諸太祝各以爵酌福酒，合置一爵，太祝持爵進於左，北向立。太尉再拜受爵，跪，祭酒，遂飲，卒爵。太祝進受爵，復於坫。太尉興，再拜，復于位。初，太尉獻將畢，謁者引光祿卿詣罍洗，盥、洗，升，酌盎齊。終獻如亞獻。諸太祝各進，徹豆，還尊所。奉禮郎曰：「賜胙。」贊者曰：「衆官再拜。」在位者皆再拜。太常卿前奏：「請再拜。」皇帝再拜。奉禮郎曰：「衆官再拜。」在位者皆再拜。樂一成止。太常卿前曰：「禮畢。」皇帝出門，殿中監前受鎭珪。通事舍人、謁者、贊引各引享官、九廟子孫及從享羣官、諸方客使以次出。贊引引御史、太祝以下俱復執事位。奉禮郎曰：「再拜。」御史以下皆再拜以出。工人、二舞以次出。太廟令與太祝、宮闈令帥腰輿升，納神主。其祝版燔於齋坊。

七祀，各因其時享：司命、戶以春，竈以夏，中霤以季夏土王之日，門、厲以秋，行以冬。時享之日，太廟令布神席于廟庭西門之內道南，東向北上；設酒尊于東南，罍洗又於東南。太廟令、良醞令實尊篚，太官丞引饌，光祿卿升，終獻，獻官乃卽事，一獻而止。其配享功臣，各位於其廟室太階之東，少南西向，以北爲上。壺尊二於座左，設洗於終獻洗東南，北向。以太官令奉饌，廟享已亞獻，然後獻官卽事，而助奠者分奠，一獻而止。

此冬至祀昊天上帝于圓丘、孟冬祫于太廟之禮，在乎壇壝、宗廟之間，禮盛而物備者莫過乎此也。其壇堂之上下、壝門之內外、次位之尊卑與其向立之方、出入降登之節，大抵可推而見，其盛且備者如此，則其小且略者又可推而知也。

至於壇埳、神位、尊爵、玉幣、籩豆、簠簋、牲牢、册祝之數皆略依古。

四成，而成高八尺一寸，下成廣二十丈，而五減之，至于五丈，而十有二陛者，圓丘也。

八觚三成，成高四尺，上廣十有六步，設八陛，上陛廣八尺，中陛一丈，下陛丈有二尺者，方丘也。高、廣皆四丈者，神州之壇也。其廣皆四丈，而高八尺者青帝、七尺者赤帝、五尺者黃帝、九尺者白帝、六尺者黑帝之壇也。廣四丈，高八尺者，朝日之壇也。爲坎深三尺，縱廣四丈，壇於其中，高一尺，方廣四丈者，夕月之壇也。廣五丈，以五土爲之者，社稷之壇也。高尺，廣丈，蜡壇也。高五尺，周四十步者，先農、先蠶之壇也。其高皆三尺，廣皆丈者，小祀之壇也。嶽鎭、海瀆祭於其廟，無廟則爲之壇於坎，廣一丈，四向爲陛者，海瀆之壇也。廣二丈五尺，高三尺，四出陛者，古帝王之壇也。廣一丈，高一丈二尺，戶方六尺者，大祀之燎壇也。廣八尺，高一丈，戶方三尺者，中祀之燎壇也。廣五尺，戶方二尺者，小祀之燎壇也。皆開上南出。瘞坎皆在內壝之外壬地，南出陛，方深足容物。此壇埳之制也。

冬至祀昊天上帝於圜丘，以高祖神堯皇帝配。東方青帝靈威仰、南方赤帝赤熛怒、中央黃帝含樞紐、西方白帝白招拒、北方黑帝汁光紀及大明、夜明在壇之第一等。天皇大帝、北辰、北斗、天一、太一、紫微五帝座，並差在行位前。餘內官諸坐及五星、十二辰、河漢四十九坐，在第二等十有二陛之間。中官、市垣、帝座、七公、日星、帝席、大角、攝提、太微、五帝、太子、明堂、軒轅、三台、五車、諸王、月星、織女、建星、天紀十七座及二十八宿，差在前列。其餘中官一百四十二座皆在第三等十二陛之間。外官一百五在內壝之內，衆星三百六十在內壝之外。正月上辛祈穀祀昊天上帝，以高祖神堯皇帝配，五帝在四方之陛。孟夏雩祀昊天上帝，以太宗文武聖皇帝配，五方帝在第一等，五帝在第二等，五官在壇下之東南。季秋祀昊天上帝，以睿宗大聖眞皇帝配，五方帝在五室，五帝各在其左，五官在庭，各依其方。立春祀青帝，以太皞氏配，歲星、三辰在壇下之東北，七宿在西北，句芒在東南。立夏祀赤帝，以神農氏配，熒惑、三辰、七宿、祝融氏之位如青帝。季夏土王之日祀黃帝，以軒轅氏配，鎭星、后土氏之位如赤帝。立秋祀白帝，以少昊氏配，太白、三辰、七宿、蓐收之位如赤帝。立冬祀黑帝，以顓頊氏配，辰星、三辰、七宿、玄冥氏之位如白帝。蜡祭百神，大明、夜明在壇上，神農、伊耆各在其壇上，后稷在壇東，五官、田畯各在其方，五星、十二次、二十八宿、五方之岳鎭、海瀆、山林、川澤、丘陵、墳衍、原隰、井泉各在其方之壇，龍、麟、朱鳥、騶虞、玄武、鱗、羽、贏、毛、介、水墉、坊、郵表畷、於菟、貓各在其方壇之後。夏至祭皇地祇，以高祖配，五方之岳鎭、海瀆、原隰、丘陵、墳衍在內壝之內，各居其方，而中岳以下在西南。孟冬祭神州地祇，以太宗配。社以后土，稷以后稷配。吉亥祭神農，以后稷配，而朝日、夕月無配。席，尊者以藁秸，卑者以莞。此神位之序也。

以太尊實汎齊，著尊實醴齊，犧尊實盎齊，山罍實酒，皆二；以象尊實醍齊，壺尊實沈齊，皆二；山罍實酒四：以祀昊天上帝、皇地祇、神州地祇。以著尊實汎齊，犧尊實醴齊，象尊實盎齊，山罍實酒，皆二，以祀配帝。以著尊二實醴齊，以祀內官。以犧尊二實盎齊，以祀中官。以象尊二實醍齊，以祀外官。以壺尊二實昔酒，以祀衆星、日、月。以上皆有坫。迎氣，五方帝、五人帝以六尊，惟山罍皆減上帝之半。五方帝大享於明堂，太尊、著尊、犧尊、山罍各二。五方帝從祀於圓丘，以太尊實汎齊，皆二。五人帝從享於明堂，以著尊實醴齊，皆二。日、月，以太尊實醴齊，著尊實盎齊，皆二，以山罍實酒一。從祀於圓丘，以太尊二實汎齊。神州地祇從祀於方丘，以太尊二實汎齊。五官、五星、三辰、后稷，以象尊實醍齊；七宿，以壺尊實沈齊，皆二。蜡祭，神農、伊耆氏，以著尊皆二實盎齊。田畯、龍、麟、朱鳥、騶虞、玄武，以壺尊實沈齊。鱗、羽、臝、毛、介、丘陵、墳衍、原隰、井泉、水墉、坊、郵表畷、虎、貓、昆蟲，以散尊實淸酒，皆二。嶽鎭、海瀆，以山尊實醍齊。山、川、林、澤，以蜃尊實沈齊，皆二。伊耆氏以上皆有坫。太社，以太罍實醍齊，著尊實盎齊，皆二；山罍一。太稷，后稷氏亦如之。其餘中祀，皆以犧尊實醍齊，象尊實盎齊，山罍實酒，皆二。小祀，皆以象尊二實醍齊。宗廟祫享，室以斝彝實明水，黃彝實鬯，皆一；犧尊實汎齊，象尊實醴齊，著尊實盎齊，山罍實酒，皆二。設堂上。壺尊實醍齊，大尊實沈齊，山罍實酒，皆二。設堂下。禘享，雞彝、鳥彝一。時享，春、夏室以雞彝、鳥彝一，秋、冬以斝彝、黃彝一，皆有坫。

七祀及功臣配享，以壺尊二實醍齊。別廟之享，春、夏以雞彝實明水，鳥彝實鬯，皆一；犧尊實醴齊，象尊實盎齊，山罍實酒，皆二。秋、冬以斝彝、黃彝，皆一；著尊、壺尊、山罍皆二。太子之廟，以犧尊實醴齊，象尊實盎齊，山罍實酒，皆二。凡祀，五齊之上尊，必皆實明水；山罍之上尊，必皆實明酒；小祀之上尊，亦實明水。此尊爵之數也。

冬至，祀昊天上帝以蒼璧。上辛，明堂以四圭有邸，與配帝之幣皆以蒼，內官以下幣如方色。皇地祇以黃琮，與配帝之幣皆以黃。青帝以青圭，赤帝以赤璋，黃帝以黃琮，白帝以白琥，黑帝以黑璜；幣如其玉。日以圭、璧，幣以青；月以圭、璧，幣以白。神州、社、稷以兩圭有邸，幣以黑；嶽鎭、海瀆以兩圭有邸，幣如其方色。神農之幣以赤，伊耆以黑，五星以方色，先農之幣以青，先蠶之幣以黑，配坐皆如之。它祀幣皆以白，其長丈八尺。此玉、幣之制也。

冬至祀圓丘，昊天上帝、配帝，籩十二、豆十二、簋一、簠一、㽅一、俎一。五方上帝、大明、夜明，籩八、豆八、簋一、簠一、㽅一、俎一。五星、十二辰、河漢及內官、中官，籩二、豆二、簋一、簠一、俎一。外官衆星，籩、豆、簋、簠、俎各一。正月上辛，祈穀圓丘，昊天、配帝、五方帝，如冬至。孟夏雩祀圓丘，昊天、配帝、五方帝，如冬至。五人帝，籩四、豆四、簋一、簠一、俎一。五官，籩二、豆二、簋一、簠一、俎一。季秋大享明堂，如雩祀。立春祀青帝及太昊氏，籩豆皆十二、簋一、簠一、㽅一、俎一。歲星、三辰、句芒、七宿，籩二、豆二、簋一、簠

一、俎一。其赤帝、黄帝、白帝、黑帝皆如之。䄍祭百神，大明、夜明，籩十、豆十、簋一、簠一、㽅一、俎一。神農、伊耆，籩、豆各四，簋、簠、㽅、俎各一。五星、十二辰、后稷、五方田畯、岳鎮、海瀆、二十八宿、五方山林川澤，籩、豆各二，簋、簠、俎各一。丘陵、墳衍、原隰、龍、麟、朱鳥、白虎、玄武、鱗、羽、毛、介、於菟等，籩、豆各一，簋、簠、俎各一。又井泉，籩、豆各一，簋、簠、俎各一。春分朝日，秋分夕月，籩十、豆十、簋一、簠一、㽅一、俎一。四時祭風師、雨師、靈星、司中、司命、司人、司祿，籩八、豆八、簋一、簠一、俎一。夏至祭方丘，皇地祇及配帝，籩豆皆十二、簋一、簠一、㽅一、俎一。神州，籩四、豆四、簋一、簠一、㽅一、俎一。其五岳、四鎮、四海、四瀆及五方山川林澤，籩二、豆二，簋、簠、俎各一。孟冬祭神州及配帝，籩豆皆十二、簋一、簠一、㽅一、俎一。春、秋祭太社、太稷及配坐，籩豆皆十、簋二、簠二、鉶三、俎三。四時祭馬祖、馬社、先牧、馬步，籩豆皆八、簋一、簠一、俎一。時享太廟，每室籩豆皆十二、簋二、簠二、㽅三、鉶三、俎三。七祀，籩二、豆二、簋二、簠二、俎一。祫享、功臣配享，如七祀。孟春祭帝社及配坐，籩豆皆十、簋二、簠二、㽅三、鉶三、俎三。季春祭先蠶，籩豆皆十、簋二、簠二、㽅三、鉶三、俎三。孟冬祭司寒，籩豆皆八、簋一、簠一、俎一。春、秋釋奠於孔宣父，先聖、先師，籩十、豆十、簋二、簠二、㽅三、鉶三、俎三；若從祀，籩豆皆二、簋一、簠一、俎一。春、秋釋奠於齊太公、留侯，籩豆皆十、簋二、簠二、㽅三、鉶三、俎三。仲春祭五龍，籩豆皆八、簋一、簠一、俎一。四時祭五岳、四鎮、四海、四瀆，各籩豆十、簋二、簠二、俎三。三年祭先代帝王及配坐，籩豆皆十、簋二、簠二、俎三。州縣祭社、稷、先聖，釋奠於先師，籩豆皆八、簋二、簠二、俎三。

籩以石鹽、槀魚、棗栗榛菱芡之實、鹿脯、白餅、黑餅、糗餌、粉餈。豆以韭菹醓醢〔三〕、菁菹鹿醢、芹菹兔醢、筍菹魚醢、脾析菹豚胉、酏食、糝食。中祀之籩無糗餌、粉餈，豆無酏食、糝食。小祀之籩無白餅、黑餅，豆無脾析菹豚胉。凡用皆四者，籩以石鹽、棗實、栗黃、鹿脯；豆以芹菹兔醢、菁菹鹿醢。用皆二者，籩以栗黃、牛脯；豆以葵菹鹿醢。用皆一者，籩以牛脯，豆以鹿醢。用牛脯者，通以羊。凡簠、簋皆一者，簋以稷，簠以黍。用皆二者，簋以黍、稷，簠以稻、粱。實甑以大羹，鈃以肉羹。此籩、豆、簠、簋、甑、鈃之實也。

昊天上帝，蒼犢；五方帝，方色犢；大明，青犢；夜明，白犢；神州地祇，黑犢。配帝之犢：天以蒼，地以黃，神州以黑，皆一。宗廟、太社、太稷、帝社、先蠶、古帝王、嶽鎮、海瀆，皆太牢。社、稷之牲以黑。五官、五星、三辰、七宿，皆少牢。蜡祭：神農氏、伊耆氏，少牢；后稷及五方、十二次、五官、五田畯、五嶽、四鎮、海瀆、日、月，方以犢二；星辰以降，方皆少牢五；井泉皆羊一。非順成之方則闕。風師、雨師、靈星、司中、司命、司人、司祿、馬祖、先牧、馬社、馬步，皆羊一。司寒，黑牲一。凡牲在滌，大祀九旬，中祀三旬，小祀一旬，養而不卜。無方色則用純，必有副焉。省牲而犢鳴，則免之而用副。禁其棰柎，死則瘞之，創病者請代犢，告祈之牲不養。凡祀，皆以其日未明十五刻，太官令帥宰人以鸞刀割牲，祝史以豆斂毛血置饌所，祭則奉之以入，遂亨之。肉載以俎，皆升右胖體十一：前節三，肩、臂、臑；後節二，肫、胳；正脊一，脡脊一，橫脊一，正脅一，短脅一，代脅一，皆並骨。別祭用太牢者，酒二斗，脯一段，醢四合；用少牢者，酒減半。此牲牢之別也。

祝版，其長一尺一分，廣八寸，厚二分，其木梓、楸。凡大祀、中祀，署版必拜。皇帝親祠，至大次，郊社令以祝版進署，受以出，奠於坫。宗廟則太廟令進之。若有司攝事，則進而御署，皇帝北向再拜，侍臣奉版，郊社令受以出。皇后親祠，則郊社令預送內侍，享前一日進署，后北向再拜，近侍奉以出，授內侍送享所。享日之平明，女祝奠於坫。此册祝之制也。

## 校勘記

〔一〕酌汎齊以獻　「汎齊」，開元禮卷四、通典卷一〇九、唐會要卷九下均作「醍齊」。

〔二〕南向跪爵少東　按此與上文「南向跪，奠爵，少西」相應，「爵」上當有「奠」字。

〔三〕豆以韮葅醯醢　按周禮天官：「醢人掌四豆之實，朝事之豆，其實韭菹醓醢、……。」鄭玄注：「醓，肉汁也。」開元禮卷一俎豆亦云：「其豆實以韭菹醓醢、……。」「醯」當作「醓」。

# 唐書卷十三

## 志第三

### 禮樂三

自周衰，禮樂壞于戰國而廢絕于秦。漢興，六經在者，皆錯亂、散亡、雜僞，而諸儒方共補緝，以意解詁，未得其眞，而讖緯之書出以亂經矣。自鄭玄之徒，號稱大儒，皆主其說，學者由此牽惑沒溺，而時君不能斷決，以爲有其舉之，莫可廢也。由是郊、丘、明堂之論，至於紛然而莫知所止。

禮曰：「以禋祀祀昊天上帝。」此天也，玄以爲天皇大帝者，北辰耀魄寶也。又曰：「兆五帝於四郊。」此五行精氣之神也，玄以爲青帝靈威仰、赤帝赤熛怒、黃帝含樞紐、白帝白招拒、黑帝汁光紀者，五天也。由是有六天之說，後世莫能廢焉。

唐初貞觀禮，冬至祀昊天上帝于圓丘，正月辛日祀感生帝靈威仰于南郊以祈穀，而孟夏雩于南郊，季秋大享于明堂，皆祀五天帝。至高宗時，禮官以謂太史圓丘圖，昊天上帝在壇上，而耀魄寶在壇第一等，則昊天上帝非耀魄寶可知，而祠令及顯慶禮猶著六天之說。顯慶二年，禮部尚書許敬宗與禮官等議曰：「六天出於緯書，而南郊、圓丘一也，玄以爲二物；郊及明堂本以祭天，而玄皆以爲祭太微五帝。傳曰：『凡祀，啓蟄而郊，郊而後耕。』故『郊祀后稷，以祈農事』。而玄謂周祭感帝靈威仰，配以后稷，因而祈穀。皆繆論也。」由是盡黜玄說，而南郊祈穀、孟夏雩、明堂大享皆祭昊天上帝。

乾封元年，詔祈穀復祀感帝。二年，又詔明堂兼祀昊天上帝及五帝。開元中，起居舍人王仲丘議曰：「按貞觀禮祈穀祀感帝，而顯慶禮祀昊天上帝。傳曰：『郊而後耕。』詩曰：『噫嘻春夏，祈穀于上帝。』禮記亦曰：『上辛祈穀于上帝。』而鄭玄乃云：『天之五帝迭王，王者之興必感其一，因別祭尊之。故夏正之月，祭其所生之帝於南郊，以其祖配之。故周祭靈威仰，以后稷配，因以祈穀。』然則祈穀非祭之本意，乃因后稷爲配爾，此非祈穀之本義也。夫祈穀，本以祭天也，然五帝者五行之精，所以生九穀也，宜於祈穀祭昊天而兼祭五帝。」又曰：「月令，大雩、大享帝，皆盛祭也。而孟夏雩、季秋大享，貞觀禮皆祭五方帝，而顯慶禮皆祭昊天上帝，宜兼用之以合大雩、大享之義。」既而蕭嵩等撰定開元禮，雖未能合古，而天神之位別矣。

其配神之主，武德中，冬至及孟夏雩祭皇地祇于方丘、神州地祇於北郊，以景帝配；而上辛祈穀祀感帝于南郊，季秋祀五方天帝於明堂，以元帝配。貞觀初，圓丘、明堂、北郊以高祖配，而元帝惟配感帝。高宗永徽二年，以太宗配祀明堂，而有司乃以高祖配五天帝，太宗配五人帝。太尉長孫无忌等與禮官議，以謂：「自三代以來，歷漢、魏、晉、宋，無父子同配於明堂者。祭法曰：『周人禘嚳而郊稷，祖文王而宗武王。』鄭玄以祖宗合爲一祭，謂祭五帝、五神于明堂，以文、武共配。而王肅駁曰：『古者祖功宗德，自是不毀之名，非謂配食於明堂。』春秋傳曰：『禘、郊、祖、宗、報，五者國之典祀也。』以此知祖、宗非一祭。」於是以高祖配于圓丘，太宗配于明堂。

乾封二年，詔圓丘、五方、明堂、感帝、神州皆以高祖、太宗並配。則天垂拱元年，詔有司議，而成均助教孔玄義、太子右諭德沈伯儀、鳳閣舍人元萬頃范履冰議皆不同，而卒用萬頃、履冰之說。由是郊、丘諸祠，常以高祖、太宗、高宗並配。開元十一年，親享圓丘，中書令張說、衞尉少卿韋縚爲禮儀使，乃以高祖配，而罷三祖並配。至二十年，蕭嵩等定禮，而祖宗之配定矣。

寶應元年，太常卿杜鴻漸、禮儀使判官薛頎歸崇敬等言：「禘者，冬至祭天於圓丘，周人配以遠祖。唐高祖非始封之君，不得爲太祖以配天地。而太祖景皇帝受封于唐，卽殷之契、周之后稷也，請以太祖郊配天地。」諫議大夫黎幹以謂：「禘者，宗廟之事，非祭天，而太祖非受命之君，不宜作配。」爲十詰十難以非之。書奏，不報。乃罷高祖，以景皇帝配。明年旱，言事者以爲高祖不得配之過也。代宗疑之，詔羣臣議。太常博士獨孤及議曰：「受命於神宗，禹也，而夏后氏祖顓頊而郊鯀；纘禹黜夏，湯也，而殷人郊冥而祖契；革命作周，武王也，而周人郊稷而祖文王。太祖景皇帝始封于唐，天所命也。」由是配享不易。嗚呼，禮之失也，豈獨緯書之罪哉！在於學者好爲曲說，而人君一切臨時申其私意，以增多爲盡禮，而不知煩數之爲黷也。

古者祭天於圓丘，在國之南，祭地於澤中之方丘，在國之北，所以順陰陽，因高下，而事天地以其類也。其方位旣別，而其燎壇、瘞坎、樂舞變數亦皆不同，而後世有合祭之文。則天天册萬歲元年，親享南郊，始合祭天地。

睿宗卽位，將有事於南郊，諫議大夫賈曾議曰：「祭法，有虞氏禘黃帝而郊嚳，夏后氏禘黃帝而郊鯀。郊之與廟，皆有禘也。禘於廟，則祖宗合食於太祖；禘於郊，則地祇羣望皆合於圓丘，以始祖配享。蓋有事之大祭，非常祀也。三輔故事：『祭于圓丘，上帝、后土位皆南面。』則漢嘗合祭矣。」國子祭酒褚無量、司業郭山惲等皆以曾言爲然。是時睿宗將祭地於北郊，故曾之議寢。

玄宗既已定開元禮，天寶元年，遂合祭天地于南郊。是時，神仙道家之說興，陳王府參軍田同秀言：「玄元皇帝降丹鳳門。」乃建玄元廟。二月辛卯，親享玄元皇帝廟；甲午，親享太廟；丙申，有事于南郊。其後遂以爲故事，終唐之世，莫能改也。爲禮可不愼哉！

夫男女之不相褻於內外也，況郊廟乎？中宗時，將享南郊，國子祭酒祝欽明言皇后當助祭，太常博士唐紹、蔣欽緒以爲不可，左僕射韋巨源獨以欽明說爲是。於是以皇后爲亞獻，補大臣李嶠等女爲齋娘，以執籩豆焉。至德宗貞元六年，又以皇太子爲亞獻，親王爲終獻。

孝經曰：「宗祀文王於明堂，以配上帝。」而三代有其名而無其制度，故自漢以來，諸儒之論不一，至於莫知所從，則一切臨時增損，而不能合古。然推其本旨，要於布政交神於王者尊嚴之居而已，其制作何必與古同！然爲之者至無所據依，乃引天地、四時、風氣、乾坤、五行、數象之類以爲倣像，而衆說亦不克成。

隋無明堂，而季秋大享，常寓雩壇；唐高祖、太宗時，寓於圜丘。貞觀中，禮部尚書豆盧寬、國子助教劉伯莊議：「從崑崙道上層以祭天，下層以布政。」而太子中允孔穎達以爲非。侍中魏徵以謂：「五室重屋，上圓下方，上以祭天，下以布政。自前世儒者所言雖異，而以爲如此者多同。至於高下廣狹丈尺之制，可以因事制宜也。」祕書監顏師古曰：「周書敍明堂有應門、雉門之制，以此知爲王者之常居爾。其青陽、總章、玄堂、太廟、左右个，皆路寢之名也。文王居明堂之篇，帶弓韣，禮高禖，九門磔禳，國有酒以合三族，推其事皆與月令合，則皆在路寢也。大戴禮曰在近郊，又曰文王之廟也，此奚足以取信哉？且門有臯、庫，豈得施於郊野，謂宜近在宮中。」徵及師古等皆當世名儒，其論止於如此。

高宗時改元總章，分萬年置明堂縣，示欲必立之。而議者益紛然，或以爲五室，或以爲九室，而高宗依兩議，以帟幕爲之，與公卿臨觀，而議益不一。乃下詔率意班其制度。至取象黃琮，上設鴟尾，其言益不經，而明堂亦不能立。

至則天始毀東都乾元殿，以其地立明堂，其制淫侈，無復可觀，皆不足記。其後火焚之，既而又復立；開元五年，復以爲乾元殿而不毀。初，則天以木爲瓦，夾紵漆之。二十五年，玄宗遣將作大匠康䛒素毀之。䛒素以爲勞人，乃去其上層，易以眞瓦。而迄唐之世，季秋大享，皆寓圓丘。

書曰：「七世之廟，可以觀德。」而禮家之說，世數不同。然自禮記王制、祭法、禮器，大儒荀卿、劉歆、班固、王肅之徒，以爲七廟者多。蓋自漢、魏以來，創業之君特起，其上世微，又無功德以備祖宗，故其初皆不能立七廟。

唐武德元年，始立四廟，曰宣簡公、懿王、景皇帝、元皇帝。貞觀九年，高祖崩，太宗詔有司定議。諫議大夫朱子奢請立七廟，虛太祖之室以待。於是尙書八座議：「禮曰：『天子，三昭三穆，與太祖之廟而七。』晉、宋、齊、梁皆立親廟六，此故事也。」制曰：「可。」於是祔弘農府君及高祖爲六室。二十三年，太宗崩，弘農府君以世遠毀，藏夾室，遂祔太宗；及高宗崩，宣皇帝遷于夾室，而祔高宗。皆爲六室。

武氏亂敗，中宗神龍元年，已復京太廟，又立太廟于東都。議立始祖爲七廟，而議者欲以涼武昭王爲始祖。太常博士張齊賢議以爲不可，因曰：「古者有天下者事七世，而始封之君謂之太祖。太祖之廟，百世不遷。至祫祭，則毀廟皆以昭穆合食于太祖。商祖玄王，周祖后稷，其世數遠，而遷廟之主皆出太祖後，故合食之序，尊卑不差。漢以高皇帝爲太祖，而太上皇不在合食之列，爲其尊於太祖也。魏以武帝爲太祖，晉以宣帝爲太祖，武、宣而上，廟室皆不合食于祫，至隋亦然。唐受天命，景皇帝始封之君，太祖也，以其世近，而在三昭三穆之內，而光皇帝以上，皆以屬尊不列合食。今宜以景皇帝爲太祖，復祔宣皇帝爲七室，而太祖以上四室皆不合食于祫。」博士劉承慶、尹知章議曰：「三昭三穆與太祖爲七廟者，禮也。而王迹有淺深，太祖有遠近，太祖以功建，昭穆以親崇。有功者不遷，親盡者則毀。今以太祖近而廟數不備，乃欲於昭穆之外，遠立當遷之主以足七廟，而乖迭毀之義，不可。」天子下其議大臣，禮部尙書祝欽明兩用其言，於是以景皇帝爲始祖，而不祔宣皇帝。已而以孝敬皇帝爲義宗，祔于廟，由是爲七室，而京太廟亦七室。中宗崩，中書令姚元之、吏部尙書宋璟以爲「義宗，追尊之帝，不宜列昭穆，而其葬在洛州，請立別廟于東都，而有司時享，其京廟神主藏于夾室」。由是祔中宗，而光皇帝不遷，遂爲七室矣。

睿宗崩，博士陳貞節、蘇獻等議曰：「古者兄弟不相爲後，殷之盤庚，不序於陽甲；漢之光武，不嗣於孝成；而晉懷帝亦繼世祖而不繼惠帝。蓋兄弟相代，昭穆位同，至其當遷，不可兼毀二廟。荀卿子曰：『有天下者事七世。』謂從禰以上也。若傍容兄弟，上毀祖考，則天子有不得事七世者矣。孝和皇帝有中興之功而無後，宜如殷之陽甲，出爲別廟，祔睿宗以繼高宗。」於是立中宗廟于太廟之西。

開元十年，詔宣皇帝復祔于正室，謚爲獻祖，并謚光皇帝爲懿祖，又以中宗還祔太廟，於是太廟爲九室。將親祔之，而遇雨不克行，乃命有司行事。寶應二年，祧獻祖、懿祖，祔玄宗、肅宗。自是之後，常爲九室矣。

代宗崩，禮儀使顏眞卿議：「太祖、高祖、太宗皆不毁，而代祖元皇帝當遷。」於是遷元皇帝而祔代宗。德宗崩，禮儀使杜黃裳議：「高宗在三昭三穆外，當遷。」於是遷高宗而祔德宗，蓋以中、睿爲昭穆矣。順宗崩，當遷中宗，而有司疑之，以謂則天革命，中宗中興之主也。博士王涇、史官蔣武皆以爲中宗得失在己，非漢光武、晉元帝之比，不得爲中興不遷之君。由是遷中宗而祔順宗。

自憲宗、穆宗、敬宗、文宗四世祔廟，睿、玄、肅、代以次遷。至武宗崩，德宗以次當遷，而於世次爲高祖，禮官始覺其非，以謂兄弟不相爲後，不得爲昭穆，乃議復祔代宗。而議者言：「已祧之主不得復入太廟。」禮官曰：「昔晉元、明之世，已遷豫章、潁川，後皆復祔，此故事也。」議者又言：「廟室有定數，而無後之主當置別廟。」禮官曰：「晉武帝時，景、文同廟，廟雖六代，其實七主。至元帝、明帝，廟皆十室，故賀循曰：『廟以容主爲限，而無常數也。』」於是復祔代宗，而以敬宗、文宗、武宗同爲一代。初，玄宗之復祔獻祖也，詔曰：「使親而不盡，遠而不祧。」蓋其率意而言爾，非本於禮也。而後之爲說者，乃遷就其事，以謂三昭三穆與太祖祖功宗德三廟不遷爲九廟者，周制也。及敬、文、武三宗爲一代，故終唐之世，常爲九代十一室焉。

開元五年，太廟四室壞，奉其神主于太極殿，天子素服避正殿，輟朝三日。時將行幸東都，遂謁神主于太極殿而後行。安祿山之亂，宗廟爲賊所焚，肅宗復京師，設次光順門外，嚮廟而哭，輟朝三日。其後黃巢陷京師，焚毀宗廟，而僖宗出奔，神主法物從行，皆爲賊所掠。巢敗，復京師，素服哭于廟而後入。

初，唐建東、西二都，而東都無廟。則天皇后僭號稱周，立周七廟于東都以祀武氏，改西京唐太廟爲享德廟。神龍元年，中宗復位，遷武氏廟主于西京，爲崇尊廟，而以東都武氏故廟爲唐太廟，祔光皇帝以下七室而親享焉。由是東西二都皆有廟，歲時並享。其後安祿山陷兩京，宗廟皆焚毀。肅宗卽位，西都建廟作主，而東都太廟毀爲軍營，九室神主亡失，至大曆中，始於人間得之，寓于太微宮，不復祔享。自建中至于會昌，議者不一，或以爲：「東西二京宜皆有廟，而舊主當瘞，虛其廟以俟，巡幸則載主而行。」或謂：「宜藏其神主于夾室。」或曰：「周豐、洛有廟者，因遷都乃立廟爾，今東都不因遷而立廟，非也。」又曰：「古者載主以行者，惟新遷一室之主爾，未有載羣廟之主者也。」至武宗時，悉廢羣議，詔有司擇日修東都廟。已而武宗崩，宣宗竟以太微神主祔東都廟焉。

其追贈皇后、追尊皇太后、贈皇太子往往皆立別廟。其近於禮者，後世當求諸禮。其不合於禮而出其私意者，蓋其制作與其論議皆不足取焉，故不著也。

宣宗已復河、湟三州七關，歸其功順宗、憲宗而加謚號。博士李稠請改作神主，易書新謚。右司郎中楊發等議，以謂：「古者已祔之主無改作，加謚追尊，非禮也，始於則天，然猶不改主易書，宜以新謚寶册告于陵廟可也。」是時，宰相以謂士族之廟皆就易書，乃就舊主易書新謚焉。

禘、祫，大祭也。祫以昭穆合食于太祖，而禘以審諦其尊卑，此祫、禘之義，而爲禮者失之，至於年數不同，祖、宗失位，而議者莫知所從。禮曰：「三年一祫，五年一禘。」傳曰：「五年再殷祭。」高宗上元三年十月當祫，而有司疑其年數。太學博士史玄璨等議，以爲：「新君喪畢而祫，明年而禘。自是之後，五年而再祭。蓋後禘去前禘五年，而祫常在禘後三年，禘常在祫後二年。魯宣公八年禘僖公，蓋二年喪畢而祫，明年而禘，至八年而再禘。昭公二十年禘，至二十五年又禘，此可知也。」議者以玄璨等言有經據，遂從之。睿宗崩，開元六年喪畢而祫，明年而禘。自是之後，祫、禘各自以年，不相通數。凡七祫五禘，至二十七年，禘、祫並在一歲，有司覺其非，乃議以爲一禘一祫，五年再殷，宜通數。而禘後置祫，歲數遠近，二說不同。鄭玄用高堂隆先三而後二，徐邈先二後三。而邈以謂二禘相去爲月六十，中分三十，置一祫焉。此最爲得，遂用其說。由是一禘一祫，在五年之間，合於再殷之義，而置祫先後，則不同焉。

禮，禘、祫，太祖位于西而東向，其子孫列爲昭穆，昭南向而穆北向。雖已毀廟之主，皆出而序于昭穆。殷、周之興，太祖世遠，而羣廟之主皆出其後，故其禮易明。漢、魏以來，其興也暴，又其上世微，故創國之君爲太祖而世近，毀廟之主皆在太祖之上，於是禘、祫不得如古。而漢、魏之制，太祖而上，毀廟之主皆不合食。

唐興，以景皇帝爲太祖，而世近在三昭三穆之內，至祫、禘，乃虛東向之位，而太祖與羣廟列於昭穆。代宗卽位，祔玄宗、肅宗，而遷獻祖、懿祖于夾室。於是太祖居第一室，禘、祫得正其位而東向，而獻、懿不合食。建中二年，太學博士陳京請爲獻祖、懿祖立別廟，至禘、祫則享。禮儀使顏眞卿議曰：「太祖景皇帝居百代不遷之尊，而禘、祫之時，暫居昭穆，屈己以奉祖宗可也。」乃引晉蔡謨議，以獻祖居東向，而懿祖、太祖以下左右爲昭穆。由是議者紛然。

貞元十七年〔二〕，太常卿裴郁議，以太祖百代不遷，獻、懿二祖親盡廟遷而居東向，非是。請下百寮議。工部郎中張薦等議與眞卿同。太子左庶子李嶸等七人曰：「眞卿所用，晉蔡謨之議也，謨爲『禹不先鯀』之說，雖有其言，當時不用。獻、懿二祖宜藏夾室，以合祭法『遠廟爲祧，而壇、墠有禱則祭，無禱則止』之義。」吏部郎中柳冕等十二人曰：「周禮有先公之祧，遷祖藏於后稷之廟，其周未受命之祧乎？又有先王之祧，其遷主藏於文、武之廟，其周已受命之祧乎？今獻祖、懿祖，猶周先公也，請築別廟以居之。」司勳員外郎裴樞曰：「建石室於寢園以藏神主，至禘、祫之歲則祭之。」考功員外郎陳京、同官縣尉仲子陵皆曰：「遷神主於德明、興聖廟。」京兆少尹韋武曰：「祫則獻祖東向，禘則太祖東向。」十一年，左司郎中陸淳曰：「議者多矣，不過三而已。一曰復太祖之正位，二曰並列昭穆而虛東向，三曰祫則獻祖，禘則太祖，迭居東向。而復正太祖之位爲是。然太祖復位，則獻、懿之主宜有所歸。一曰藏諸夾室，二曰置之別廟，三曰遷于園寢，四曰祔於興聖。然而藏諸夾室，則無饗獻之期；置之別廟，則非禮經之文；遷于寢園，則亂宗廟之儀。唯祔于興聖爲是。」至十九年，左僕射姚南仲等獻議五十七封，付都省集議。戶部尚書王紹等五十五人請遷懿祖祔興聖廟，議遂定，由是太祖始復東向之位。

若諸臣之享其親，廟室、服器之數，視其品。開元十二年著令，一品、二品四廟，三品三廟，五品二廟，嫡士一廟，庶人祭於寢。及定禮，二品以上四廟，三品三廟，三品以上不須爵者亦四廟，四廟有始封爲五廟，四品、五品有兼爵亦三廟，六品以下達于庶人，祭於寢。天寶十載，京官正員四品清望及四品、五品清官，聽立廟，勿限兼爵。雖品及而建廟未逮，亦聽寢祭。

廟之制，三品以上九架，厦兩旁。三廟者五間，中爲三室，左右厦一間，前後虚之，無重栱、藻井。室皆爲石室一，於西墉三之一近南，距地四尺，容二主。廟垣周之，爲南門、東門，門屋三室，而上間以廟，增建神廚於廟東之少南，齋院於東門之外少北，制勿逾於廟。三品以上有神主，五品以上有几筵。牲以少牢，羊、豕一，六品以下特豚，不以祖禰貴賤，皆子孫之牲。牲闕，代以野獸。五品以上室異牲，六品以下共牲。二品以上室以籩豆十，三品以八，四品、五品以六。五品以上室皆簠二、簋二、甑二、鉶二、俎三、尊二、罍二、勺二、爵六、盤一、坫一、篚一、牙盤胙俎一。祭服，三品以上玄冕，五品以上爵弁，六品以下進賢冠，各以其服。

凡祔皆給休五日，時享皆四日。散齋二日於正寢，致齋一日於廟，子孫陪者齋一宿於家。始廟則署主而祔，後喪闋乃祔，喪二十八月上旬卜而祔，始神事之矣。王公之主載以輅，夫人之主以翟車，其餘皆以輿。天子以四孟、臘享太廟，諸臣避之，祭仲而不臘。三歲一祫，五歲一禘。若祔、若常享、若禘祫，卜日、齋戒、省牲、視滌、濯鼎鑊，亨牲、實饌、三獻、飲福、受胙進退之數，大抵如宗廟之祀。以國官亞、終獻，無則以親賓，以子弟。

其後不卜日，而筮用亥。祭寢者，春、秋以分，冬、夏以至日。若祭春分，則廢元日。然元正，歲之始，冬至，陽之復，二節最重。祭不欲數，乃廢春分，通爲四。

祠器以烏漆，差小常制。祭服以進賢冠，主婦花釵禮衣，後或改衣冠從公服，無則常服。凡祭之在廟、在寢，既畢，皆親賓子孫慰，主人以常服見。

若宗子有故，庶子攝祭，則祝曰：「孝子某使介子某執其常事。」通祭三代，而宗子卑，則以上牲祭宗子家，祝曰：「孝子某爲其介子某薦其常事。」庶子官尊而立廟，其主祭則以支庶封官依大宗主祭，兄陪於位。以廟由弟立，己不得延神也。或兄弟分官，則各祭考妣於正寢。

古殤及無後皆祔食於祖，無祝而不拜，設坐祖左而西向，亞獻者奠，祝乃奠之，一獻而止。其後廟制設幄，當中南向，祔坐無所施，皆祭室戶外之東而西向。親伯叔之無後者祔曾祖，親昆弟及從父昆弟祔於祖，親子姪祔於禰。寢祭之位西上，祖東向而昭穆南北，則伯叔之祔者居禰下之穆位北向，昆弟、從父昆弟居祖下之昭位南向，子姪居伯叔之下穆位北向，以序尊卑。凡殤、無後，以周親及大功爲斷。

古者廟於大門內，秦出寢於陵側，故王公亦建廟於墓。既廟與居異，則宮中有喪而祭。三年之喪，齊衰、大功皆廢祭；外喪，齊衰以下行之。

校勘記

〔一〕貞元十七年　通典卷五〇、冊府卷五九〇、唐會要卷一三及本書卷二〇〇陳京傳均作「貞元七年」。

# 唐書卷十四

## 志第四

### 禮樂四

其非常祀，天子有時而行之者，曰封禪、巡守、視學、耕藉、拜陵。

文中子曰：「封禪，非古也，其秦、漢之侈心乎？」蓋其曠世不常行，而於禮無所本，故自漢以來，儒生學官論議不同，而至於不能決，則出於時君率意而行之爾。隋文帝嘗令牛弘、辛彥之等撰定儀注，爲壇泰山下，設祭如南郊而已，未嘗升山也。

唐太宗已平突厥，而年穀屢豐，羣臣請封泰山。太宗初頗非之，已而遣中書侍郎杜正倫行太山上七十二君壇迹，以是歲兩河大水而止。其後羣臣言封禪者多，乃命祕書少監顏師古、諫議大夫朱子奢等集當時名儒博士雜議，不能決。於是左僕射房玄齡、特進魏徵、中書令楊師道博採衆議奏上之，其議曰：「爲壇於泰山下，祀昊天上帝。壇之廣十二丈，高丈二尺。玉牒長一尺三寸，廣、厚五寸。玉檢如之，厚減三寸。其印齒如璽，纏以金繩五周。玉策四，皆長一尺三寸，廣寸五分，厚五分，每策皆五簡，聯以金。昊天上帝配以太祖，皇地祇配以高祖。已祀而歸格于廟，盛以金匱。匱高六寸，廣足容之，制如表函，纏以金繩，封以金泥，印以受命之璽。而玉牒藏于山上，以方石三枚爲再累，纏以金繩，封以石泥，印以受命之璽。其山上之圓壇，土以五色，高九尺，廣五丈，四面爲一階。天子升自南階，而封玉牒。已封，而加以土，築爲封，高一丈二尺，廣二丈。其禪社首亦如之。其石檢封以受命璽，而玉檢別製璽，方一寸二分，文如受命璽。以石距非經，不用。又爲告至壇，方八十一尺，高三尺，四出陛，以燔柴告至，望秩羣神。」遂著于禮，其他降禪、朝覲皆不著。至十五年，將東幸，行至洛陽，而彗星見，乃止。

高宗乾封元年，封泰山，爲圓壇山南四里，如圓丘，三壝，壇上飾以青，四方如其色，號封祀壇。玉策三，以玉爲簡，長一尺二寸，廣一寸二分，厚三分，刻而金文。玉匱一，長一尺三寸，以藏上帝之册；金匱二，以藏配帝之册。纏以金繩五周，金泥、玉璽，璽方一寸二分，文如受命璽。石䃭以方石再累，皆方五尺，厚一尺，刻方其中以容玉匱。䃭旁施檢，刻深三寸三分，闊一尺，當繩刻深三分，闊一寸五分。石檢十枚，以檢石䃭，皆長三尺，闊一尺，厚七分；印齒三道，皆深四寸，當璽方五寸，當繩闊一寸五分。檢立於䃭旁，南方、北方皆三，東方、西方皆二，去䃭隅皆一尺。䃭纏以金繩五周，封以石泥。距石十二，分距䃭隅，皆再累，皆闊二尺，長一丈，斜刻其首，令與䃭隅相應。又爲壇於山上，廣五丈，高九尺，四出陛，一壝，號登封壇。玉牒、玉檢、石䃭、石距、玉匱、石檢皆如之。爲降禪壇於社首山上，八隅、一成、八陛如方丘，三壝。上飾以黃，四方如其色，其餘皆如登封。其議略定，而天子詔曰：「古今之制，文質不同。今封禪以玉牒、金繩，而瓦尊、匏爵、秸席，宜改從文。」於是昊天上帝褥以蒼，地祇褥以黃，配褥皆以紫，而尊爵亦更焉。

是歲正月，天子祀昊天上帝于山下之封祀壇，以高祖、太宗配，如圓丘之禮。親封玉册，置石䃭，聚五色土封之，徑一丈二尺，高尺〔二〕。已事，升山。明日，又封玉册于登封壇。又明日，祀皇地祇于社首山之降禪壇，如方丘之禮，以太穆皇后、文德皇后配，而以皇后武氏爲亞獻，越國太妃燕氏爲終獻，率六宮以登，其帷帟皆錦繡。羣臣瞻望，多竊笑之。又明日，御朝覲壇以朝羣臣，如元日之禮。乃詔立登封、降禪、朝覲之碑，名封祀壇曰舞鶴臺，登封壇曰萬歲臺，降禪壇曰景雲臺，以紀瑞焉。其後將封嵩嶽，以吐蕃、突厥寇邊而止。永淳元年，又作奉天宮於嵩山南，遂幸焉。將以明年十一月封禪，詔諸儒國子司業李行偉、考功員外郎賈大隱等草具其儀，已而遇疾，不克封，至武后遂登封焉。

玄宗開元十二年，四方治定，歲屢豐稔，羣臣多言封禪，中書令張說又固請，乃下制以十三年有事泰山。於是說與右散騎常侍徐堅、太常少卿韋縚、祕書少監康子元、國子博士侯行果刊定儀注。立圓臺於山上，廣五丈，高九尺，土色各依其方。又於圓臺上起方壇，廣一丈二尺，高九尺，其壇臺四面爲一階。又積柴爲燎壇於圓臺之東南，量地之宜，柴高一丈二尺，方一丈，開上，南出戶六尺。又爲圓壇於山下，三成、十二階，如圓丘之制。又積柴於壇南爲燎壇，如山上。又爲玉册、玉匱、石𥖁，皆如高宗之制。玄宗初以謂升中於崇山，精享也，不可諠譁。欲使亞獻已下皆行禮山下壇，召禮官講議。學士賀知章等言：「昊天上帝，君也。五方精帝，臣也。陛下享君於上，羣臣祀臣於下，可謂變禮之中。然禮成於三，亞、終之獻，不可異也。」於是三獻皆升山，而五方帝及諸神皆祭山下壇。玄宗問：「前世何爲祕玉牒？」知章曰：「玉牒以通意於天，前代或祈長年，希神仙，旨尚微密，故外莫知。」帝曰：「朕今爲民祈福，無一祕請，即出玉牒以示百寮。」乃祀昊天上帝於山上壇，以高祖配。祀五帝以下諸神於山下，其祀禮皆如圓丘。而卜日、告天及廟、社、大駕所經及告至、問百年、朝覲，皆如巡狩之禮。

其登山也，爲大次於中道，止休三刻而後升。其已祭燔燎，侍中前跪稱：「具官臣某言，請封玉册。」皇帝升自南陛，北向立。太尉進昊天上帝神座前，跪取玉册，置於案以進。皇帝受玉册，跪內之玉匱，纏以金繩，封以金泥。侍中取受命寶跪以進。皇帝取寶以印玉匱，侍中受寶，以授符寶郎。太尉進，皇帝跪捧玉匱授太尉，太尉退，復位。太常卿前奏：「請再拜。」皇帝再拜，退入于次。太尉奉玉匱之梜於石𥓋南，北向立。執事者發石蓋，太尉奉玉匱，跪藏於石𥓋內。執事者覆石蓋，檢以石檢，纏以金繩，封以石泥，以玉寶遍印，引降復位。帥執事者以石距封固，又以五色土圜封。其配座玉牒封於金匱，皆如封玉匱。太尉奉金匱從降，俱復位。以金匱內太廟，藏於高祖神堯皇帝之石室。其禪于社首，皆如方丘之禮。

天子將巡狩，告於其方之州曰：「皇帝以某月于某巡狩，各脩乃守，考乃職事。敢不敬戒，國有常刑。」將發，告于圜丘。前一日，皇帝齋，如郊祀。告昊天上帝，又告于太廟、社稷。具大駕鹵簿。所過州、縣，刺史、令候於境，通事舍人承制問高年，祭古帝王、名臣、烈士。既至，刺史、令皆先奉見。將作築告至圜壇於嶽下，四出陛，設昊天上帝、配帝位。天子至，執事皆齋一日。明日，望於嶽、鎭、海、瀆、山、川、林、澤、丘、陵、墳、衍、原、隰，所司爲壇。設祭官次於東壝門外道南，北向；設饌幔內壝東門外道北，南向；設宮縣、登歌；爲瘞埳。祭官、執事皆齋一日。嶽、鎭、海、瀆、山、川、林、澤、丘、陵、墳、衍、原、隰之尊，在壇上南陛之東，北向。設玉篚及洗，設神坐壇上北方。獻官奠玉幣及爵於嶽神，祝史助奠鎭、海以下。

明日，乃肆覲，將作於行宮南爲壝。三分壝間之二在南，爲壇於北，廣九丈六尺，高九尺，四出陛。設宮縣壇南，御坐壇上之北，解劍席南陛之西。文、武官次門外東、西，刺史、令次文官南，蕃客次武官南，列輦路壇南。文官九品位壇東南，武官西南，相向。刺史、令位壇南三分庭一，蕃客位於西。又設門外位，建牙旗於壝外，黃麾大仗屯門，鈒戟陳壝中。吏部主客戶部贊羣官、客使就門外位。刺史、令贊其土之實，錦、綺、繒、布、葛、越皆五兩爲束，錦以黃帊〔三〕，常貢之物皆篚，其屬執列令後。文武九品先入就位。皇帝乘輿入北壝門，繇北陛升壇，卽坐，南向。刺史、蕃客皆入壝門，至位，再拜，奠贄，興，執贄。侍中降于刺史東北，皆拜。宣已，又拜。蕃客以舍人稱制如之。戶部導貢物入刺史前，龜首之，金次之，丹、漆、絲、纊四海九州之美物，重行陳。執者退，就東西文武前，側立。通事舍人導刺史一人，解劍脫舄，執贄升前，北向跪奏：「官封臣姓名等敢獻壤奠。」遂奠贄。舍人跪舉以東授所司，刺史劍、舄復位。初，刺史升奠贄，在庭者以次奠於位前，皆再拜。戶部尙書壇間北向跪，請以貢物付所司，侍中承制曰：「可。」所司受贄出東門。中書侍郎以州鎭表方一案俟于西門外，給事中以瑞案俟于東門外，乃就侍臣位。初，刺史將入，乃各引案分進東、西陛下。刺史將升，中書令、黃門侍郞降立，旣升，乃取表升。尙書旣請受贄，中書令乃前跪讀，黃門侍郎、給事中進跪奏瑞，侍郎、給事中導桉退，文武、刺史、國客皆再拜。北向位者出就門外位。皇帝降北陛以入，東、西位者出。設會如正、至，刺史、蕃客入門，皆奏樂如上公。

會之明日，考制度。太常卿採詩陳之，以觀風俗。命市納賈，以觀民之好惡。典禮者考時定日，同律，禮、樂、制度、衣服正之。山川神祇有不舉爲不恭，宗廟有不愼爲不孝，皆黜爵。革制度、衣服者爲叛，有討。有功德於百姓者，爵賞之。

皇帝視學，設大次于學堂後，皇太子次于大次東。設御座堂上，講榻北向〔三〕。皇太子座御座東南，西向。文臣三品以上座太子南，少退；武臣三品以上於講榻西南；執讀座於前楹，北向。侍講座執讀者西北、武官之前；論義座於講榻前，北向。執如意立於侍講之東，北向〔四〕。三館學官座武官後。設堂下版位，脫履席西階下。皇太子位於東階東南，執經於西階西南，文、武三品以上分位於南，執如意者一人在執經者後，學生位于文、武後。

其日，皇帝乘馬，祭酒帥監官、學生迎于道左。皇帝入次，執經、侍講、執如意者與文武、學生皆就位堂下。皇太子立于學堂門外，西向。侍中奏「外辦」。皇帝升北階，即坐。皇太子乃入就位，在位皆再拜。侍中敕皇太子、王公升，皆再拜，乃坐。執讀、執經釋義。執如意者以授侍講，秉詣論義坐，問所疑，退，以如意授執者，還坐，乃皆降。若賜會，則侍中宣制，皇帝返次。羣官既會，皇帝還，監官、學生辭於道左。

皇帝孟春吉亥享先農，遂以耕藉。前享一日，奉禮設御坐於壝東，西向；望瘞位於壝西南，北向；從官位於內壝東門之內道南，執事者居後；奉禮位於樂縣東北，贊者在南。又設御耕藉位於外壝南門之外十步所，南向；從耕三公、諸王、尚書、卿位於御坐東南，重行西向，以其推數爲列。其三公、諸王、尚書、卿等非耕者位於耕者之東，重行，西向北上；介公、酅公於御位西南，東向北上。尚舍設御耒席於三公之北少西，南向。奉禮又設司農卿之位於南，少退；諸執耒耜者位於公卿耕者之後、非耕者之前，西向。御耒耜一具，三公耒耜三具，諸王、尚書、卿各三人合耒耜九具。以下耒耜，太常各令藉田農人執之。

皇帝已享，乃以耕根車載耒耜於御者間，皇帝乘車自行宮降大次。乘黃令以耒耜授廩犧令，橫執之，左耜寘於席，遂守之。皇帝將望瘞，謁者引三公及從耕侍耕者、司農卿與執耒耜者皆就位。皇帝出就耕位，南向立。廩犧令進耒席南，北向，解韜出耒，執以興，少退，北向立。司農卿進受之，以授侍中，奉以進。皇帝受之，耕三推。侍中前受耒耜，反之司農卿，卿反之廩犧令，令復耒於韜，執以興，復位。皇帝初耕，執耒者皆以耒耜授侍耕者。皇帝耕止，三公、諸王耕五推，尚書、卿九推。執耒者前受之。皇帝還，入自南門，出內壝東門，入大次。享官、從享者出，太常卿帥其屬耕于千畝。

皇帝還宮，明日，班勞酒於太極殿，如元會，不賀，不爲壽。藉田之穀，斂而鍾之神倉，以擬粢盛及五齊、三酒，穰槀以食牲。

藉田祭先農，唐初爲帝社，亦曰藉田壇。貞觀三年，太宗將親耕，給事中孔穎達議曰：「禮，天子藉田南郊，諸侯東郊。晉武帝猶東南，今帝社乃東壇，未合於古。」太宗曰：「書稱『平秩東作』，而靑輅、黛耜，順春氣也。吾方位少陽，田宜于東郊。」乃耕于東郊。

垂拱中，武后藉田壇曰先農壇。神龍元年，禮部尙書祝欽明議曰：「周頌載芟：『春藉田而祈社稷。』禮：『天子爲藉千畝，諸侯百畝。』則緣田爲社，曰王社、侯社。今曰先農，失王社之義，宜正名爲帝社。」太常少卿韋叔夏、博士張齊賢等議曰：「祭法，王者立太社，然後立王社，所置之地，則無傳也。漢興已有官社，未立官稷，乃立于官社之後，以夏禹配官社，以后稷配官稷。臣瓚曰：『高紀，立漢社稷，所謂太社也。官社配以禹，所謂王社也。至光武乃不立官稷，相承至今。』魏以官社爲帝社，故摯虞謂魏氏故事立太社是也。晉或廢或置，皆無處所。或曰二社並處，而王社居西。崔氏、皇甫氏皆曰王社在藉田。按衞宏漢儀『春始東耕於藉田，引詩先農，則神農也。』又五經要義曰：『壇於田，以祀先農如社。』魏秦靜議風伯、雨師、靈星、先農、社、稷爲國六神。晉太始四年，耕於東郊，以太牢祀先農。周、隋舊儀及國朝先農皆祭神農于帝社，配以后稷。則王社、先農不可一也。今宜於藉田立帝社、帝稷，配以禹、棄，則先農、帝社並祠，叶於周之載芟之義。」欽明又議曰：「藉田之祭本王社。古之祀先農，句龍、后稷也。烈山之子亦謂之農，而周棄繼之，皆祀爲稷。共工之子曰后土，湯勝夏，欲遷而不可。故二神，社、稷主也。黃帝以降，不以羲、農列常祀，豈社、稷而祭神農乎？社、稷之祭，不取神農耒耜大功，而專於共工、烈山，蓋以三皇洪荒之迹，無取爲教。彼秦靜何人，而知社稷、先農爲二，而藉田有二壇乎？先農、王社，一也，皆后稷、句龍異名而分祭，牲以四牢。」欽明又言：「漢祀禹，謬也。今欲正王社、先農之號而未決，乃更加二祀，不可。」叔夏、齊賢等乃奏言：「經無先農，禮曰『王自爲立社，曰王社。』先儒以爲在藉田也。永徽中猶曰藉田，垂拱後乃爲先農。然則先農與社一神，今先農壇請改曰帝社壇，以合古王社之義。其祭，準令以孟春吉亥祠后土，以句龍氏配。」於是爲帝社壇，又立帝稷壇於西，如太社、太稷，而壇不設方色，以異於太社。

開元十九年，停帝稷而祀神農氏於壇上，以后稷配。二十三年，親祀神農於東郊，配以句芒，遂躬耕盡壠止。

肅宗乾元二年，詔去耒耜雕刻，命有司改造之。天子出通化門，釋軷而入壇，遂祭神農氏，以后稷配。冕而朱紘，躬九推焉。

憲宗元和五年，詔以來歲正月藉田。太常脩撰韋公肅言：「藉田禮廢久矣，有司無可考。」乃據禮經參采開元、乾元故事，爲先農壇於藉田。皇帝夾侍二人、正衣二人，侍中一人奉耒耜，中書令一人、禮部尚書一人侍從，司農卿一人授耒耜於侍中，太僕卿一人執牛，左、右衞將軍各一人侍衞。三公以宰相攝，九卿以左右僕射、尚書、御史大夫攝，三諸侯以正員一品官及嗣王攝。推數一用古制。禮儀使一人、太常卿一人贊禮；三公、九卿、諸侯執牛三十人，用六品以下官，皆服袴褶。御耒耜二，并韜皆以青。其制度取合農用，不雕飾，畢日收之。藉耒耜丈席二。先農壇高五尺，廣五丈，四出陛，其色青。三公、九卿、諸侯耒十有五。御耒之牛四，其二，副也。并牛衣。每牛各一人，絳衣介幘，取閑農務者，禮司以人贊導之。執耒持耜，以高品中官二人，不袴褶。皇帝詣望耕位，通事舍人分導文、武就耕所。太常帥其屬用庶人二十八，以郊社令一人押之。太常少卿一人，率庶人趨耕所。博士六人，分贊耕禮。司農少卿一人，督視庶人終千畝。廩犧令二人，間一人奉耒耜授司農卿，以五品、六品清官攝；一人掌耒耜，太常寺用本官。三公、九卿、諸侯耕牛四十，其十，副也，牛各一人。庶人耕牛四十，各二牛一人。庶人耒耜二十具、鍤二具，木爲刃。主藉田縣令一人，具朝服，當耕時立田側，畢乃退。畿甸諸縣令先期集，以常服陪耕所。耆艾二十人，陪於庶人耕位南。三公從者各三人，九卿、諸侯從者各一人，以助耕。皆絳服介幘，用其本司隸。是時雖草具其儀如此，以水旱用兵而止。

皇帝謁陵，行宮距陵十里，設坐於齋室，設小次於陵所道西南，大次於寢西南。侍臣次於大次西南，陪位者次又於西南，皆東向。文官於北，武官於南，朝集使又於其南，皆相地之宜。

前行二日，遣太尉告於廟。皇帝至行宮，即齋室。陵令以玉册進署。設御位於陵東南隅，西向，有岡麓之閡，則隨地之宜。又設位於寢宮之殿東陛之東南，西向。尊坫陳于堂戶東南。百官、行從、宗室、客使位神道左右，寢宮則分方序立大次前。

其日，未明五刻，陳黃麾大仗於陵寢。三刻，行事官及宗室親五等、諸親三等以上幷客使之當陪者就位。皇帝素服乘馬，華蓋、繖、扇，侍臣騎從，詣小次。步出次，至位，再拜，又再拜。在位皆再拜，又再拜。少選，太常卿請辭，皇帝再拜，又再拜。奉禮曰：「奉辭。」在位者再拜。皇帝還小次，乘馬詣大次，仗衞列立以俟行。百官、宗室、諸親、客使序立次前。皇帝步至寢宮南門，仗衞止。乃入，繇東序進殿陛東南位，再拜；升自東階，北向，再拜，又再拜。入省服玩，抆拭帳簀，進太牢之饌，加珍羞。皇帝出尊所，酌酒，入，三奠爵，北向立。太祝二人持玉册于戶外，東向跪讀。皇帝再拜，又再拜，乃出戶，當前北向立。太常卿請辭，皇帝再拜，出東門，還大次，宿行宮。

若太子、諸王、公主陪葬柏城者，皆祭寢殿東廡；功臣陪葬者，祭東序。爲位奠饌，以有司行事。

或皇后從謁，則設大次寢宮東，先朝妃嬪次於大次南，大長公主、諸親命婦之次又於其南，皆東向。以行帷具障謁所，內謁者設皇后位於寢宮東，大次前，少東。先朝妃嬪位西南，各於次東，司贊位妃嬪東北，皆東向。皇帝既發行宮，皇后乘四望車之大次，改服假髻，白練單衣。內典引導妃嬪以下就位。皇后再拜，陪者皆拜。少選，遂辭，又拜，陪者皆拜。皇后還寢東大次，陪者退。皇后鈿釵禮衣，乘輿詣寢宮，先朝妃嬪、大長公主以下從。至北門，降輿，入大次，詣寢殿前西階之西，妃嬪、公主位於西〔五〕，司贊位妃嬪東北，皆東向。皇后再拜，在位者皆拜。皇后繇西階入室，詣先帝前再拜，復詣先后前再拜，進省先后服玩，退西廂東向立，進食。皇帝出，乃降西階位。辭，再拜，妃嬪皆拜。詣大次更衣，皇帝過，乃出寢宮北門，乘車還。

天子不躬謁，則以太常卿行陵。所司撰日，車府令具軺車一馬清道，青衣、團扇、曲蓋繖，列俟于太常寺門。設次陵南百步道東，西向。右校令具薙器以備汛埽。太常卿公服乘車，奉禮郎以下從。至次，設卿位兆門外之左，陵官位卿東南，執事又於其南，皆西向。奉禮郎位陵官之西，贊引二人居南。太常卿以下再拜，在位皆拜。謁者導卿，贊引導衆官入，奉行、復位皆拜。出，乘車之它陵。有芟治，則命之。

凡國陵之制，皇祖以上至太祖陵，皆朔、望上食，元日、冬至、寒食、伏、臘、社各一祭。皇考陵，朔、望及節祭，而日進食。又薦新於諸陵，其物五十有六品。始將進御，所司必先以送太常與尚食，滋味薦之，如宗廟。

貞觀十三年，太宗謁獻陵，帝至小次，降輿，納履，入闕門，西向再拜，慟哭俯伏殆不能興。禮畢，改服入寢宮，執饌以薦。閱高祖及太穆后服御，悲感左右。步出司馬北門，泥行二百步。

永徽二年，有司言：「先帝時，獻陵既三年，惟朔、望、冬至、夏伏、臘、清明、社上食，今昭陵喪期畢，請上食如獻陵。」從之。六年正月朔，高宗謁昭陵，行哭就位，再拜擗踊畢，易服謁寢宮。入寢哭踴，進東階，西向拜號，久，乃薦太牢之饌，加珍羞，拜哭奠饌。閱服御而後辭，行哭出寢北門，御小輦還。

顯慶五年，詔歲春、秋季一巡，宜以三公行陵，太常少卿貳之，太常給鹵簿，仍著於令。始，貞觀禮歲以春、秋仲月巡陵，至武后時，乃以四季月、生日、忌日遣使詣陵起居。景龍二年，右臺侍御史唐紹上書曰：「禮不祭墓，唐家之制，春、秋仲月以使具鹵簿衣冠巡陵。天授之後，乃有起居，遂爲故事。夫起居者，參候動止，事生之道，非陵寢法。請停四季及生日、忌日、節日起居，準式二時巡陵。」手敕曰：「乾陵歲冬至、寒食以外使，二忌以內使朝奉。它陵如紹奏。」至是又獻、昭、乾陵皆日祭。太常博士彭景直上疏曰：「禮無日祭陵，惟宗廟月有祭。故王設廟、祧、壇、墠爲親疎多少之數，立七廟、一壇、一墠。曰考廟、曰王考廟、曰皇考廟、曰顯考廟，皆月祭之。遠廟爲祧，享嘗乃止。去祧爲壇，去壇爲墠，有禱焉祭之，無禱乃止。又譙周祭志：『天子始祖、高祖、曾祖、祖、考之廟，皆月朔加薦，以象平生朔食，謂之月祭。二祧之廟無月祭。』則古皆無日祭者。今諸陵朔、望食，則近於古之殷事；諸節日食，近於古之薦新。鄭注禮記：『殷事，月朔、半薦新之奠也。』又：『既大祥即四時焉。』此其祭皆在廟，近代始以朔、望諸節祭陵寢，唯四時及臘五享廟。考經據禮，固無日祭於陵。唯漢七廟議，京師自高祖下至宣帝，與太上皇、悼皇考陵旁立廟，園各有寢、便殿，故日祭於寢，月祭於便殿。元帝時，貢禹以禮節煩數，願罷郡國廟。丞相韋玄成等又議七廟外，寢園皆無復。議者亦以祭不欲數，宜復古四時祭於廟。後劉歆引春秋傳『日祭，月祀，時享，歲貢。祖禰則日祭，曾高則月祀，二祧則時享，壇、墠則歲貢』。後漢陵寢之祭無傳焉，魏、晉以降，皆不祭墓。國家諸陵日祭請停如禮。」疏奏，天子以語侍臣曰：「禮官言諸陵不當日進食。夫禮以人情沿革，何專古爲？乾陵宜朝晡進奠如故。昭、獻二陵日一進，或所司苦於費，可減朕常膳爲之。」

開元十五年敕：「宣皇帝、光皇帝陵，以縣令檢校，州長官歲一巡。」又敕：「歲春、秋巡陵，公卿具仗出城，至陵十里復。」

十七年，玄宗謁橋陵，至壖垣西闕下馬，望陵涕泗，行及神午門，號慟再拜。且以三府兵馬供衞，遂謁定陵、獻陵、昭陵、乾陵乃還。

二十三年，詔獻、昭、乾、定、橋五陵，朔、望上食，歲冬至、寒食各日設一祭。若節與朔、望、忌日合，卽準節祭料。橋陵日進半羊食。二十七年，敕公卿巡陵乘輅，其令太僕寺，陵給輅二乘及仗。明年，制：「以宣皇帝、光皇帝、景皇帝、元皇帝追尊號謚有制，而陵寢所奉未稱。建初、啓運陵如興寧、永康陵，置署官、陵戶，春、秋仲月，分命公卿巡謁。二十年詔：建初、啓運、興寧、永康陵，歲四時、八節，所司與陵署具食進。」天寶二年，始以九月朔薦衣於諸陵。又常以寒食薦餳粥、雞毬、雷車，五月薦衣、扇。

陵司舊曰署，十三載改獻、昭、乾、定、橋五陵署爲臺，令爲臺令，陞舊一階。是後諸陵署皆稱臺。

大曆十四年，禮儀使顏眞卿奏：「今元陵請朔、望、節祭，日薦，如故事；泰陵惟朔、望、歲冬至、寒食、伏、臘、社一祭，而罷日食。」制曰：「可。」貞元四年，國子祭酒包佶言：「歲二月、八月，公卿朝拜諸陵，陵臺所由導至陵下，禮略無以盡恭。」於是太常約舊禮草定曰：「所司先撰吉日，公卿輅車、鹵簿就太常寺發，抵陵南道東設次，西向北上。公卿既至次，奉禮郎設位北門外之左，陵官位其東南，執事官又於其南。謁者導公卿，典引導衆官就位，皆拜。公卿、衆官以次奉行，拜而還。」

故事，朝陵公卿發，天子視事不廢。十六年，拜陵官發，會董晉卒，廢朝。是後公卿發，乃因之不視事。

元和元年，禮儀使杜黃裳請如故事，豐陵日祭，崇陵唯祭朔、望、節日、伏、臘。二年，宰臣建言：「禮有著定，後世徇一時之慕，過於煩，并故陵廟有薦新，而節有遣使，請歲太廟以時享，朔、望上食，諸陵以朔、望奠，親陵以朝晡奠，其餘享及忌日告陵皆停。」

## 校勘記

〔一〕高尺　舊書卷二三禮儀志、唐會要卷七「尺」上有「九」字。

〔二〕錦以黃帊　開元禮卷六二、通典卷一一八均作「飾以黃帊」。

〔三〕講榻北向　開元禮卷五二、通典卷一一七俱云：「監司設講榻於御座之西，南向。」

〔四〕執如意立於侍講之東北向　開元禮卷五二、通典卷一一七俱云：「其執如意者一人，立於侍講之南，東面。」

〔三〕妃嬪公主位於西 開元禮卷四五、通典卷一一六均謂「其妃嬪、公主等陪從，立於皇后之南」。

# 唐書卷十五

## 志第五

### 禮樂五

皇后歲祀一，季春吉巳享先蠶，遂以親桑。散齋三日於後殿；致齋一日於正寢，一日於正殿。前一日，尙舍設御幄於正殿西序及室中，俱東向。致齋之日，晝漏上水一刻，尙儀版奏「請中嚴」。尙服帥司仗布侍衞，司賓引內命婦陪位。六尙以下，各服其服，詣後殿奉迎。尙儀版奏「外辦」。上水二刻，皇后服鈿釵禮衣，結珮，乘輿出自西房，華蓋警蹕。皇后卽御座，六尙以下侍衞。一刻頃，尙儀前跪奏稱：「尙儀妾姓言，請降就齋室。」皇后降座，乘輿入室。散齋之日，內侍帥內命婦之吉者，使蠶於蠶室，諸預享者皆齋。

前享三日，尙舍直長設大次於外壝東門之內道北，南向；內命婦及六尙以下次於其後，俱南向。守宮設外命婦次，大長公主、長公主、公主以下於南壝之外道西，三公夫人以下在其南，重行異位，東向北上。陳饌幔於內壝東門之外道南，北向。前享二日，太樂令設宮縣之樂於壇南內壝之內，諸女工各位於縣後。右校爲采桑壇於壇南二十步所，方三丈，高五尺，四出陛。尙舍量施帷障於外壝之外，四面開門，其東門足容厭翟車。前享一日，內謁者設御位於壇之東南，西向；望瘞位於西南，當瘞埳，西向。亞獻、終獻位於內壝東門之內道南，執事者位於其後，重行異位，西向北上。典正位於壇下，一位於東南，西向；一位於西南，東向。女史各陪其後。司贊位於樂縣東北，掌贊二人在南，差退，西面。又設司贊、掌贊位於埋埳西南，東面南上；典樂舉麾位於壇上南陛之西，東向；司樂位於北縣之間，當壇北向。內命婦位於終獻之南，絕位，重行異位，西向北上；外命婦位於中壝南門之外，大長公主以下於道東，西向〔一〕，當內命婦，差退；太夫人以下於道西，去道遠近如公主，重行異位，相向北上。又設御采桑位於壇上，東向；內命婦采桑位於壇下，當御位東南，北向西上；執御鉤、筐者位於內命婦之西少南，西上；內外命婦執鉤、筐者位各於其采桑位之後。設門外位：享官於東壝之外道南，從享內命婦於享官之東，北面西上；從享外命婦於南壝之外道西，如設次。設酒尊之位於壇上東南隅，北向西上；御洗於壇南陛東南，亞獻之洗又於東南，俱北向；幣篚於壇上尊坫之所。晡後，內謁者帥其屬以尊坫、罍洗、篚冪入，設於位。升壇者自東陛。享日，未明十五刻，太官令帥宰人以鸞刀割牲，祝史以豆取毛血置於饌所，遂烹牲。五刻，司設升，設先蠶氏神座於壇上北方，南向。

前享一日，金吾奏：「請外命婦等應集壇所者聽夜行，其應采桑者四人，各有女侍者進筐、鉤載之而行。」其日未明四刻，搥一鼓爲一嚴；二刻，搥二鼓爲再嚴。尚儀版奏「請中嚴」。一刻，搥三鼓爲三嚴。司賓引內命婦入，立於庭，重行，西面北上。六尚以下詣室奉迎。尚服負寶，內僕進厭翟車於閤外，尚儀版奏「外辦」。馭者執轡，皇后服鞠衣，乘輿以出，華蓋、侍衞、警蹕。內命婦從出門。皇后升車，尚功進鉤，司製進筐，載之。內命婦及六尚等乘車從，諸翊駕之官皆乘馬。駕動，警蹕，不鳴鼓角。內命婦、宮人以次從。

其日三刻，尚儀及司醞帥其屬入，實尊罍及幣，太官令實諸籩、豆、簠、簋、俎等，內謁者帥其屬詣廚奉饌入，設於饌幔內。駕將至，女相者引享官，內典引引外命婦，俱就門外位。駕至大次門外，迴車南向，尚儀進車前跪奏稱：「尚儀妾姓言，請降車。」皇后降車，乘輿之大次，華蓋、繖、扇。尚儀以祝版進，御署，出奠於坫。尚功、司製進受鉤、筐以退，典贊引亞獻及從享內命婦俱就門外位。司贊帥掌贊先入就位，女相者引尚儀、典正及女史、祝史與女執尊罍篚冪者入自東門，當壇南，北向西上。司贊曰：「再拜。」掌贊承傳，尚儀以下皆再拜，就位。司樂帥女工人入，典贊引亞獻、終獻，女相者引執事者，司賓引內命婦，內典引引外命婦入，就位。皇后停大次半刻頃，司言引尚宮立於大次門外，當門北向。尚儀版奏「外辦」。

皇后出次，入自東門，至版位，西向立。尚宮曰：「再拜。」皇后再拜。司贊曰：「衆官再拜。」在位者皆再拜。尚宮曰：「有司謹具，請行事。」樂三成。尚宮曰：「再拜。」皇后再拜。司贊曰：「衆官再拜。」在位者皆再拜。壇上尚儀跪取幣於篚，興，立於尊所。皇后自壇南陛升，北面立，尚儀奉幣東向進，皇后受幣，進，北向，跪奠於神座，少退，再拜，降自南陛，復于位。初，內外命婦拜訖，女祝史奉毛血之豆立於內壝東門之外，皇后已奠幣，乃奉毛血入，升自南陛，尚儀迎引於壇上，進，跪奠於神座前。皇后既升奠幣，司膳出，帥女進饌者奉饌陳於內壝東門之外。皇后既降，復位。司膳引饌入，至階。女祝史跪徹毛血之豆，降自東陛以出。饌升自南陛，尚儀迎引於壇上，設於神座前。皇后詣罍洗，尚儀跪取匜，興，沃水；司言跪取盤，興，承水。皇后盥。司言跪取巾於篚，進以帨，受巾，跪奠於篚。乃取爵於篚，興，進，受爵。尚儀酌罍水，司言奉盤，皇后洗爵，司言授巾，皆如初。皇后升自壇南陛，詣酒尊。尚儀贊酌醴齊，進先蠶氏神座前，北向跪，奠爵，興，少退，立。尚儀持版進於神座之右，東面跪讀祝文。皇后再拜，尚儀以爵酌上尊福酒，西向進，皇后再拜受爵，跪，祭酒，啐酒，奠爵，興。尚儀帥女進饌者持籩、俎進神前，三牲胙肉各置一俎，又以籩取稷、黍飯共置一籩。尚儀以飯籩、胙俎西向以次進，皇后每受以授左右。乃跪取爵，遂飲，卒爵，興，再拜，降自南陛，復于位。初，皇后獻將畢，典贊引貴妃詣罍洗，盥手，洗爵，自東陛升壇，酌盎齊于象尊，進神座前，北向跪，奠爵，興，少退，再拜。尚儀以爵酌福酒進，貴妃再拜受爵，跪祭，遂飲，卒爵，再拜，降自東陛，復位。昭儀終獻如亞獻。尚儀進神座前，跪徹豆。司贊曰：「賜胙。」掌唱曰：「衆官再拜。」在位者皆再拜。尚宮曰：「再拜。」皇后再拜。司贊曰：「衆官再拜。」在位者皆再拜。尚宮請就望瘞位，司贊帥掌贊就瘞埳西南位，皇后至望瘞位，西向立。尚儀執篚進神座前，取幣，自北陛降壇，西行詣瘞埳，以幣置於埳。司贊曰：「可瘞埳。」東西各四人實土半埳。尚宮曰：「禮畢，請就采桑位。」尚宮引皇后詣采桑壇，升自西陛，東向立。

初，皇后將詣望瘞位，司賓引內外命婦采桑者、執鉤筐者皆就位。內外命婦一品各二人，二品、三品各一人。皇后既至，尚功奉金鉤自北陛升，進。典製奉筐從升。皇后受鉤，采桑，典製以筐受之。皇后采三條止，尚功前受鉤，典製以筐俱退。皇后初采桑，典製等各以鉤授內外命婦。皇后采桑訖，內外命婦以次采，女史執筐者受之。內外命婦一品采五條，二品采九條，止，典製等受鉤，與執筐者退，復位。司賓各引內外命婦采桑者以從〔三〕，至蠶室，尚功以桑授蠶母，蠶母切之以授婕妤食蠶，灑一箔止。尚儀曰：「禮畢。」尚宮引皇后還大次，內外命婦各還其次。尚儀、典正以下俱復執事位。司贊曰：「再拜。」尚儀以下皆再拜，出。女工人以次出。其祝版燔於齊所。

車駕還宮之明日，內外命婦設會於正殿，如元會之儀，命曰勞酒。

其有司歲所常祀者十有三：立春後丑日祀風師，立夏後申日祀雨師，立秋後辰日祀靈星，立冬後亥日祀司中、司命、司人、司祿，季夏土王之日祭中霤，孟冬祭司寒。皆一獻。祝稱：「天子謹遣。」

其中春、中秋釋奠于文宣王、武成王，皆以上丁、上戊，國學以祭酒、司業、博士三獻，樂以軒縣。前享一日，奉禮郎設三獻位于東門之內道北，執事位於道南，皆西向北上；學官、館官位於縣東，當執事西南，西向，學生位於館官之後，皆重行北上；觀者位於南門之內道之左右，重行北面，相對爲首。設三獻門外位於東門之外道南，執事位於其後，每等異位，北向西上；館官、學官位於三獻東南，北向西上。設先聖神座於廟室內西楹間，東向；先師於先聖東北，南向；其餘弟子及二十一賢以次東陳，南向西上。其餘皆如常祀。

皇子束脩：束帛一篚，五匹；酒一壺，二斗；脩一案，五脡。其日平明，皇子服學生之服其服青衿。至學門外。博士公服，執事者引立學堂東階上，西面。相者引皇子立於門東，西面。陳束帛篚、壺酒、脯案於皇子西南，當門北向，重行西上。將命者出，立門西，東面，曰：「敢請就事。」皇子少進，曰：「某方受業於先生，敢請見。」將命者入告。博士曰：「某也不德，請皇子無辱。」若已封王，則云「請王無辱」。將命者出告，皇子固請。博士曰：「某也不德，請皇子就位，某敢見。」將命者出告，皇子曰：「某不敢以視賓客，請終賜見。」將命者入告，博士曰：「某辭不得命，敢不從。」將命者出告，執篚者以篚東面授皇子，皇子執篚。博士降俟于東階下，西面。相者引皇子，執事者奉壺酒、脩案以從，皇子入門而左，詣西階之南，東面。奉酒、脩者立於皇子西南，東面北上。皇子跪，奠篚，再拜。博士答再拜，皇子還避，遂進，跪取篚。相者引皇子進博士前，東面授幣，奉壺酒、脩案者從，奠於博士前，博士受幣，執事者取酒、脩、幣以東。相者引皇子立於階間近南，北面，奉酒、脩者出。皇子拜訖，相者引皇子出。

其學生束帛、酒、脩以見，如皇子。

武德二年，始詔國子學立周公、孔子廟；七年，高祖釋奠焉，以周公爲先聖，孔子配。九年封孔子之後爲褒聖侯。貞觀二年，左僕射房玄齡、博士朱子奢建言：「周公、尼父俱聖人，然釋奠於學，以夫子也。大業以前，皆孔丘爲先聖，顏回爲先師。」乃罷周公，升孔子爲先聖，以顏回配。四年，詔州、縣學皆作孔子廟。十一年，詔尊孔子爲宣父，作廟於兗州，給戶二十以奉之。十四年，太宗觀釋奠於國子學，詔祭酒孔穎達講孝經。

二十一年，詔左丘明、卜子夏、公羊高、穀梁赤、伏勝、高堂生、戴聖、毛萇、孔安國、劉向、鄭衆、賈逵、杜子春、馬融、盧植、鄭康成、服虔、何休、王肅、王弼、杜預、范甯二十二人皆以配享。而尼父廟學官自祭之，祝曰：「博士某昭告于先聖。」州、縣之釋奠，亦以博士祭。中書侍郎許敬宗等奏：「禮：『學官釋奠于其先師。』鄭氏謂：『詩、書、禮、樂之官也。』四時之學，將習其道，故釋奠各以其師，而不及先聖。惟春、秋合樂，則天子視學，有司總祭先聖、先師。秦、漢釋奠無文，魏則以太常行事，晉、宋以學官主祭。且國學樂以軒縣，尊、俎須於官，非臣下所可專也。請國學釋奠以祭酒、司業、博士爲三獻，辭稱『皇帝謹遣』。州學以刺史、上佐、博士三獻，縣學以令、丞、主簿若尉三獻。如社祭，給明衣。」會皇太子釋奠，自爲初獻，以祭酒張後胤亞獻，光州刺史攝司業趙弘智終獻。

永徽中，復以周公爲先聖，孔子爲先師，顏回、左丘明以降皆從祀。顯慶二年，太尉長孫无忌等言：「禮：『釋奠于其先師。』若禮有高堂生，樂有制氏，詩有毛公，書有伏生。又禮：『始立學，釋奠于先聖。』鄭氏注：『若周公、孔子也。』故貞觀以夫子爲聖，衆儒爲先師。且周公作禮樂，當同王者之祀。」乃以周公配武王，而孔子爲先聖。

總章元年，太子弘釋奠于學，贈顏回爲太子少師，曾參少保。咸亨元年，詔州、縣皆營孔子廟。武后天授元年，封周公爲褒德王，孔子爲隆道公。神龍元年，以鄒、魯百戶爲隆道公采邑，以奉歲祀，子孫世襲褒聖侯。睿宗太極元年，以兗州隆道公近祠戶三十供灑掃，加贈顏回太子太師，曾參太子太保，皆配享。

玄宗開元七年，皇太子齒冑於學，謁先聖，詔宋璟亞獻，蘇頲終獻。臨享，天子思齒冑義，乃詔二獻皆用冑子，祀先聖如釋奠。右散騎常侍褚无量講孝經、禮記文王世子篇。

明年，司業李元瓘奏：「先聖廟爲十哲象，以先師顏子配，則配象當坐，今乃立侍。餘弟子列象廟堂不豫享，而范甯等皆從祀。請釋奠十哲享於上，而圖七十子於壁。曾參以孝受經於夫子，請享之如二十二賢。」乃詔十哲爲坐象，悉豫祀。曾參特爲之象，坐亞之。圖七十子及二十二賢於廟壁。

二十七年，詔夫子既稱先聖，可謚曰文宣王，遣三公持節册命，以其嗣爲文宣公，任州長史，代代勿絕。先時，孔廟以周公南面，而夫子坐西墉下。貞觀中，廢周公祭，而夫子位未改。至是，二京國子監、天下州縣夫子始皆南向，以顏淵配。贈諸弟子爵公侯：子淵兗公，子騫費侯，伯牛鄆侯，仲弓薛侯，子有徐侯，子路衞侯，子我齊侯，子貢黎侯，子游吳侯，子夏魏侯。又贈曾參以降六十七人：參成伯，顓孫師陳伯，澹臺滅明江伯，宓子賤單伯，原憲原伯，公冶長莒伯，南宮适郯伯，公皙哀郳伯，曾點宿伯，顏路杞伯，商瞿蒙伯，高柴共伯，漆雕開滕伯，公伯寮任伯，司馬牛向伯，樊遲樊伯，有若卞伯，公西赤邵伯，巫馬期鄅伯，梁鱣梁伯，顏柳蕭伯，冉孺郜伯，曹卹豐伯，伯虔鄒伯，公孫龍黃伯，冉季產東平伯，秦子南少梁伯，漆雕斂武城伯，顏子驕琅邪伯，漆雕徒父須句伯，壤駟赤北徵伯，商澤睢陽伯，石作蜀郈邑伯，任不齊任城伯，公夏首亢父伯，公良孺東牟伯，后處營丘伯，秦開彭衙伯，奚容蒧下邳伯〔三〕，公肩定新田伯，顏襄臨沂伯，鄡單銅鞮伯，句井疆淇陽伯，罕父黑乘丘伯，秦商上洛伯，申黨召陵伯，公祖子之期思伯，榮子旗雩婁伯，縣成鉅野伯，左人郢臨淄伯，燕伋漁陽伯，鄭子徒滎陽伯，秦非汧陽伯，施常乘氏伯，顏噲朱虛伯，步叔乘淳于伯，顏之僕東武伯，原亢籍萊蕪伯，樂欬昌平伯，廉絜莒父伯，顏何開陽伯，叔仲會瑕丘伯，狄黑臨濟伯，邽巽平陸伯，孔忠汶陽伯，公西與如重丘伯，公西蒧祝阿伯。於是二京之祭，牲太牢、樂宮縣、舞六佾矣。州縣之牲以少牢而無樂。

二十八年，詔春秋二仲上丁，以三公攝事，若會大祀，則用中丁，州、縣之祭，上丁。上元元年，肅宗以歲旱罷中、小祀，而文宣之祭，至仲秋猶祠之於太學。永泰二年八月，脩國學祠堂成，祭酒蕭昕始奏釋奠，宰相元載、杜鴻漸、李抱玉及常參官、六軍將軍就觀焉。自復二京，惟正會之樂用宮縣，郊廟之享，登歌而已，文、武二舞亦不能具。至是，魚朝恩典監事，乃奏宮縣於論堂，而雜以教坊工伎。貞元九年季冬，貢舉人謁先師日與親享廟同，有司言上丁釋奠與大祠同，即用中丁，乃更用日謁於學。元和九年，禮部奏貢舉人謁先師，自是不復行矣。

開元十九年，始置太公尙父廟，以留侯張良配。中春、中秋上戊祭之，牲、樂之制如文宣。出師命將，發日引辭于廟。仍以古名將十人爲十哲配享。天寶六載，詔諸州武舉人上省，先謁太公廟。乾元元年，太常少卿于休烈奏：「秋享漢祖廟，旁無侍臣，而太公乃以張良配。子房生漢初，佐高祖定天下，時不與太公接。古配食廟庭，皆其佐命；太公，人臣也，誼無配享。請以張良配漢祖廟。」

上元元年，尊太公爲武成王，祭典與文宣王比，以歷代良將爲十哲象坐侍。秦武安君白起、漢淮陰侯韓信、蜀丞相諸葛亮、唐尙書右僕射衞國公李靖、司空英國公李勣列於左，漢太子少傅張良、齊大司馬田穰苴、吳將軍孫武、魏西河守吳起、燕昌國君樂毅列於右，以良爲配。後罷中祀，遂不祭。

建中三年，禮儀使顏眞卿奏：「治武成廟，請如月令春、秋釋奠。其追封以王，宜用諸侯之數，樂奏軒縣。」詔史館考定可配享者，列古今名將凡六十四人圖形焉：越相國范蠡，齊將孫臏，趙信平君廉頗，秦將王翦，漢相國平陽侯曹參、左丞相絳侯周勃、前將軍北平太守李廣、大司馬冠軍侯霍去病，後漢太傅高密侯鄧禹、左將軍膠東侯賈復、執金吾雍奴侯寇恂、伏波將軍新息侯馬援、太尉槐里侯皇甫嵩，魏征東將軍晉陽侯張遼，蜀前將軍漢壽亭侯關羽，吳偏將軍南郡太守周瑜、丞相婁侯陸遜，晉征南大將軍南城侯羊祜、撫軍大將軍襄陽侯王濬，東晉車騎將軍康樂公謝玄，前燕太宰錄尚書太原王慕容恪，宋司空武陵公檀道濟，梁太尉永寧郡公王僧辯，北齊尚書右僕射燕郡公慕容紹宗，周大冢宰齊王宇文憲，隋上柱國新義公韓擒虎、柱國太平公史萬歲，唐右武候大將軍鄂國公尉遲敬德、右武衛大將軍邢國公蘇定方、右武衛大將軍同中書門下平章事韓國公張仁亶、兵部尚書同中書門下三品中山公王晙、夏官尚書同中書門下三品朔方大總管王孝傑；齊相管仲、安平君田單，趙馬服君趙奢、大將軍武安君李牧，漢梁王彭越、太尉條侯周亞夫、大將軍長平侯衞青、後將軍營平侯趙充國，後漢大司馬廣平侯吳漢、征西大將軍夏陽侯馮異、建威大將軍好畤侯耿弇、太尉新豐侯段熲，魏太尉鄧艾，蜀車騎將軍西鄉侯張飛，吳武威將軍南郡太守孱陵侯呂蒙、大司馬荆州牧陸抗，晉鎮南大將軍當陽侯杜預、太尉長沙公陶侃，前秦丞相王猛，後魏太尉北平王長孫嵩，宋征虜將軍王鎮惡，陳司空南平公吳明徹，北齊右丞相咸陽王斛律光，周太傅大宗伯燕國公于謹、右僕射鄖國公韋孝寬，隋司空尚書令越國公楊素、右武候大將軍宋國公賀若弼，唐司空河間郡王孝恭、禮部尚書聞喜公裴行儉、兵部尚書同中書門下三品代國公郭元振、朔方節度使兼御史大夫張齊丘、太尉中書令尚父汾陽郡王郭子儀。

貞元二年，刑部尚書關播奏：「太公古稱大賢，下乃置亞聖，義有未安。而仲尼十哲，皆當時弟子，今以異時名將，列之弟子，非類也。請但用古今名將配享，去亞聖十哲之名。」自是，唯享武成王及留侯，而諸將不復祭矣。

四年，兵部侍郎李紓言：「開元中，太公廟以張良配，以太常卿、少卿三獻，祝文曰：『皇帝遣某敢昭告。』至上元元年贈太公以王爵，祭典同文宣，有司遂以太尉獻，祝版親署。夫太公周之太師，張良漢之少傅，今至尊屈禮於臣佐，神何敢歆？且文宣百世所宗，故樂以宮縣，獻以太尉，尊師崇道也。太公述作止六韜，勳業著一代，請祝辭不進署，改昭告爲敬祭，留侯爲致祭，獻官用太常卿以下。」百官議之，多請如紓言。左司郎中嚴涚等議曰：「按紓援典訓尊卑之節，當矣，抑猶有未盡。夫大名徽號，不容虛美，而太公兵權奇計之人耳，當殷之失德，諸侯歸周，遂爲佐命。祀典不云乎，『法施於人則祀之』？如仲尼祖述堯舜，憲章文武，刪詩書，定禮樂，使君君、臣臣、父父、子子皆宗之，法施於人矣。貞觀中，以太公兵家者流，始令磻溪立廟。開元漸著上戊釋奠禮，其進不薄矣。上元之際，執事者苟意於兵，遂封王爵，號擬文宣，彼於聖人非倫也。謂宜去武成王號，復爲太公廟，奠享之制如紓請。」刑部員外郎陸淳等議曰：「武成王，殷臣也，紂暴不諫，而佐周傾之。夫尊道者師其人，使天下之人入是廟，登是堂，稽其人，思其道，則立節死義之士安所奮乎？聖人宗堯、舜，賢夷、齊，不法桓、文，不贊伊尹，殆謂此也。武成之名，與文宣偶，非不刊之典也。臣愚謂罷上元追封立廟，復磻溪祠，有司以時享，斯得矣。」左領軍大將軍令狐建等二十四人議曰：「兵革未靖，宜右武以起忠烈。今特貶損，非勸也。且追王爵，以時祠，爲武教主，文、武並宗，典禮已久，改之非也。」乃詔以將軍爲獻官，餘用紓奏。自是，以上將軍、大將軍、將軍爲三獻。

其五岳、四鎭，歲一祭，各以五郊迎氣日祭之。東岳岱山於兗州，東鎭沂山於沂州，南岳衡山於衡州，南鎭會稽於越州，中岳嵩高於河南，西岳華山於華州，西鎭吳山於隴州，北岳常山於定州，北鎭醫無閭於營州，東海於萊州，淮於唐州，南海於廣州，江於益州，西海及河於同州，北海及濟於河南。

校勘記

〔一〕西向 各本原作「東西」，據開元禮卷四八及通典卷一一五改。

〔二〕司賓各引內外命婦采桑者以從 「以從」，開元禮卷四八、通典卷一一五作「退復位。司賓引婕妤一人詣蠶室，尙宮帥執鉤、筐者以次從」。

〔三〕奚容蒧 「蒧」，各本原作「箴」，據史記卷六七仲尼弟子列傳、開元禮卷五四及通典卷五三改。

# 唐書卷十六

## 志第六

### 禮樂六

二曰賓禮，以待四夷之君長與其使者。

蕃國主來朝，遣使者迎勞。前一日，守宮設次於館門之外道右，南向。其日，使者就次，蕃主服其國服，立於東階下，西面。使者朝服出次，立於門西，東面；從者執束帛立於其南。有司出門，西面曰：「敢請事。」使者曰：「奉制勞某主。」稱其國名。有司入告，蕃主迎於門外之東，西面再拜，俱入。使者先升，立於西階上，執束帛者從升，立於其北，俱東向。蕃主乃升，立於東階上，西面。使者執幣曰：「有制。」蕃主將下拜，使者曰：「有後制，無下拜。」蕃主旋，北面再拜稽首。使者宣制，蕃主進受命，退復位，以幣授左右，又再拜稽首。使者降，出立於門外之西，東面。蕃主送於門之外，西，止使者，揖以俱入，讓升，蕃主先升東階上，西面；使者升西階上，東面。蕃主以土物儐使者〔二〕，使者再拜受。蕃主再拜送物，使者降，出，蕃主從出門外，皆如初。蕃主再拜送使者，還。蕃主入，鴻臚迎引詣朝堂，依方北面立，所司奏聞，舍人承敕出，稱「有敕」。蕃主再拜。宣勞，又再拜。乃就館。

皇帝遣使戒蕃主見日，如勞禮。宣制曰：「某日，某主見。」蕃主拜稽首。使者降，出，蕃主送。

蕃主奉見。前一日，尙舍奉御設御幄於太極殿，南向；蕃主坐於西南，東向。守宮設次，太樂令展宮縣，設舉麾位於上下，鼓吹令設十二桉，乘黃令陳車輅，尙輦奉御陳輿輦。典儀設蕃主立位於縣南道西，北面；蕃國諸官之位於其後，重行，北面西上；典儀位于縣之東北，贊者二人在南，差退，俱西面。諸衞各勒部，屯門列黃麾仗。所司迎引蕃主至承天門外，就次。本司入奏，鈒戟近仗皆入。典儀帥贊者先入，就位。侍中版奏「請中嚴」。諸侍衞之官及符寶郞詣閤奉迎，蕃主及其屬各立於閤外西廂，東面。侍中版奏「外辦」。皇帝服通天冠、絳紗袍，乘輿以出。舍人引蕃主入門，舒和之樂作。典儀曰：「再拜。」蕃主再拜稽首。侍中承制降詣蕃主西北，東面曰：「有制。」蕃主再拜稽首。乃宣制，又再拜稽首。侍中還奏，承制降勞，敕升座。蕃主再拜稽首，升座。侍中承制勞問，蕃主俛伏避席，將下拜，侍中承制曰：「無下拜。」蕃主復位，拜而對。侍中還奏，承制勞還館。蕃主降，復縣南位，再拜稽首。其官屬勞以舍人，與其主俱出。侍中奏「禮畢」。皇帝興。

若蕃國遣使奉表幣，其勞及戒見皆如蕃國主。庭實陳於客前，中書侍郎受表置於案，至西階以表升。有司各率其屬受其幣焉。

其宴蕃國主及其使，皆如見禮。皇帝已即御坐，蕃主入，其有獻物陳於其前。侍中承制降敕，蕃主升座。蕃主再拜奉贄，曰：「某國蕃臣某敢獻壤奠。」侍中升奏，承旨曰：「朕其受之。」侍中降於蕃主東北，西面，稱「有制」。蕃主再拜，乃宣制。又再拜以贄授侍中，以授有司。有司受其餘幣，俱以東。舍人承旨降敕就座，蕃國諸官俱再拜。應升殿者自西階，其不升殿者分別立於廊下席後。典儀曰：「就坐。」階下贊者承傳，皆就座。太樂令引歌者及琴瑟至階，脫履，升坐，其笙管者，就階間北面立。尚食奉御進酒，至階，典儀曰：「酒至，興。」階下贊者承傳，皆俛伏，興，立。殿中監及階省酒，尚食奉御進酒，皇帝舉酒，良醞令行酒。典儀曰：「再拜。」階下贊者承傳，皆再拜，受觶。皇帝初舉酒，登歌作昭和三終。尚食奉御受虛觶，奠于坫。酒三行，尚食奉御進食，典儀曰：「食至，興。」階下贊者承傳，皆興，立。殿中監及階省桉，尚食奉御品嘗食，以次進，太官令行蕃主以下食桉。典儀曰：「就坐。」階下贊者承傳，皆就坐。皇帝乃飯，蕃主以下皆飯。徹桉，又行酒，遂設庶羞。二舞以次入，作。食畢，蕃主以下復位于縣南，皆再拜。若有篚篚，舍人前承旨降宣敕，蕃主以下又再拜，乃出。

其三日軍禮。

皇帝親征。

纂嚴。前期一日，有司設御幄於太極殿，南向。文武羣官次於殿庭東西，每等異位，重行北向。乘黃令陳革輅以下車旗于庭。其日未明，諸衞勒所部，列黃麾仗。平明，侍臣、將帥、從行之官皆平巾幘、袴褶。留守之官公服，就次。上水五刻，侍中版奏「請中嚴」。鈒戟近仗列于庭。三刻，羣官就位，諸侍臣詣閤奉迎。侍中版奏「外辦」。皇帝服武弁，御輿以出，卽御座。典儀曰：「再拜。」在位者皆再拜。中書令承旨敕百寮羣官出，侍中跪奏「禮畢」。皇帝入自東房，侍臣從至閤。

乃禷于昊天上帝。前一日，皇帝清齊於太極殿，諸豫告之官、侍臣、軍將與在位者皆清齊一日。其日，皇帝服武弁，乘革輅，備大駕，至于壇所。其牲二及玉幣皆以蒼。尊以太尊、山罍各二，其獻一。皇帝已飲福，諸軍將升自東階，立于神座前，北向西上，飲福受胙。將軍之次在外壝南門之外道東，西向北上。其卽事之位在縣南，北面。每等異位，重行西上。

其奠玉帛、進熟、飲福、望燎，皆如南郊。

其宜于社，造于廟，皆各如其禮而一獻。軍將飲福于太稷，廟則皇考之室。

其凱旋，則陳俘馘於廟南門之外，軍實陳于其後。

其解嚴，皇帝服通天冠、絳紗袍，羣臣再拜以退，而無所詔。其餘皆如纂嚴。

若禡于所征之地，則爲壝再重，以熊席祀軒轅氏。兵部建兩旗于外壝南門之外，陳甲冑、弓矢于神位之側，植矟于其後。尊以犧、象、山罍各二，饌以特牲。皇帝服武弁，羣臣戎服，三獻。其接於神者皆如常祀，瘞而不燎。其軍將之位如禷。

其軷于國門，右校委土於國門外爲軷，又爲瘞埳於神位西北，太祝布神位於軷前，南向。太官令帥宰人刳羊。郊社之屬設尊、罍、篚、冪於神左，俱右向；置幣於尊所。皇帝將至，太祝立於罍、洗東南，西向再拜，取幣進，跪奠於神。進饌者薦脯醢，加羊於軷西首。太祝盥手洗爵，酌酒進，跪奠於神，興，少退，北向立，讀祝。太祝再拜。少頃，帥齋郎奉幣、爵、酒饌，宰人舉羊肆解之，太祝幷載，埋於埳。執尊者徹罍、篚、席，駕至，權停。太祝以爵酌酒，授太僕卿，左併轡，右受酒，祭兩軹及軌前，乃飲，授爵，駕轢軷而行。

其所過山川，遣官告，以一獻。若遣將出征，則皆有司行事。

賊平而宣露布。其日，守宮量設羣官次。露布至，兵部侍郎奉以奏聞，承制集文武羣官、客使於東朝堂，各服其服。奉禮設版位於其前，近南，文東武西，重行北向。又設客使之位。設中書令位於羣官之北，南面。吏部、兵部贊羣官、客使，謁者引就位。中書令受露布置於桉。令史二人絳公服，對舉之以從。中書令出，就南面位，持桉者立於西南，東面。中書令取露布，稱「有制」。羣官、客使皆再拜。遂宣之，又再拜，舞蹈，又再拜。兵部尙書進受露布，退復位，兵部侍郎前受之。中書令入，羣官、客使各還次。

仲冬之月，講武於都外。

前期十有一日，所司奏請講武。兵部承詔，遂命將帥簡軍士，除地爲場，方一千二百步，四出爲和門。又爲步、騎六軍營域，左右廂各爲三軍，北上。中間相去三百步，立五表，表間五十步，爲二軍進止之節。別墠地於北廂，南向。前三日，尙舍奉御設大次於墠。前一日，講武將帥及士卒集於墠所，建旗爲和門，如方色。都墠之中及四角皆建五采牙旗、旗鼓甲仗。大將以下，各有統帥。大將被甲乘馬，敎習士衆。少者在前，長者在後。其還，則反之。長者持弓矢，短者持戈矛，力者持旌，勇者持鉦、鼓、刀、楯爲前行，持矟者次之，弓箭者爲後。使其習見旌旗、金鼓之節。旗臥則跪，旗舉則起。

講武之日，未明十刻而嚴，五刻而甲，步軍爲直陣以俟，大將立旗鼓之下。六軍各鼓十

二、鉦一、大角四。未明七刻，鼓一嚴，侍中奏「開宮殿門及城門」。五刻，再嚴，侍中版奏「請中嚴」。文武官應從者俱先置，文武官皆公服，所司爲小駕。二刻，三嚴，諸衞各督其隊與鈒戟以次入，陳於殿庭。皇帝乘革輅至墠所，兵部尙書介冑乘馬奉引，入自北門，至兩步軍之北，南向。黃門侍郎請降輅。乃入大次。兵部尙書停於東廂，西向。領軍減小駕，騎士立於都墠之四周〔二〕，侍臣左右立於大次之前，北上。九品以上皆公服，東、西在侍臣之外十步所，重行北上。諸州使人及蕃客先集於北門外，東方、南方立於道東，西方、北方立於道西，北上。駕將至，奉禮曰：「再拜」〔三〕。在位者皆再拜。皇帝入次，謁者引諸州使人，鴻臚引蕃客，東方、南方立於大次東北，西方、北方立於西北，觀者立於都墠騎士仗外四周，然後講武。

吹大角三通，中軍將各以鞞令鼓，二軍俱擊鼓。三鼓，有司偃旗，步士皆跪。諸帥果毅以上，各集於其中軍。左廂中軍大將立於旗鼓之東，西面，諸軍將立於其南；右廂中軍大將立於旗鼓之西，東面，諸軍將立於其南。北面，以聽大將誓。左右三軍各長史二人，振鐸分循，諸果毅各以誓詞告其所部。遂聲鼓，有司舉旗，士衆皆起行，及表，擊鉦，乃止。又擊三鼓，有司偃旗，士衆皆跪。又擊鼓，有司舉旗，士衆皆起，驟及表，乃止。東軍一鼓，舉青旗爲直陣；西軍亦鼓，舉白旗爲方陣以應。次西軍鼓，舉赤旗爲銳陣；東軍亦鼓，舉黑旗爲曲陣以應。次東軍鼓，舉黃旗爲圜陣；西軍亦鼓，舉青旗爲直陣以應。次西軍鼓，舉白旗爲方陣；東軍亦鼓，舉赤旗爲銳陣以應。次東軍鼓，舉黑旗爲曲陣；西軍亦鼓，舉黃旗爲圜陣以應。凡陣，先舉者爲客，後舉者爲主。每變陣，二軍各選刀、楯五十人挑戰，第一、第二挑戰迭爲勇怯之狀，第三挑戰爲敵均之勢，第四、第五挑戰爲勝敗之形。每將變陣，先鼓而直陣，然後變從餘陣之法。既已，兩軍俱爲直陣。又擊三鼓，有司偃旗，士衆皆跪。又謦鼓舉旗，士衆皆起，騎馳、徒走，左右軍俱至中表，相擬擊而還。每退至一行表，跪起如前，遂復其初。侍中跪奏「請觀騎軍」，承制曰：「可。」二軍騎軍皆如步軍之法，每陣各八騎挑戰，五陣畢，大擊鼓而前，盤馬相擬擊而罷。遂振旅。侍中跪奏稱：「侍中臣某言，禮畢。」乃還。

皇帝狩田之禮，亦以仲冬。

前期，兵部集衆庶脩田法，虞部表所田之野，建旗於其後。前一日，諸將帥士集於旗下。質明，弊旗，後至者罰。兵部申田令，遂圍田。其兩翼之將皆建旗。及夜，布圍，闕其南面。駕至田所，皇帝鼓行入圍，鼓吹令以鼓六十陳於皇帝東南，西向；六十陳於西南，東向。皆乘馬，各備簫角。諸將皆鼓行圍。乃設驅逆之騎。皇帝乘馬南向，有司斂大綏以從。

諸公、王以下皆乘馬，帶弓矢，陳於前後。所司之屬又斂小綏以從。乃驅獸出前。初，一驅過，有司整飭弓矢以前。再驅過，有司奉進弓矢。三驅過，皇帝乃從禽左而射之。每驅必三獸以上。皇帝發，抗大綏，然後公、王發，抗小綏。驅逆之騎止，然後百姓獵。

凡射獸，自左而射之，達於右腢爲上射，達右耳本爲次射，左髀達於右䯚爲下射。羣獸相從不盡殺，已被射者不重射。不射其面，不翦其毛。凡出表者不逐之。田將止，虞部建旗於田內，乃雷擊駕鼓及諸將之鼓，士從躁呼。諸得禽獻旗下，致其左耳。大獸公之，小獸私之。其上者供宗廟，次者供賓客，下者充庖廚。乃命有司饁獸於四郊，以獸告至於廟社。

射。

前一日，太樂令設宮縣之樂，鼓吹令設十二桉於射殿之庭，東面縣在東階東，西面縣在西階西。南北二縣及登歌廣開中央，避射位。張熊侯去殿九十步，設乏於侯西十步、北十步。設五楅庭前，少西。布侍射者位於西階前，東面北上。布司馬位於侍射位之南，東面。布獲者位乏東，東面。布侍射者射位於殿階下，當前少西，橫布，南面。侍射者弓矢俟於西門外。陳賞物於東階下，少東。置罰豐於西階下，少西。設罰尊於西階，南北以殿深。設篚於尊西，南肆，實爵加冪。

其日質明，皇帝服武弁，文武官俱公服，典謁引入見，樂作，如元會之儀。酒二徧，侍中一人奏稱：「有司謹具，請射。」侍中一人前承制，退稱：「制曰可。」王、公以下皆降。文官立於東階下，西面北上。武官立於西階下，於射乏後，東面北上。持鈒隊羣立於兩邊，千牛備身二人奉御弓及矢立於東階上，西面，執弓者在北。又設坫於執弓者之前，又置御決、拾笥於其上。獲者持旌自乏南行，當侯東，行至侯，負侯北面立。侍射者出西門外，取弓矢，兩手奉弓，搢乘矢帶，入，立於殿下射位西，東面。司馬奉弓自西階升，當西楹前，南面，揮弓，命獲者以旌去侯西行十步，北行至乏止。司馬降自西階，復位。千牛中郎一人奉決、拾以笥，千牛將軍奉弓，千牛郎將奉矢，進，立於御榻東少南，西向。郎將跪奠笥於御榻前，少東。遂拂以巾，取決，興。贊設決。又跪取拾，興，贊設拾。以笥退，奠於坫。千牛將軍北面張弓，以袂順左右隈，上再下一，弓左右隈，謂弓面上下。以衣袂摩拭上面再，下面一。西面，左執弣、右執簫以進。千牛郎將以巾拂矢進，一一供御。欲射，協律郎舉麾，先奏鼓吹，及奏樂騶虞五節，御及射〔四〕，第一矢與第六節相應，第二矢與第七節相應，以至九節。協律郎偃麾，樂止。千牛將軍以矢行奏，中曰「獲」，下曰「留」，上曰「揚」，左曰「左方」，右曰「右方」。留，謂矢短不及侯；揚，謂矢過侯；左、右，謂矢偏不正。千牛將軍於御座東，西面受弓，退，付千牛於東階上。千牛郎將以笥受決、拾，奠於坫。

侍射者進，升射席北面立，左旋，東面張弓，南面挾矢。協律郎舉麾，乃作樂，不作鼓吹。樂奏貍首三節，然後發矢。若侍射者多，則齊發。第一發與第四節相應，第二發與第五節相應，以至七節。協律郎偃麾，樂止。弓右旋，東西弛弓，如面立，乃退復西階下，立。司馬升自西階，自西楹前，南面，揮弓，命取矢。取矢者以御矢付千牛於東階下，侍射者釋弓於位，庭前北面東上。有司奏請賞罰，侍中稱：「制曰可。」有司立楅之西，東面，監唱射矢。取矢者各唱中者姓名。中者立於東階下，西面北上；不中者立於西階下，東面北上。俱再拜。有司於東階下以付賞物。酌者於罰尊西，東面，跪，奠爵於豐上。不中者進豐南，北面跪，取爵，立飲，卒爵，奠豐下。酌者北面跪，取虛爵酌奠，不中者以次繼飲，皆如初。典謁引王公以下及侍射者，皆庭前北面相對爲首，再拜訖，引出。持鈒隊復位。皇帝入，奏樂，警蹕。有司以弓矢出中門外，侍射者出。

若特射無侍射之人，則不設楅，不陳賞罰。若燕遊小射，則常服，不陳樂縣，不行會禮。

合朔伐鼓〔五〕。

其日前二刻，郊社令及門僕赤幘絳衣，守四門，令巡門監察。鼓吹令平巾幘、袴褶，帥工人以方色執麾旒，分置四門屋下，設龍蛇鼓於右。東門者立於北塾，南面；南門者立於東塾，西面；西門者立於南塾，北面；北門者立於西塾，東面。隊正一人平巾幘、袴褶，執刀，帥衞士五人執五兵立於鼓外，矛在東，戟在南，斧、鉞在西，矟在北。郊社令立纛於社壇四隅，以朱絲繩縈之。太史一人赤幘、赤衣，立於社壇北，向日觀變。黃麾次之；龍鼓一次之，在北；弓一、矢四次之。諸兵鼓立俟變。日有變，史官曰：「祥有變。」工人舉麾，龍鼓發聲如雷。史官曰：「止。」乃止。

其日，皇帝素服，避正殿，百官廢務，自府史以上皆素服，各於其廳事之前，重行，每等異位，向日立。明復而止。

貞元三年八月，日有食之，有司將伐鼓，德宗不許。太常卿董晉言：「伐鼓所以責陰而助陽也，請聽有司依經伐鼓。」不報。由是其禮遂廢。

大儺之禮。

選人年十二以上、十六以下爲侲子，假面，赤布袴褶。二十四人爲一隊，六人爲列。執事十二人，赤幘、赤衣，麻鞭。工人二十二人，其一人方相氏，假面，黃金四目，蒙熊皮，黑衣、朱裳，右執楯〔六〕；其一人爲唱帥，假面，皮衣，執棒；鼓、角各十，合爲一隊。隊別鼓吹令一人，太卜令一人，各監所部；巫師二人。以逐惡鬼于禁中。有司預備每門雄鷄及酒，攢於宮城正門、皇城諸門磔攘，設祭。太祝一人，齋郎三人，右校爲瘞埳，各於皇城中門外之右。前一日之夕，儺者赴集所，具其器服以待事。

其日未明，諸衞依時刻勒所部，屯門列仗，近仗入陳於階。鼓吹令帥儺者各集於宮門外。內侍詣皇帝所御殿前奏「侲子備，請逐疫」。出命寺伯六人，分引儺者於長樂門、永安門以入，至左右上閤，鼓譟以進。方相氏執戈揚楯唱，侲子和，曰：「甲作食殃，胇胃食虎，雄伯食魅，騰簡食不祥，攬諸食咎，伯奇食夢，彊梁、祖明共食磔死寄生，委隨食觀，錯斷食巨，窮奇、騰根共食蠱，凡使一十二神追惡凶，赫汝軀，拉汝幹，節解汝肉，抽汝肺腸，汝不急去，後者爲糧。」周呼訖，前後鼓譟而出，諸隊各趨順天門以出，分詣諸城門，出郭而止。

儺者將出，祝布神席，當中門南向。出訖，宰手、齋郎瘞牲匈磔之神席之西，藉以席，北首。齋郎酌清酒，太祝受，奠之。祝史持版於座右，跪讀祝文曰：「維某年歲次月朔日，天子遣太祝臣姓名昭告于太陰之神。」興，奠版于席，乃舉牲并酒瘞於埳。

## 校勘記

〔一〕蕃主以土物賓使者　「土」，各本原作「主」，據開元禮卷七九、通典卷一三一改。

〔二〕騎士立於都墠之四周　「四」，各本原作「西」，據開元禮卷八五、通典卷一三二改。

〔三〕奉禮曰再拜　「再」，各本原作「可」，據開元禮卷八五、通典卷一三二及本卷上下文改。

〔四〕御及射　開元禮卷八六、通典卷一三三「及」作「乃」。

〔五〕合朔伐鼓　「合」上各本原有「不」字，據開元禮卷九〇、通典卷一三三刪。

〔六〕右執楯　開元禮卷九〇、通典卷一三三均作「右執戈，左執楯」。

# 唐書卷十七

## 志第七

### 禮樂七

四曰嘉禮。

皇帝加元服。

有司卜日，告于天地宗廟。

前一日，尚舍設席於太極殿中楹之間，莞筵紛純，加藻席緇純，加次席黼純。有司設次，展縣，設案，陳車輦。設文官五品以上位於縣東，武官於縣西，六品以下皆於橫街之南，北上。朝集使分方於文武官當品之下，諸親位於四品、五品之下，皇宗親在東，異姓親在西。蕃客分方各於朝集使六品之南，諸州使人於朝集使九品之後。又設太師、太尉位於橫街之南，道東，北面西上。典儀於縣東北，贊者二人在南，少退，俱西向。又設門外位於東西朝堂，如元日。

其日，侍中版奏「請中嚴」。太樂令、鼓吹令帥工人入就位。有司設罍洗於阼階東南，設席於東房內，近西，張帷於東序外。殿中監陳衮服於內席，東領，緇纚、玉簪及櫛三物同箱，在服南。又設莞筵一，紛純，加藻席緇純，加次席黼純，在南。尙食實醴尊於東序外帷內，坫在尊北，實角、觶、柶各一。饌陳於尊西，籩、豆各十二；俎三，在籩、豆之北。設罍洗於尊東。衮冕、玉導置於箱。太常博士一人，立於西階下，東面。諸侍衞之官俱詣閤奉迎，典儀帥贊者及羣官以次入就位。太常博士引太常卿升西階，立於西房外，當戶北向。侍中版奏「外辦」。皇帝服空頂黑介幘、絳紗袍，出自西房，卽御座立。太師、太尉入就位。典儀曰：「再拜。」贊者承傳，在位者皆再拜。太師升自西階，立於東階上，東面。太尉詣阼階下罍洗，盥手，升自東階，詣東房，取纚櫛箱進，跪奠於御座西端。太師詣御座前跪奏曰：「坐。」皇帝坐。太尉當前少左，跪，脫幘置於箱，櫛畢，設纚，興，少西，東面立。太師降，盥，受冕，右執項，左執前，升自西階，當前少左，祝曰：「令月吉日，始加元服。壽考惟祺，以介景福。」乃跪，冠，興，復西階上位。太尉前，少左，跪，設簪，結纓，興，復位。皇帝興，適東房。殿中監徹櫛纚箱以退。

皇帝衮服出，卽席南向坐。太尉詣序外帷內，盥手洗觶，酌醴，加柶覆之，面葉，立於序內，南面。太師進受醴，面柄，前，北向祝曰：「甘醴唯厚，嘉薦令芳。承天之休，壽考不忘。」退，降立於西階下，東面。將祝，殿中監率進饌者奉饌設於前，皇帝左執觶，右取脯，擩於醢，祭於籩、豆之間。太尉取胏一以進，皇帝奠觶於薦西，受胏，舒左執本，右絕末以祭，上左手嚌之，授太尉。太尉加於俎，降，立於太師之南。皇帝帨手取觶，以柶祭醴，啐醴，建柶，奠觶於薦東。太師、太尉復橫街南位。典儀曰：「再拜。」贊者承傳，在位者皆再拜。太師、太尉出。侍中前跪奏「禮畢」。皇帝興，入自東房，在位者以次出。

皇太子加元服。

有司豫奏司徒一人爲賓，卿一人爲贊冠，吏部承以戒之。前一日，尚舍設御幄於太極殿，有司設羣官之次位，展縣，設桉，陳車輿，皆如皇帝之冠。設賓受命位於橫街南道東，贊冠位於其後，少東，皆北面。又設文武官門外位於順天門外道東、西。其日，侍中奏「請中嚴」。羣官有司皆就位。賓、贊入立於太極門外道東，西面。黃門侍郎引主節持幡節，中書侍郎引制書桉，立於樂縣東南，西面北上。侍中奏「外辦」。皇帝服通天冠、絳紗袍，乘輿出自西房，即御坐。賓、贊入就位。典儀曰：「再拜。」在位皆再拜。侍中及舍人前承制，侍中降至賓前，稱「有制」。公再拜。侍中曰：「將加冠於某之首，公其將事。」公少進，北面再拜稽首，辭曰：「臣不敏，恐不能供事，敢辭。」侍中升奏，又承制降，稱：「制旨公其將事，無辭。」公再拜。侍中、舍人至卿前稱敕旨，卿再拜。侍中曰：「將加冠於某之首，卿宜贊冠。」卿再拜。黃門侍郎執節立於賓東北，西面。賓再拜受節，付于主節，又再拜。中書侍郎取制書立賓東北，西面，賓再拜，受制書，又再拜。典儀曰：「再拜。」贊者承傳，在位皆再拜。賓、贊出，皇帝降坐，入自東房，在位者以次出。初，賓、贊出門，以制書置於桉，引以幡節，威儀、鐃吹及九品以上，皆詣東宮朝堂。

冠前一日，衞尉設賓次於重明門外道西，南向，贊冠於其西南。又設次於門內道西，以待賓、贊。又設皇太子位於閤外道東，西向。三師位於道西，三少位於其南少退，俱東向。又設軒縣於庭，皇太子受制位於縣北，解劍席於東北，皆北面。

冠日平明，宮臣皆朝服，其餘公服，集於重明門外朝堂。宗正卿乘車侍從，詣左春坊權停。左右二率各勒所部，屯門列仗。左庶子版奏「請中嚴」。羣官有司入就位。設罍洗於東階東南。設冠席於殿上東壁下少南，西向；賓席於西階上，東向；主人席於皇太子席西南，西向；三師席於冠席北，三少席於冠席南〔一〕。張帷於東序內，設褥席於帷中。又張帷於序外，具饌。內直郎陳服於帷內，東領北上：衮冕，金飾象笏；遠游冠，緇布冠，服玄衣、素裳、素韠、白紗中單、青領褾襈裾，履、襪，革帶、大帶，笏。緇纚、犀簪二物同箱，在服南。櫛實於箱，又在南。莞筵四，藻席四，又在南。良醞令實側尊甒醴於序外帷內，設罍洗於尊東，實巾一，角觶、柶各一。太官令實饌豆九、籩九於尊西，俎三在豆北。袞冕，遠游三梁冠、黑介幘，緇布冠青組纓屬於冠，冠、冕各一箱。奉禮郎三人各執立於西階之西，東面北上。主人、贊冠者宗正卿爲主人，庶子爲贊冠者。升，詣東序帷內少北，戶東，西立。典謁引羣官以次人就位。

初，賓、贊入次，左庶子版奏「外辦」。通事舍人引三師等入就閤外道西位，東面立。皇太子空頂黑介幘、雙童髻、綵衣、紫袴褶，織成褾領，綠紳，烏皮履，乘輿以出。洗馬迎於閤門外，左庶子請降輿，洗馬引之道東位，西向立。左庶子請再拜。三師、三少答拜。乃就階東南位。三師在前，三少在後，千牛二人夾左右，其餘仗衞列於師、保之外。皇太子乃出迎賓，至阼階東，西面立。宗正卿立於門東，西面。賓立於西，東面。宗正卿再拜，賓不答拜。賓入，主人從入，立於縣東北，西面。賓入，贊冠者從，賓詣殿階間，南面。贊冠者立於賓西南，東面。節在賓東少南，西面。制桉在贊冠西南，東面。賓執制，皇太子詣受制位，北面立。主節脫節衣，賓稱「有制」。皇太子再拜。宣詔曰：「有制，皇太子某，吉日元服，率由舊章，命太尉某就宮展禮。」皇太子再拜。少傅進詣賓前，受制書，以授皇太子，付于庶子。皇太子升東階，入于東序帷內，近北，南面立。賓升西階，及宗正卿各立席後。

初，賓升，贊冠者詣罍洗，盥手，升自東階帷內，於主人冠贊之南，俱西面。主人贊冠者引皇太子出，立於席東，西面。賓贊冠者取纚、櫛二箱，坐奠於筵。皇太子進，升筵，西面坐。賓之贊冠者東面坐，脫幘置於箱，櫛畢，設纚，興，少北，南面立。執緇布冠者升〔三〕，賓降一等受之，右執頂，左執前，進，東向立，祝曰：「令月吉日，始加元服。棄厥幼志，慎其成德。壽考惟祺，以介景福。」乃跪，冠，興，復位。皇太子東面立，賓揖皇太子，贊冠者引適東序帷內，服玄衣素裳之服以出，立於席東，西面。賓揖皇太子升筵，西向坐。賓之贊冠者進，跪脫緇布冠，置於箱，興，復位。賓降二等，受遠游冠，右執頂，左執前，進，祝曰：「吉月令辰，乃申嘉服。克敬威儀，式昭厥德。眉壽萬歲，永壽胡福。」乃跪，冠，興，復位。皇太子興，賓揖皇太子，贊冠者引適東序帷內，朝服以出，立於席東，西面。賓揖皇太子升筵坐，賓之贊冠者跪脫遠游冠，興，復位。賓降三等受冕，右執頂，左執前，進，祝曰：「以歲之正，以月之令。咸加其服，以成厥德。萬壽無疆，承天之慶。」乃跪，冠，興，復位。每冠，皆贊冠者跪設簪、結纓。

皇太子興，賓揖皇太子適東序，服衮冕之服以出，立於席東，西面。贊冠者徹纚、櫛箱以入，又取筵入於帷內。主人贊冠者又設醴，皇太子席於室戶西，南向，下莞上藻。賓之贊冠者於東序外帷內，盥手洗觶。典膳郎酌醴，加柶覆之，面柄，授贊冠，立於序內，南面。

賓揖皇太子就筵西，南面立。賓進，受醴，加柶，面柄，進，北向立，祝曰：「甘醴唯厚，嘉薦令芳。拜受祭之，以定厥祥。承天之休，壽考不忘。」皇太子拜，受觶。賓復位，東面答拜。贊冠者與進饌者奉饌設於筵前，皇太子升筵坐，左執觶，右取脯，擩於醢，祭於籩、豆之間。贊冠者取韭葅，遍擩於豆，以授皇太子，又祭於籩、豆之間。贊冠者取胏一，以授皇太子，皇太子奠觶於薦西，興，受胏，卻左手執本坐，繚右手絕末以祭。上左手嚌之〔三〕，興，以授贊冠者，加於俎。皇太子坐，帨手取觶，以柶祭醴三，始扱一祭，又扱再祭，加柶於觶，面葉，興，筵末坐，啐醴，建柶，興，降筵西，南面坐，奠觶，再拜，執觶，興。賓答拜。

皇太子降，立於西階之東，南面。賓降，立於西階之西少南，贊冠隨降，立於賓西南，皆東面。賓少進，字之，祝曰：「禮儀既備，令月吉日。昭告厥字，君子攸宜。宜之於嘏，永受保之。奉敕字某。」皇太子再拜曰：「某雖不敏，敢不祗奉。」又再拜。洗馬引太子降阼階位，三師在南，北面，三少在北，南面立。皇太子西面再拜，三師等各再拜以出。典儀曰：「再拜。」贊者承傳，在位者皆再拜。左庶子前稱「禮畢」。皇太子乘輿以入，侍臣從至閤，賓、贊及宗正卿出就會。

## 皇子冠。

前三日，本司帥其屬筮日、筮賓於聽事。前二日，主人至賓之門外次，東面，賓立於阼階下，西面，儐者進於左，北面，受命出，立於門東，西面，曰：「敢請事。」主人曰：「皇子某王將加冠，請某公教之。」儐者入告，賓出，立於門左，西面，再拜。主人荅拜。主人曰：「皇子某王將加冠，願某公教之。」賓曰：「某不敏，恐不能恭事，敢辭。」主人曰：「某猶願某公教之。」賓曰：「王重有命，某敢不從。」主人再拜而還，賓拜送。命贊冠者亦如之。

冠之日，夙興，設洗於阼階東南，席於東房內西墉下。陳衣於席，東領北上：衮冕，遠游冠，緇布冠。緇纚、犀簪、櫛實於箱，在服南。莞筵、藻席各三，在南。設尊於房戶外之西，兩甒玄酒在西，加勺冪。設坫於尊東，置二爵於坫，加冪。豆十、籩十在服北，俎三在籩、豆之北。質明，賓、贊至於主人大門外之次，遠游三梁、緇布冠各一箱，各一人執之，待於西階之西，東面北上。設主人之席於阼階上，西面；賓席於西階上，東面；皇子席於室戶東房戶西，南面。俱下莞上藻。主人立於阼階下，當東房西面。諸親立於罍洗東南，西面北上。儐者立於門內道東，北面。皇子雙童髻、空頂幘、綵袴褶、錦紳、烏皮履，立於房內，南面。主人、贊冠者立於房內戶東，西面。賓及贊冠者出，立於門西，贊冠者少退，俱東面北上。

儐者受命於主人，出立於門東，西面，曰：「敢請事。」賓曰：「皇子某王將加冠，某謹應命。」儐者入告，主人出迎賓，西面再拜，賓答拜。主人揖贊冠者，贊冠者報揖，主人又揖賓，賓報。主人入，賓、贊冠者以次入，及內門，主人揖賓，賓入，贊冠者從之。至內霤，將曲揖，賓報揖。至階，主人立於階東，西面；賓立於階西，東面。主人曰：「請公升。」賓曰：「某備將事，敢辭。」主人曰：「固請公升。」賓曰：「某敢固辭。」主人曰：「終請公升。」賓曰：「某敢終辭。」主人升自阼階，立於席東，西向；賓升自西階，立於席西，東向。贊冠者及庭，盥於洗，升自西階，入於東房，立於主人贊冠者之南，俱西面。

主人贊冠者引皇子出，立於房戶外西，南面。賓之贊冠者取纚、櫛、簪箱，跪奠於皇子筵東端，興，席東少北，南面立。賓揖皇子，賓、主俱卽座。皇子進，升席，南面坐。賓之贊冠者進筵前，北面，跪，脫雙童髻置於箱，櫛畢，設纚。賓降，盥，主從降。賓東面辭曰：「願王不降。」主人曰：「公降辱，敢不從降。」賓既盥，詣西階，賓、主一揖一讓，升。主人立於席後，西面，賓立於西階上，東面〔四〕。執緇布冠者升，賓降一等受之，右執頂，左執前，北面跪，冠，興，復西階上席後，東面立。皇子興，賓揖皇子適房，賓、主俱坐。皇子服青衣素裳之服，出房戶西，南面立。賓揖皇子，皇子進，立於席後，南面。賓降，盥，主人從降，辭對如初。賓跪取爵於篚，興，洗，詣西階，賓、主一揖一讓，升，坐，主人立於席後，西面。賓詣酒尊所，酌酒進皇子筵前，北向立，祝曰：「旨酒既淸，嘉薦亶時。始加元服，兄弟具來。孝友時格，永乃保之。」皇子筵西拜爵，賓復西階上，東面答拜。執饌者薦籩、豆於皇子筵前。皇子升座，左執爵，右取脯，擩於醢，祭於籩、豆之間，祭酒，興，筵末坐，啐酒，執爵，興，降筵，奠爵，再拜，執爵興。賓答拜。冠者升筵，跪奠爵於薦東，興，立於筵西，南面。執饌者徹薦爵。

賓揖皇子，皇子進，升筵，南向坐。賓之贊冠者跪脫緇布冠，置於箱。賓降二等，受遠游冠，冠之。皇子興，賓揖皇子適房，賓、主俱坐。皇子服朝服，出房戶西，南面立。賓、主俱興，賓揖皇子，皇子進立於席後，南面。賓詣尊所，取爵酌酒，進皇子筵前，北向立，祝曰：「旨酒既湑，嘉薦伊脯。乃申其服，禮儀有序。祭此嘉爵，承天之祜。」皇子筵西拜，受爵，祭饌如初禮。賓揖皇子，進，升席，南面坐。賓之贊冠者跪脫進賢冠，賓降三等，受冕，冠之。每冠，皆贊冠者設簪結纓。

皇子興，賓揖皇子適房，服衮冕以出房戶西，南面。賓揖皇子，進，立於席後，南面。賓詣酒尊所，取爵酌酒進皇子，祝曰：「旨酒令芳，籩豆有楚。咸加其服，肴升折俎。承天之慶，受福無疆。」皇子筵西拜，受爵。執饌者薦籩、豆，設俎於其南。皇子升筵坐，執爵，祭脯醢。贊冠者取胏一以授皇子，皇子奠爵於薦西，興，受，坐，祭，左手嚌之，興，加於俎。皇子坐，涗手執爵，祭酒，興，筵末坐，啐酒，降筵西，南面坐，奠爵，再拜，執爵興。賓答拜。

皇子升筵坐，奠爵於薦東，興。贊冠者引皇子降，立於西階之東，南面。初，皇子降，賓降自西階，直西序東面立。主人降自東階，直東序西面立。賓少進，字之曰：「禮儀既備，令月吉日。昭告其字，爰字孔嘉。君子攸宜，宜之于嘏。永受保之，曰孟某甫。」仲、叔、季唯其所當。皇子曰：「某雖不敏，夙夜祗奉。」賓出，主人送於內門外，主人西面請賓曰：「公辱執事，請禮從者。」賓曰：「某既得將事，敢辭。」主人曰：「敢固以請。」賓曰：「某辭不得命，敢不從。」賓就次，主人入。初，賓出，皇子東面見，諸親拜之，皇子答拜。皇子入見內外諸尊於別所。

賓、主既釋服，改設席，訖，賓、贊俱出次，立於門西。主人出揖賓，賓報揖。主人先入，賓、贊從之至階，一揖一讓，升坐，俱坐。會訖，賓立於西階上，贊冠者在北，少退，俱東面。主人立於東階上，西面。掌事者奉束帛之篚升，授主人於序端。主人執篚少進，西面立。又掌事者奉幣篚升，立於主人後。幣篚升，牽馬者牽兩馬入陳於門內，三分庭一在南，北首西上。賓還西階上，北面再拜。主人進，立於楹間，贊冠者立於賓左，少退，俱北面再拜。主人南面，賓、贊進，立於主人之右，俱南面東上。主人授幣，賓受之，退，復位。於主人授幣，掌事者又以幣篚授贊冠者。主人還阼階上，北面拜送，賓、贊降自西階，從者訝受幣。賓當庭實東面揖，出，牽馬者從出，從者訝受馬於門外。賓降，主人降，送賓於大門，西面再拜。

若諸臣之嫡子三加，皆祝而冠，又祝而酌，又祝而字。庶子三加，既加，然後酌而祝之，又祝而字。其始冠皆緇布；再加皆進賢；其三加，一品之子以衮冕，二品之子以鷩冕，三品之子以毳冕，四品之子以絺冕，五品之子以玄冕，六品至於九品之子以爵弁。其服從之。其卽席而冠也，嫡子西面，庶子南面。其筮日、筮賓、贊，遂戒之，及其所以冠之禮，皆如親王。

## 校勘記

〔一〕三師席於冠席北三少席於冠席南　各本原作「三師席於冠席南」。開元禮卷一一〇、通典卷一二六「南」上均有「北三少席於冠席」七字。案本卷上下文均以三師、三少並言，此當屬脫文，據補。

〔二〕執緇布冠者升　各本原作「冠緇布冠升」，據開元禮卷一一〇、通典卷一二六補改。

〔三〕上左手嚌之　「上」，各本原作「止」。開元禮卷一一〇、通典卷一二六均作「上」，本卷上文亦有「上左手嚌之」語，據改。

〔四〕賓立於西階上東面　各本「東」下脫「面」字，據開元禮卷一一四、通典卷一二八補。

# 唐書卷十八

## 志第八

### 禮樂八

皇帝納皇后。

制命太尉爲使，宗正卿爲副，吏部承以戒之。前一日，有司展縣、設桉、陳車輿于太極殿廷，如元日。文武九品、朝集、蕃客之位，皆如冠禮。設使者受命位於大橫街南道東，西上，副少退，北面。侍中請「中嚴」。羣臣入就位。使、副入，立於門外道東，西面。黃門侍郎引幡、節，中書侍郎引制書桉，立於左延明門內道北，西面北上。乃奏「外辦」。皇帝袞冕御輿，出自西房，即御座。使、副入，就位。典儀曰：「再拜。」在位者皆再拜。侍中前承制，降詣使者東北，西面曰：「有制。」使、副再拜。侍中宣制曰：「納某官某氏女爲皇后，命公等持節行納采等禮。」使、副又拜。主節立於使者東北，西面，以節授黃門侍郎，侍郎以授使者，付于主節，立於後。中書侍郎引制書桉立於使者東北，以制書授使者，置於桉。典儀曰：「再拜。」在位者皆再拜。使、副出，持節者前導，持桉者次之。侍中奏「禮畢」。皇帝入，在位者以次出。初，使、副乘輅，鼓吹備而不作，從者乘車以從。其制書以油絡網犢車載之。其日大昕，使、副至于次，主人受於廟若寢。布神席於室戶外之西，莞筵紛純，加藻席畫純，南向，右彫几。使、副立於門西，北上，持幡、節者立於北，少退，制桉立於南，執鴈者又在其南，皆東面。主人立於大門內，西面。儐者北面，受命於左，出立於門東，西面，曰：「敢請事。」使者曰：「某奉制納采。」儐者入告。主人曰：「臣某之女若如人，既蒙制訪，臣某不敢辭。」儐者出告，入引主人出，迎使者於大門外之南，北面再拜。使者不答。主人揖使、副先入，至於階。使、副入，導以幡、節，桉、鴈從之。幡、節立西階之西，東面；使者由階升，立於兩楹間，南面；副在西南，持桉及執鴈者又在西南，皆東面。主人升阼階，當使者前，北面立。持桉者以桉進，授使者以制書，節脫衣，使者曰：「有制。」主人再拜。宣制，主人降詣階間，北面，再拜稽首，升，進，北面受制書，以授左右。使者授鴈，主人再拜，進受鴈，以授左右。儐者引答表桉進，立於主人後，少西，以表授主人。主人進，授使者，退復位，再拜。節加衣。謁者引使、副降自西階以出。

制文以版，長一尺二寸，博四寸，厚八分，后家答版亦如之。

問名。使者既出，遂立於內門外之西，東面；主人立於內門內東廂，西面。儐者出請事，使者曰：「將加卜筮，奉制問名。」儐者入告。主人曰：「臣某之子若如人，既蒙制訪，臣某不敢辭。」儐者出告，入，引主人出，迎使者以入，授主人以制書，答表皆如納采。使、副降自西階以出，立於內門外之西，東面；主人立於東階下，西向。儐者出請事，使者曰：「禮畢。」儐者入告，主人曰：「某公奉制至於某之室，某有先人之禮，請禮從者。」儐者出告，使者曰：「某既得將事，敢辭。」儐者入告，主人曰：「先人之禮，敢固以請。」儐者出告，使者曰：「某辭不得命，敢不從。」儐者入告，遂引主人升立於序端。掌事者徹几，設二筵東上。設甒醴於東房西牖下，加勺冪，坫在尊北；實觶二，角柶二，籩、豆各一，實以脯醢，在坫北。又設洗於東南。主人降迎使者，西面揖，先入。使、副入門而左，主人入門而右。至階，主人曰：「請某位升。」使者曰：「某敢辭。」主人又曰：「固請某位升。」使者曰：「某敢固辭。」主人又曰：「終請某位升。」使者曰：「敢終辭。」主人升自阼階，使、副升自西階，北面立。主人阼階上，北面再拜。受几於序端。掌事者內拂几三，奉兩端西北向以進。主人東南向，外拂几三，振袂，內執之。掌事者一人又執几以從，主人進，西北向。使者序進，迎受於筵前，東南向以俟。主人還東階上，北面再拜送。使者以几跪進，北面跪，各設於坐左，退於西階上，北面東上，答拜，立於階西，東面南上。贊者二人俱升，取觶降，盥手，洗觶，升，實醴，加柶於觶，覆之，面葉，出房，南面。主人受醴，面柄，進使者筵前西，北面立。又贊者執觶以從。使者西階上，北面，各一拜，序進筵前東，南面。主人又以次授醴，使者受，俱復西階上位。主人退，復東階上，北面一拜送。掌事者以次薦脯醢於筵前。使者各進，升筵，皆坐，左執觶，右取脯，擩於醢，祭於籩、豆之間，各以柶祭醴三，始扱一祭，又扱再祭，興；各以柶兼諸觶上，蹶降筵於西階上，俱北面坐，啐醴，建柶，各奠觶於薦，遂拜，執觶，興。主人答拜。使者進，升筵坐，各奠觶於薦東。降筵，序立於西階上，東面南上。掌事者牽馬入，陳於門內，三分庭一在南，北首西上。又掌事者奉幣篚，升自東階，以授主人，受於序端，進西面位。掌事者一人，又奉幣篚，立於主人之後。使者西階上，俱北面再拜。主人進詣楹間，南面立，使者序進，立於主人之西，俱南面。主人以幣篚授使者，使者受，退立於西階上，東面。執幣者又以授主人，主人受以授使副，使副受之，退立於使者之北，俱東面。主人還東階上，北面再拜送。使者降自西階，從者訝受幣篚。使者當庭實揖馬以出，牽馬者從出。使者出大門外之西，東面立。從者訝受馬。主人出門東，西面再拜送。使者退，主人入，立於東階下，西面。儐者告於主人曰：「賓不顧矣。」主人反於寢。使者奉答表詣闕。

納吉。使者之辭曰：「加諸卜筮，占曰日從，制使某也入告〔一〕。」主人之辭曰：「臣某之女若如人，龜筮云吉，臣預在焉，臣某謹奉典制。」其餘皆如納采。

納徵。其日，使者至于主人之門外，執事者入，布幕於內門之外，玄纁束陳於幕上，六馬陳於幕南，北首西上。執事者奉穀珪以匱，俟於幕東，西面。謁者引使者及主人立於大門之內外。儐者進受命，出請事。使者曰：「某奉制納徵。」儐者入告，主人曰：「奉制賜臣以重禮，臣某祇奉典制。」儐者出告，入，引主人出，迎使者入。執事者坐，啓匱取珪，加於玄纁。牽馬者從入，三分庭一在南，北首西上。執珪者在馬西，俱北面。其餘皆如納采。

册后。前一日，守宮設使者次於后氏大門外之西，尙舍設尙宮以下次於后氏閤外道西，東向，障以行帷。其日，臨軒命使，如納采。奉禮設使者位於大門外之西，東向；使副及內侍位於使者之南，舉册桉及寶綬者在南，差退，持節者在使者之北，少退，俱東向。設主人位於大門外之南，北面。使者以下及主人位於內門外，亦如之。設內謁者監位於內門外主人之南，西面。司贊位於東階東南，掌贊二人在南，差退，俱西向。又置一桉於閤外。使、副乘輅，持節，備儀仗，鼓吹備而不作。內僕進重翟以下於大門之外道西，東向，以北爲上。諸衞令其屬布后儀仗。使者出次，就位。主人朝服立於東階下，西面。儐者受命，出請事。使者曰：「某奉制，授皇后備物典册。」儐者入告，主人出迎於大門外，北面再拜，使者不答拜。使者入門而左，持節者前導，持桉者次之。主人入門而右，至內門外位。奉册寶桉者進，授使副册寶。內侍進使者前，西面受册寶，東面授內謁者監，持入，立於閤外之西，東面跪置於桉。尙宮以下入閤，奉后首飾、褘衣，傅姆贊出，尙宮引降立於庭中，北面。尙宮跪取册，尙服跪取寶綬，立於后之右，西向。司言、司寶各一人立於后左，東向。尙宮曰：「有制。」尙儀曰：「再拜。」皇后再拜。宣册。尙儀曰：「再拜。」皇后又再拜。尙宮授皇后以册，受以授司言。尙服又授以寶綬，受以授司寶。皇后升坐，內官以下俱降立於庭，重行相向，西上。司贊曰：「再拜。」掌贊承傳，皆再拜。諸應侍衞者各升，立於侍位。尙儀前跪奏曰：「禮畢。」皇后降坐以入。使者復命。

其遣使者奉迎。其日，侍中版奏「請中嚴」。皇帝服冕出，升所御殿，文武之官五品已上立於東西朝堂。奉迎前一日，守宮設使者次於大門之外道右，設使副及內侍次於使者次西，俱南向。尙舍設宮人次於閤外道西。奉禮設使、副、持桉執鴈者、持節者及奉禮、贊者位，如册后。又設內侍位於大門外道左，西面。又設宮人以下位於堂前。使、副朝服，乘輅持節，至大門外次，宮人等各之次奉迎。尙儀奏「請皇后中嚴」。傅姆導皇后，尙宮前引，出，升堂。皇后將出，主婦出於房外之西，南向。文武奉迎者皆陪立於大門之外，文官在東，武官在西，皆北上。謁者引使者詣大門外位，主人立於內門外堂前東階下，西面。儐者受命，出請事，使者曰：「某奉制，以今吉辰，率職奉迎。」儐者入告，主人曰：「臣謹奉典制。」儐者出告，入，引主人出門南，北面再拜。謁者引入至內門外堂西階，使者先升，位於兩楹間，南面；副在西，持梜、執鴈者在西南，俱東面。主人升東階，詣使者前，北面立。使、副授以制書，曰：「有制。」主人再拜。使者宣制，主人降詣階間，北面再拜稽首。升，進，北面受制書。主人再拜，北面立。使、副授以鴈，主人再拜，進受，仍北面立。儐者引二人對舉答表梜進，主人以表授使、副，再拜，降自西階以出，復門外位。奉禮曰：「再拜。」贊者承傳，使、副俱再拜。使者曰：「令月吉日，臣某等承制，率職奉迎。」內侍受以入，傳於司言，司言受以奏聞。尙儀奏請皇后再拜。主人入，升自東階，進，西面誡之曰：「戒之敬之，夙夜無違命。」主人退，立於東階上，西面。母誡於西階上，施衿結帨，曰：「勉之敬之，夙夜無違命。」皇后升輿以降，升重翟以几，姆加景，內宮侍從及內侍導引，應乘車從者如鹵簿。皇后車出大門外，以次乘車馬引從。

同牢之日，內侍之屬設皇后大次於皇帝所御殿門外之東，南向。將夕，尙寢設皇帝御幄於室內之奧，東向。鋪地席重茵，施屏障。初昏，尙食設洗於東階，東西當東霤，南北以堂深。后洗於東房，近北。設饌於東房西墉下，籩、豆各二十四〔三〕，簠、簋各二，登各三，俎三。尊於室內北牖下，玄酒在西。又尊於房戶外之東，無玄酒。坫在南，加四爵，合巹。器皆烏漆，巹以匏。皇后入大門，鳴鍾鼓。從永巷至大次前，回車南向，施步障。尙儀進當車前，跪請降車。皇后降，入次。尙宮引詣殿門之外，西向立。尙儀跪奏「外辦，請降坐禮迎」。皇帝降坐，尙宮前引，詣門內之西，東面揖后以入。尙食酌玄酒三注於尊，尙寢設席於室內之西，東向。皇帝導后升自西階，入室即席，東向立。皇后入，立於尊西，南面。皇帝盥於西洗，后盥於北洗。饌入，設醬於席前，菹醢在其北；俎三設於豆東，豕俎特在北。尙食設黍于醬東，稷、稻、粱又在東；設湇于醬南。設后對醬于東，當特俎，菹醢在其南，北上；設黍于豕俎北，其西稷、稻、粱，設湇于醬北。尙食啓會郤于簠簋之南，對簠簋于北，加匕箸，尙寢設對席於饌東。尙食跪奏「饌具」。皇帝揖皇后升，對席，西面，皆坐。尙食跪取韭菹擩醢授皇帝，取菹擩醢授皇后，俱受，祭於豆間。尙食又取黍實於左手，遍取稷、稻、粱反於右手〔三〕，授皇帝，又取黍、稷、稻、粱授皇后，俱受，祭於豆間。又各取胏絕末授帝、后，俱祭於豆間。尙食各以胏加於俎。司飾二人以巾授皇帝及皇后，俱涚手。尙食各跪品嘗饌，移黍置於席上，以次授胏脊，帝、后皆食，三飯，卒食。尙食二人俱盥手洗爵於房，入室，酌于尊，以授帝、后，俱受，祭。尙食各以肝從，皆奠爵，振祭，嚌之。尙食皆受，實於俎、豆。各取爵，皆飲〔四〕。尙儀受虛爵，奠於坫。再酳如初，三酳用巹，如再酳。尙食俱降東階，洗爵，升，酌於戶外，進，北面奠爵，興，再拜，跪取爵祭酒，遂飲卒爵，奠，遂拜，執爵興，降，奠於篚。尙儀北面跪，奏稱：「禮畢，興。」帝、后俱興。尙宮引皇帝入東房，釋冕服，御常服；尙宮引皇后入幄，脫服。尙宮引皇帝入。尙食徹饌，設於東房，如初。皇后從者餕皇帝之饌，皇帝侍者餕皇后之饌。

禮。

皇太子納妃。

皇帝遣使者至于主人之家，不持節，無制書。其納采、問名、納吉、納徵、告期，皆如后

其册妃。前一日，主人設使者次大門之外道右，南向；又設宮人次於使者西南，俱東向，障以行帷。奉禮設使者位於大門外之西，副及內侍又於其南，舉册桉及璽綬，命服者又南，差退，俱東向。設主人位於門南，北面。又設位於內門外，如之。設典內位於內門外主人之南，西面。宮人位於門外使者之後，重行東向，以北爲上，障以行帷。設贊者二人位於東階東南，西向。典內預置一桉於閤外。使、副朝服，乘輅持節，鼓吹備而不作。至妃氏大門外次，掌嚴奉褕翟衣及首飾，內廄尉進厭翟於大門之外道西，東向，以北爲上。諸衞帥其屬布儀仗。使者出次，持節前導，及宮人、典內皆就位。主人朝服，出迎於大門之外，北面再拜。使者入門而左，持桉從之。主人入門而右，至內門外位。奉册寶桉者進，授使副册寶，內侍西面受之，東面授典內，典內持入，跪置於閤內之桉。奉衣服及侍衞者從入，皆立於典內之南，俱東面。傅姆贊妃出，立於庭中，北面。掌書跪取玉寶，南向。掌嚴奉首飾、褕翟，

與諸宮官侍衞者以次入。司則前贊妃再拜，北面受册寶於掌書，南向授妃，妃以授司閨。司則又贊再拜，乃請妃升坐。宮官以下皆降立於庭，重行，北面西上。贊者曰：「再拜。」皆再拜。司則前啓「禮畢」。妃降座，入於室。主人儐使者如禮賓之儀。

臨軒醮戒。前一日，衞尉設次於東朝堂之北，西向。又設宮官次於重明門外。其日，皇太子服衮冕出，升金輅，至承天門降輅，就次。前一日，有司設御座於太極殿阼階上，西向。設羣官次於朝堂，展縣，陳車輅。其日，尚舍設皇太子席位於戶牖間，南向，莞席、藻席。尚食設酒尊於東序下，又陳籩脯一、豆醢一，在尊西。晡前三刻，設羣官版位於內，奉禮設版位於外，如朝禮。侍中版奏「請中嚴」。前三刻，諸侍衞之官侍中、中書令以下俱詣閤奉迎。典儀帥贊者先入就位，吏部、兵部贊羣官出次，就門外位。侍中版奏「外辦」。皇帝服通天冠、絳紗袍，乘輿出自西房，卽御座西向。羣官入就位。典儀曰：「再拜。」贊者承傳，在位者皆再拜。皇太子入縣南，典儀曰：「再拜。」贊者承傳，皇太子再拜。詣階，脫舄，升席西，南面立。尚食酌酒於序，進詣皇太子西，東面立。皇太子再拜，受爵。尚食又薦脯醢於席前。皇太子升席坐，左執爵，右取脯，擩於醢，祭於籩、豆之間。右祭酒，興，降席西，南面坐，啐酒，奠爵，興，再拜，執爵興。奉御受虛爵，直長徹薦，還於房。皇太子進，當御座前，東面立。皇帝命之曰：「往迎尒相，承我宗事，勗帥以敬。」皇太子曰：「臣謹奉制旨。」遂再拜，降自西階，納舄，出門。典儀曰：「再拜。」贊者承傳，在位者皆再拜，以次出。侍中前跪奏「禮畢」。皇帝入。

皇太子既受命，執燭、前馬、鼓吹，至于妃氏大門外道西之次，回輅南向。左庶子跪奏，降輅之次。主人設几筵。妃服褕翟、花釵，立於東房，主婦立於房戶外之西，南向。主人公服出，立於大門之內，西向。在廟則祭服。左庶子跪奏「請就位」。皇太子立於門西，東面。儐者受命出請事，左庶子承傳跪奏，皇太子曰：「以茲初昏，某奉制承命。」左庶子俛伏，興，傳於儐者，入告，主人曰：「某謹敬具以須。」儐者出，傳於左庶子以奏。儐者入，引主人迎於門外之東，西面再拜，皇太子答再拜。主人揖皇太子先入，掌畜者以鴈授左庶子，以授皇太子，執鴈入。及內門，主人讓曰：「請皇太子入。」皇太子曰：「某弗敢先。」主人又固請，皇太子又曰：「某固弗敢先。」主人揖，皇太子入門而左，主人入門而右。及內門，主人揖入，及內霤，當曲揖，當階揖，皇太子皆報揖。至於階，主人曰：「請皇太子升。」皇太子曰：「某敢辭。」主人固請，皇太子又曰：「某敢固辭。」主人終請，皇太子又曰：「某終辭。」主人揖，皇太子報揖。主人升，立於阼階上，西面。皇太子升，進當房戶前，北面，跪奠鴈，再拜，降，出。主人不降送。內廄尉進厭翟於內門外〔五〕，傅姆導妃，司則前引，出於母左。師姆在右，保姆在左。父少進，西面戒之曰：「必有正焉，若衣花〔六〕。」命之曰：「戒之敬之，夙夜無違命。」母戒之西階上，施衿結帨，命之曰：「勉之敬之，夙夜無違命。」庶母及門內施鞶，申之以父母之命，命之曰：「敬恭聽宗父母之言，夙夜無愆。視諸衿鞶。」妃既出內門，至輅後，皇太子授綏，姆辭不受，曰：「未教，不足與爲禮。」妃升輅，乘以几，姆加景。皇太子馭輪三周，馭者代之。皇太子出大門，乘輅還宮，妃次於後。主人使其屬送妃，以族從〔七〕。

同牢之日，司閨設妃次於閤內道東，南向。設皇太子御幄於內殿室內西廂，東向。設席重茵，施屏障。設同牢之席於室內，皇太子之席西廂，東向，妃席東廂，西向。席間量容牢饌。設洗於東階東南，設妃洗於東房近北。饌於東房西墉下，籩、豆各二十〔八〕，簠、簋各二，鉶各三，瓦登一，俎三。尊在室內北墉下，玄酒在西。又設尊於房戶外之東，無玄酒。篚在南，實四爵，合巹。皇太子車至左閤，回輅南向，左庶子跪奏「請降輅」。入俟於內殿門外之東，西面。妃至左閤外，回輅南向，司則請妃降輅，前後扇、燭。就次立於內殿門西，東面。皇太子揖以入，升自西階，妃從升。執扇、燭者陳於東、西階內。皇太子卽席，東向立，妃西向立。司饌進詣階間，跪奏「具牢饌」，司則承令曰：「諾。」遂設饌如皇后同牢之禮。司饌跪奏「饌具」。皇太子及妃俱坐。司饌跪取脯、取韭菹，皆擩於醢，授皇太子，又取授妃，俱受，祭於籩、豆之間。司饌跪取黍實於左手，遍取稷反於右手，授皇太子，又授妃，各受，祭於菹醢之間。司饌各立，取肺皆絕末，跪授皇太子及妃，俱受，又祭於菹醢之間。司饌俱以胏加於俎。掌嚴授皇太子妃巾，捝手。以柶扱上鉶遍擩之，祭於上豆之間。司饌品嘗妃饌，移黍置於席上，以次跪授胏脊。皇太子及妃皆食以湆醬，三飯，卒食。司饌北面請進酒，司則承令曰：「諾。」司饌二人俱盥手洗爵於房，入室，酌于尊，北面立。皇太子及妃俱興，再拜。一人進授皇太子，一人授妃，皇太子及妃俱坐，祭酒，舉酒，司饌各以肝從，司則進受虛爵，奠於篚。司饌又俱洗爵，酌酒，再酳，皇太子及妃俱受爵飲。三酳用巹，如再酳。皇太子及妃立於席後，司則俱降東階，洗爵，升，酌於戶外，北面，俱奠爵，興，再拜。皇太子及妃俱答拜。司則坐，取爵祭酒，遂飲，啐爵，奠，遂拜，執爵興，降，奠爵於篚。司饌奏「徹饌」。司則前跪奏稱：「司則妾姓言，請殿下入。」皇太子入於東房，釋冕服，著袴褶。司則啓妃入幃幄，皇太子乃入室。媵餕皇太子之饌，御餕妃之饌。

親王納妃。

其納采、問名、納吉、納徵、請期，使者公服，乘犢車，至於妃氏之家，主人受於廟若寢，其賓主相見，儐贊出入升降，與其禮賓者，大抵皆如皇太子之使，而無副。其聘以玄纁束、乘馬，玉以璋。册命之日，使者持節，有副。

親迎。王袞冕輅車，至于妃氏之門外，主人布席於室戶外之西，西上，右几。又席於戶內，南向。設甒醴於東房東北隅，篚在尊南，實觶一、角柶一，脯醢又在其南。妃於房內卽席，南向立，姆立於右。主人立於戶之東，西面。內贊者以觶酌醴，加柶，覆之，面柄，進筵前，北面。妃降席西，南面再拜，受觶。內贊者薦脯醢，妃升席，跪，左執觶，右取脯，擩於醢，祭於籩、豆之間，遂以柶祭醴三，始扱一祭，又扱再祭，興，筵末跪，啐醴，建柶，奠觶，降筵西，南面再拜，就席立。主人乃迎賓。其餘皆如皇太子之迎。

初昏，設洗於東階東南，又設妃洗於東房近北。饌於東房，障以帷。豆十六，簠、簋各二，登各二，俎三，羊豕、腊，羊豕節折，尊坫於室內北墉下，玄酒在西。又設尊於房戶外之東，無玄酒，坫在南，實以四爵，合卺。王至，降車以俟；妃至，降車北面立。王南面揖妃以入，及寢門，又揖以入。贊者酌玄酒三注於尊，妃從者設席於奧，東向。王導妃升自西階，入於室，卽席東面立。妃入立於尊西，南面。王盥於南洗，妃從者沃之；妃盥於北洗，王從者沃之。俱復位，立。贊者設饌入，西面，告「饌具。」王揖妃，卽對席，西面，皆坐。其先祭而後飯，乃酳祭，至于燭入，皆如太子納妃之禮。

公主出降。禮皆如王妃，而納采、問名、納吉、納徵、請期，主人皆受於寢。其賓之辭曰：「國恩貺室於某公之子，某公有先人之禮，使某也請。」主人命賓曰：「寡人有先皇之禮」云。

其諸臣之子，一品至于三品爲一等，玄纁束、乘馬，玉以璋。四品至于五品爲一等，玄纁束、兩馬，無璋。六品至于九品爲一等，玄纁束、儷皮二，而無馬。儷皮二，內攝之，毛在內，左首，立於幕南。其餘納采、問名、納吉、納徵、請期，大抵皆如親王納妃。

其親迎之日，大昕，壻之父、女之父告於禰廟若寢。將行，布席於東序，西向；又席於戶牖之間，南向。父公服，坐於東序，西向。子服其上服：一品衮冕，二品鷩冕，三品毳冕，四品絺冕，五品玄冕，六品爵弁。庶人絳公服。升自西階，進立於席西，南向。贊者酌酒進，北面以授子，子再拜受爵。贊者薦脯醢於席前，子升席，跪，左執爵，右取脯，擩於醢，祭於籩、豆之間。右祭酒，執爵興，降席西，南面跪，卒爵，再拜，執爵興。贊者受虛爵還尊所。子進立於父席前，東面。父命之曰：「往迎尒相，承我宗事，勗率以敬，先妣之嗣，若則有常。」庶子但云：「往迎爾相，勗率以敬。」子再拜曰：「不敢忘命。」又再拜，降，出，乃迎。

初昏，設洗、陳饌皆如親王。牲用少牢及腊，三俎、二籩、二簋，其豆數：一品十六，二品十四，三品十二。壻及婦共牢，婦之簋、簠及豆、登之數，各視其夫。尊於室中北墉下，設尊於房戶外之東，加冪、勺，無玄酒。夫婦酌於內，尊四，爵兩，巹凡六，夫婦各三酳。主人乘革輅，至於婦氏大門外。女準其夫服，花釵、翟衣，入於房，以觶酌醴，如王妃。主人迎賓以入，遂同牢，皆如親王納妃之禮。

質明，布舅席於東序，西向；布姑席於房戶外之西，南向。舅姑卽席，婦執笲棗、栗入，升自西階，東面再拜，進，跪奠於舅席前，舅撫之，婦退，復位，又再拜。降自西階，受笲腶脩，升，進，北面再拜，進，跪奠於姑席前，姑舉之，婦退，復位，又再拜。婦席於姑西少北，南向。側尊甒醴於房內東壁下，籩、豆一，實以脯醢，在尊北。設洗於東房近北。婦立於席西，南面。內贊者盥手，洗觶，酌醴，加柶，面柄，北面立于婦前。婦進，東面拜受，復位。內贊者西階上，北面拜送，乃薦脯醢。婦升席，坐，左執觶，右取脯，擩於醢，祭於籩、豆之間，以柶祭醴三，始扱一祭，又扱再祭，加柶於觶，面葉，興，降席西，東面坐，啐醴，建柶，興，拜。內贊者答拜。婦進升席，跪，奠觶於豆東，取脯，降自西階以出，授婦氏從人於寢門外〔九〕。

盥饋。舅、姑入於室，婦盥饋。布席於室之奧，舅、姑共席坐，俱東面南上。贊者設尊於室內北墉下，饌於房內西墉下，如同牢。牲體皆節折，右載之於舅俎，左載之於姑俎。婦入，升自西階，入房，以醬進。其他饌，從者設之，皆加匕箸。俎入，設於豆東。贊者各授箸，舅、姑各以篚菹擩於醬〔一〇〕，祭於籩、豆之間，又祭飯訖，乃食，三飯，卒食。婦入於房，盥手洗爵，入室，酌酒酳舅，進奠爵舅席前少東，西面再拜，舅取爵祭酒，飲之。婦受爵出戶，入房，奠於右。盥手洗爵，酌酒酳姑。設婦席於室內北墉下，尊東面，婦徹饌，設於席前如初，西上。婦進，西面再拜，退，升席，南向坐。將餕，舅命易醬，內贊者易之。婦及餕姑饌〔三〕，婦祭，內贊者助之。既祭，乃食，三飯，卒食。內贊者洗爵酌酒酳婦，降席，西面再拜，受爵，升席坐，祭酒，飲，執爵興，降席東，南面立。內贊者受爵，奠於坫。婦進，西面再拜，受爵，升席坐，祭酒，飲訖，執爵興，降席東，南面立。內贊者受奠於篚，婦進，西面再拜。舅、姑先降自西階，婦降自阼階。凡庶子婦，舅不降，而婦降自西階以出。

## 校勘記

〔一〕占曰日從制使某也入告　開元禮卷九三、通典卷一二二無「日」字，「入告」作「納吉」。

〔二〕籩豆各二十四　各本原無「籩」字，據開元禮卷九四、通典卷一二二補。

〔三〕遍取稷稻粱反於右手　「右」，各本原作「左」，據開元禮卷九四、通典卷一二二改。

〔四〕皆飲　「飲」，各本原作「飯」，據開元禮卷九四、通典卷一二二改。

〔五〕內廄尉進厭翟於內門外　各本原無「門」字，據開元禮卷一一一、通典卷一二七補。

〔六〕父少進西面戒之曰必有正焉若衣花　開元禮卷一二三、通典卷一二九均無「曰」字。「必有正焉，若衣花」似非戒辭，儀禮士昏禮鄭注「『必有正焉』者，以託戒使不忘。」可證。「曰」字疑衍。

〔七〕以族從　開元禮卷一一一作「以夾旅從」，通典卷一二七作「以儐從」。

〔八〕籩豆各二十 各本原無「籩」字，據開元禮卷一一一、通典卷一二七補。

〔九〕授婦氏從人於寢門外 各本原無「婦」字，「人」原作「入」。通典（學海堂刻本）卷一二九作「授婦氏從人於寢門外」。按儀禮士昏禮有「取脯，降出授人於門外」之文，鄭注：「『人』謂婦氏人。」孔疏：「知『人』是婦氏之人者，以其在門外，婦往授之，明是婦氏之人也。」此當以通典爲正，今據改補。

〔一〇〕舅姑各以篚菹擩於醬 「篚」，開元禮卷一二三、通典卷一二九均作「韭」。

〔一一〕婦及餕姑饌 「及」，開元禮卷一二三、通典卷一二九均作「乃」。

# 唐書卷十九

## 志第九

### 禮樂九

皇帝元正、冬至受羣臣朝賀而會。

前一日，尚舍設御幄於太極殿，有司設羣官客使等次於東西朝堂，展縣，置桉，陳車輿，又設解劍席於縣西北橫街之南。文官三品以上位於橫街之南，道東；褒聖侯位於三品之下，介公、酅公位於道西；武官三品以上位於介公之西，少南；文官四品、五品位於縣東，六品以下位於橫街之南。又設諸州朝集使位：都督、刺史三品以上位於文、武官三品之東、西，四品以下分方位於文、武官當品之下。諸州使人又於朝集使之下，諸親於四品、五品之南。設諸蕃方客位：三等以上，東方、南方在東方朝集使之東，西方、北方在西方朝集使之西，每國異位重行，北面；四等以下，分方位於朝集使六品之下。又設門外位：文官於東朝堂，介公、酅公在西朝堂之前，武官在介公之南，少退，每等異位重行；諸親位於文、武官四品、五品之南；諸州朝集使，東方、南方在宗親之南，使人分方於朝集使之下；諸方客，東方、南方在東方朝集使之南，西方、北方在西方朝集使之南，每國異位重行。

其日，將士塡諸街，勒所部列黃麾大仗屯門及陳於殿庭，羣官就次。侍中版奏「請中嚴」。諸侍衞之官詣閤奉迎，吏部兵部主客戶部贊羣官、客使俱出次，通事舍人各引就朝堂前位，引四品以下及諸親、客等應先置者入就位。侍中版奏「外辦」。皇帝服袞冕，冬至則服通天冠、絳紗袍，御輿出自西房，即御座南向坐。符寶郎奉寶置於前，公、王以下及諸客使等以次入就位。典儀曰：「再拜。」贊者承傳，在位者皆再拜。上公一人詣西階席，脫舄，跪，解劍置於席，升，當御座前，北面跪賀，稱：「某官臣某言：元正首祚，景福惟新，伏惟開元神武皇帝陛下與天同休。」冬至云：「天正長至，伏惟陛下如日之昇。」乃降階詣席，跪，佩劍，俛伏，興，納舄，復位。在位者皆再拜。侍中前承詔，降詣羣官東北，西面，稱「有制」。在位者皆再拜，宣制曰：「履新之慶，與公等同之。」冬至云：「履長。」在位者皆再拜，舞蹈，三稱萬歲，又再拜。

初，羣官將朝，中書侍郎以諸州鎭表別爲一案，俟於右延明門外，給事中以祥瑞案俟於左延明門外，侍郎、給事中俱就侍臣班。初入，戶部以諸州貢物陳於太極門東、西廂〔一〕，禮部以諸蕃貢物可執者，蕃客執入就位，其餘陳於朝堂前。上公將入門，中書侍郎、給事中皆降，各引其桉入，詣東、西階下立。上公將升賀，中書令、黃門侍郎俱降，各立，取所奏之文以次升。上公已賀，中書令前跪奏諸方表，黃門侍郎又進跪奏祥瑞，俱降，置所奏之文於桉。侍郎與給事中引桉退至東、西階前，桉出。

初，侍中已宣制，朝集使及蕃客皆再拜。戶部尙書進詣階間跪奏，稱：「戶部尙書臣某言：諸州貢物請付所司。」侍中前承制，退，稱：「制曰可。」禮部尙書以次進詣階間，跪奏，稱「禮部尙書臣某言：諸蕃貢物請付所司。」侍中前承制，退，稱：「制曰可。」太府帥其屬受諸州及諸蕃貢物出歸仁、納義門，執物者隨之。典儀曰：「再拜。」通事舍人以次引北面位者出。侍中前，跪奏稱：「侍中臣某言禮畢。」皇帝降座，御輿入自東房，侍臣從至閤。引東西面位者以次出，蕃客先出。冬至，不奏祥瑞，無諸方表。

其會，則太樂令設登歌於殿上，二舞入，立於縣南。尙舍設羣官升殿者座：文官三品以上於御座東南，西向；介公、酅公在御座西南，東向；武官三品以上於其後；朝集使都督、刺史，蕃客三等以上，座如立位。設不升殿者座各於其位。又設羣官解劍席於縣之西北，橫街之南。尙食設壽尊於殿上東序之端，西向；設坫於尊南，加爵一。太官令設升殿者酒尊於東、西廂，近北；設在庭羣官酒尊各於其座之南。皆有坫、冪，俱障以帷。

吏部兵部戶部主客贊羣官、客使俱出次，通事舍人引就朝堂前位，又引非升殿者次入就位。侍中版奏「外辦」。皇帝改服通天冠、絳紗袍，御輿出自西房，卽御座。典儀一人升就東階上，通事舍人引公、王以下及諸客使以次入就位。侍中進當御座前，北面跪奏，稱：「侍中臣某言：請延諸公、王等升。」又侍中稱：「制曰可。」侍中詣東階上，西面，稱：「制延公、王等升殿上。」典儀承傳，階下贊者又承傳，在位者皆再拜。應升殿者詣東、西階，至解劍席，脫舃，解劍，升。上公一人升階，少東，西面立於座後。光祿卿進詣階間，跪奏稱：「臣某言：請賜羣臣上壽。」侍中稱：「制曰可。」光祿卿退，升詣酒尊所，西向立。上公詣酒尊所，北面。尙食酌酒一爵授上公，上公受爵，進前，北面授殿中監，殿中監受爵，進置御前，上公退，北面跪稱：「某官臣某等稽首言：元正首祚，冬至云：「天正長至。」臣某等不勝大慶，謹上千秋萬歲壽。」再拜，在位者皆再拜，立於席後。侍中前承制，退稱：「敬舉公等之觴。」在位者又再拜。殿中監取爵奉進，皇帝舉酒，在位者皆舞蹈，三稱萬歲。皇帝舉酒訖，殿中監進受虛爵，以授尙食，尙食受爵於坫。

初，殿中監受虛爵，殿上典儀唱〔三〕：「再拜。」階下贊者承傳，在位者皆再拜。上公就座後立，殿上典儀唱：「就座。」階下贊者承傳，俱就座。歌者琴瑟升坐，笙管立階間。尙食進酒至階，殿上典儀唱：「酒至，興。」階下贊者承傳，坐者皆俛伏，起，立於席後。殿中監到階省酒，尙食奉酒進，皇帝舉酒。太官令又行羣官酒，酒至，殿上典儀唱：「再拜。」階下贊者承傳，在位者皆再拜，搢笏受觶。殿上典儀唱：「就座。」階下贊者承傳，皆就座。皇帝舉酒，尙食進受虛爵，復于坫。觴行三周，尙食進御食，食至階，殿上典儀唱：「食至，興。」階下贊者承傳，坐者皆起，立座後。殿中監到階省桉，尙食品嘗食訖，以次進置御前。太官令又行羣官桉，設食訖，殿上典儀唱：「就座。」階下贊者承傳，皆就座。皇帝乃飯，上下俱飯。御食畢，仍行酒，遂設庶羞，二舞作。若賜酒，侍中承詔詣東階上，西面稱：「賜酒。」殿上典儀承傳，階下贊者又承傳，坐者皆起，再拜，立，受觶，就席坐飮，立，授虛爵，又再拜，就座。酒行十二遍。

會畢，殿上典儀唱：「可起。」階下贊者承傳，上下皆起，降階，佩劍，納舄，復位。位於殿庭者，仍立於席後。典儀曰：「再拜。」贊者承傳，在位者皆再拜。若有賜物，侍中前承制，降，詣羣官東北，西面稱：「有制。」在位者皆再拜。侍中宣制，又再拜，以次出。侍中前，跪奏稱：「侍中臣某言：禮畢。」皇帝興，御輿入自東房，東、西面位者以次出。

皇帝若服翼善冠、袴褶，則京官袴褶，朝集使公服。設九部樂，則去樂縣，無警蹕。太樂令帥九部伎立於左右延明門外，羣官初唱萬歲，太樂令卽引九部伎聲作而入，各就座，以次作。

臨軒册皇太子。

有司卜日，告于天地宗廟。

前一日，尚舍設御幄于太極殿，有司設太子次于東朝堂之北，西向。又設版位於大横街之南，展縣，設桉，陳車輿，及文武羣官、朝集、蕃客之次位，皆如加元服之日。

其日，前二刻，宮官服其器服，諸衞率各勒所部陳于庭。左庶子奏「請中嚴」。侍衞之官奉迎，僕進金路，內率一人執刀。贊善奏「發引」。令侍臣上馬，庶子承令。其餘略如皇帝出宮之禮。皇太子遠遊冠、絳紗袍，三師導，三少從，鳴鐃而行。降路入次，亦如鑾駕。

其日，列黃麾大仗，侍中請「中嚴」。有司與羣官皆入就位。三師、三少導從，皇太子立於殿門外之東，西向。黃門侍郎以册、寶綬桉立於殿內道北，西面，中書侍郎立桉後。侍中乃奏「外辦」。皇帝服衮冕，出自西房，即御座。皇太子入就位。典儀曰：「再拜。」皇太子再拜。又曰：「再拜。」在位者皆再拜。中書令降，立於皇太子東北，西向。中書侍郎一人引册、一人引寶綬桉立於其東，西面，以册授之。中書令曰：「有制。」皇太子再拜，中書令跪讀册，皇太子再拜受册，左庶子受之。侍郎以璽綬授中書令，皇太子進受，以授左庶子。皇太子再拜，在位者皆再拜。侍中奏「禮畢」。皇帝入自東房，在位者以次出。

皇帝御明堂讀時令。

孟春，禮部尙書先讀令三日奏讀月令，承以宣告。

前三日，尙舍設大次於東門外道北，南向；守宮設文、武侍臣次於其後之左、右；設羣官次於壁水東之門外，文官在北，武官在南，俱西上。

前一日，設御座於青陽左个，東向。三品以上及諸司長官座於堂上：文官座於御座東北，南向；武官座於御座之東，北向。俱重行西上。設刑部郞中讀令座於御座東南，北向，有桉。設文官解劍席於丑陛之左，武官於卯陛之右，皆內向。太樂令展宮縣於青陽左个之庭，設舉麾位於堂上寅階之南，北向；其一位於樂縣東北，南向。典儀設三品以上及應升坐者位於縣東，文左武右，俱重行西向。非升坐者文官四品、五品位於縣北，六品以下於其東，絕位，俱南向；武官四品、五品於縣南，六品以下於其東，俱北向。皆重行西上。設典儀位於縣之西北，贊者二人在東，差退，俱南向。奉禮設門外位各於次前，俱每等異位，重行相向，西上。

其日，陳小駕，皇帝服青紗袍，佩蒼玉，乘金路出宮，至于大次。文、武五品以上從駕之官皆就門外位，太樂令、工人、協律郎、典儀帥贊者皆先入，羣官非升坐者次入，就位。刑部郎中以月令置於桉，覆以帊，立於武官五品東南，郎中立於桉後，北面。侍中版奏「外辦」。皇帝御輿入自青龍門，升自寅階，卽座。符寶郎置寶於前。典儀升，立於左个東北，南向。公、王以下入就西面位。典儀曰：「再拜。」贊者承傳，在位者皆再拜。侍中前，跪奏稱：「侍中臣某言：請延公、王等升。」又侍中稱：「制曰可。」侍中詣左个東北，南向稱：「詔延公、王等升。」典儀傳，贊者承傳，在位者皆再拜。西面位者各詣其階，解劍，脫舄，升，立於座後。刑部郎中引桉進，立於卯階下。侍中跪奏「請讀月令」。又侍中稱：「制曰可。」刑部郎中再拜，解劍，俛，脫舄，取令，升自卯階，詣席南，北向跪，置令於桉，立於席後。堂上典儀唱：「就座。」公、王以下及刑部郎中並就座。刑部郎中讀令，每句一絕，使言聲可了。讀訖，堂上典儀唱：「可起。」王、公以下皆起。刑部郎中以令置於桉，與羣官佩劍，納舄，復于位。典儀曰：「再拜。」在位者皆再拜。西面位者出。侍中跪奏稱：「侍中臣某言：禮畢。」皇帝降座，御輿出之便次，南、北面位者以次出。

自仲春以後，每月各居其位，皆冠通天，服、玉之色如其時。若四時之孟月及季夏土王，讀五時令於明堂亦如之。

皇帝親養三老五更於太學。

所司先奏三師、三公致仕者，用其德行及年高者一人爲三老，次一人爲五更，五品以上致仕者爲國老，六品以下致仕者爲庶老。尙食具牢饌。

前三日，尙舍設大次於學堂之後，隨地之宜。設三老、五更次於南門外之西，羣老又於其後，皆東向。文官於門外之東，武官在羣老之西，重行，東西向，皆北上。

前一日，設御座於堂上東序，西向，莞筵藻席。三老座於西楹之東，近北，南向；五更座於西階上，東向；國老三人座於三老西階，不屬焉。皆莞筵藻席。衆國老座於堂下西階之西，東面北上，皆蒲筵緇布純，加莞席。太樂令展宮縣於庭，設登歌於堂上，如元會。典儀設文、武官五品以上位於縣東、西，六品以下在其南，皆重行，西向北上；蕃客位於其南；諸州使人位於九品之後；學生分位於文、武官之後。設門外位如設次。又設尊於東楹之西，北向，左玄酒，右坫以置爵。

其日，鑾駕將至，先置之官就門外位，學生俱靑衿服，入就位。鑾駕至太學門，回輅南向，侍中跪奏「請降輅」。降，入大次。文、武五品以上從駕之官皆就門外位，太樂令、工人、二舞入，羣官、客使以次入。初，鑾駕出宮，量時刻，遣使迎三老、五更於其第，三老、五更俱服進賢冠，乘安車，前後導從。其國老、庶老則有司預戒之。鑾駕既至太學，三老、五更及羣老等俱赴集，羣老各服其服。太常少卿贊三老、五更俱出次，引立於學堂南門外之西，東面北上；奉禮贊羣老出次，立於三老、五更之後；太常博士引太常卿升，立於學堂北戶之內，當戶北面。侍中版奏「外辦」。皇帝出戶，殿中監進大珪，皇帝執大珪，降，迎三老於門內之東，西面立。侍臣從立於皇帝之後，太常卿與博士退立於左。三老、五更皆杖，各二人夾扶左右，太常少卿引導，敦史執筆以從。三老、五更於門西，東面北上，奉禮引羣老隨入，立於其後。太常卿前奏「請再拜」。皇帝再拜，三老、五更去杖，攝齊答拜。皇帝揖進，三老在前，五更從，仍杖，夾扶至階，皇帝揖升，俱就座後立。皇帝西面再拜三老，三老南面答拜，皇帝又西向肅拜五更，五更答肅拜，俱坐。三公授几，九卿正履。殿中監、尙食奉御進珍羞及黍、稷等，皇帝省之，遂設於三老前。皇帝詣三老座前，執醬而饋〔三〕，乃詣酒尊所取爵，侍中贊酌酒，皇帝進，執爵而酳。尙食奉御以次進珍羞酒食於五更前，國老、庶老等皆坐，又設酒食於前，皆食。皇帝卽座。三老乃論五孝六順、典訓大綱，格言宣於上，惠音被于下。皇帝乃虛躬請受，敦史執筆錄善言善行。禮畢，三老以下降筵，太常卿引皇帝從以降階，逡巡立於階前。三老、五更出，皇帝升，立於階上，三老、五更出門。侍中前奏「禮畢」。皇帝降還大次。三老、五更升安車，導從而還，羣官及學生等以次出。明日，三老詣闕表謝。

州貢明經、秀才、進士身孝悌旌表門閭者，行鄉飲酒之禮，皆刺史爲主人。先召鄉致仕有德者謀之，賢者爲賓，其次爲介，又其次爲衆賓，與之行禮，而賓舉之。主人戒賓，立於大門外之西，東面；賓立於東階下，西面。將命者立於賓之左，北面，受命出，立於門外之東，西面，曰：「敢請事。」主人曰：「某日行鄉飲酒之禮，請吾子臨之。」將命者入告，賓出，立於門東，西面拜辱，主人答拜。主人曰：「吾子學優行高，應茲觀國，某日展禮，請吾子臨之。」賓曰：「某固陋，恐辱命，敢辭。」主人曰：「某謀於父師，莫若吾子賢，敢固以請。」賓曰：「夫子申命之，某敢不敬須。」主人再拜，賓答拜，主人退，賓拜送。其戒介亦如之，辭曰：「某日行鄉飲酒之禮，請吾子貳之。」

其日質明，設賓席於楹間，近北，南向；主人席於阼階上，西向；介席於西階上，東向；衆賓席三於賓席之西，南向；皆不屬。又設堂下衆賓席於西階西南，東面北上。設兩壺於賓席之東，少北，玄酒在西，加勺冪。置篚於壺南，東肆，實以爵觶。設贊者位於東階東，西向北上。賓、介及衆賓至，位於大門外之右，東面北上。主人迎賓於門外之左，西面拜賓，賓答拜；又西南面拜介，介答拜；又西南面揖衆賓，衆賓報揖。主人又揖賓，賓報揖。主人先入門而右，西面。賓入門而左，東面。介及衆賓序入，立於賓西南，東面北上。

衆賓非三賓者皆北面東上。

主人將進揖，當階揖，賓皆報揖。及階，主人曰：「請吾子升。」賓曰：「某敢辭。」主人曰：「固請吾子升。」賓曰：「某敢固辭。」主人曰：「終請吾子升。」賓曰：「某敢終辭。」主人升自阼階，賓升自西階，當楣，北面立。執尊者徹冪。主人適篚，跪取爵，興，適尊實之，進賓席前，西北面獻賓。賓西階上北面拜。主人少退，賓進於席前，受爵，退，復西階上，北面立。主人退於阼階上，北面拜，送爵。賓少退，贊者薦脯、醢於賓席前。賓自西方升席，南面立。贊者設折俎，賓跪，左執爵，右取脯，擩於醢，祭於籩、豆之間，遂祭酒，啐酒，興，降席東，適西階上，北面跪，卒爵，執爵興，適尊實之，進主人席前，東面酢主人。主人於阼階上北面拜，賓少退。主人進受爵，退阼階上，北面立。賓退，復西階上，北面拜，送爵。贊者薦脯、醢於主人席前，主人由席東自北方升席，贊者設折俎，主人跪，左執爵，右祭脯，擩於醢，祭於籩、豆之間，遂祭酒，啐酒，興，自南方降席，復阼階上，北面跪，卒爵，執爵興，跪奠爵於東序端，興，適篚，跪取觶實之以酬，復阼階上，北面跪，奠觶，遂拜，執觶興。賓西階上答拜。主人跪酒祭，遂飲，卒觶，執觶興，適尊實之，進賓席前，北面。賓拜，主人少退。賓既拜，主人跪奠觶於薦西，興，復阼階上位。賓遂進席前，北面跪，取觶，興，復西階上位。主人北面拜送。賓進席前，北面跪，奠觶於薦東，興，復西階上位。主人北面揖，降立阼階下，西面。賓降立於階西，東面。

主人進延介，揖之，介報揖。至階，一讓升，主人升阼階，介升西階，當楣，北面立。主人詣東序端，跪取爵，興，適尊實之，進於介席前，西南面獻介。介西階上北面拜，主人少退，介進，北面受爵，退復位。主人於介右北面拜送爵，介少退，主人立於西階之東。贊者薦脯、醢於介席前，介進自北方，升席，贊者設折俎，介跪，左執爵，右祭脯、醢，遂祭酒，執爵興，自南方降席，北面跪，卒爵，執爵興，介授主人爵，主人適尊實之，酢於西階上，立於介右，北面跪，奠爵，遂拜，執爵興。介答拜。主人跪祭，遂飲，卒爵，執爵興，進，跪奠爵於西楹南，還阼階上，揖降。介降，立於賓南。

主人於阼階前西南揖衆賓，遂升，適西楹南，跪取爵，興，適尊實之，進於西階上，南面獻衆賓之長，升西階上，北面拜，受爵。主人於衆賓長之右，北面拜送。贊者薦脯、醢於其席前，衆賓之長升席，跪，左執爵，右祭脯、醢，祭酒，執爵，興，退於西階上，立飲訖，授主人爵，降，復位。主人又適尊實之，進於西階上，南面獻衆賓之次者，如獻衆賓之長。又次一人升，飲，亦如之。主人適尊實酒，進於西階上，南面獻堂下衆賓。每一人升，受爵，跪祭，立飲，贊者遍薦脯、醢於其位。主人受爵，尊於篚。主人與賓一揖一讓升，賓、介、衆賓序升，即席。

設工人席於堂廉西階之東〔四〕，北面東上。工四人，先二瑟，後二歌。工持瑟升自階，就位坐。工鼓鹿鳴，卒歌，笙入，立於堂下，北面，奏南陔。乃間歌，歌南有嘉魚，笙崇丘；乃合樂周南關雎、召南鵲巢。

司正升自西階，司正謂主人贊禮者，禮樂之正。既成，將留賓，爲有懈墮，立司正以監之。跪取觶於篚，興，適尊實之，降自西階，詣階間，左還，北面跪，奠觶，拱手少跪〔五〕，取觶，遂飲，卒觶，奠，再拜。賓降席，跪取觶於篚，適尊實之，詣阼階上，北面酬主人。主人降席，進立於賓東，賓跪奠觶，遂拜，執觶興，主人答拜，賓立飲，卒觶，適尊實之，阼階上東南授主人，主人再拜，賓少退，主人受觶，賓於主人之西，北面拜送，賓揖，復席。主人進西階上，北面酬介，介降席，自南方進，立於主人之西，北面。主人跪奠觶，遂拜，執觶興，介答拜。主人立飲，卒觶，適尊實之，進西階上，西面立，介拜，主人少退，介受觶，主人於介東，北面拜送，主人揖，復席。

司正升自西階，近西，北面立，相旅曰：「某子受酬。」受酬者降席，自西方進，北面立於介右。司正退，立於序端，東面，避受酬者。介跪奠觶，遂拜，執觶興，某子答拜。介立飲，卒觶，適尊實之，進西階上，西南面授某子，某子受觶，介立於某子之左，北面，揖，復席。司正曰：「某子受酬。」受酬者降席，自西方立於某子之左，北面，某子跪奠觶，遂拜，執觶興，受酬者答拜。某子立飲，卒觶，適尊實之，進西階上，西南面授之，受酬者受觶，某子立於酬者之右，揖，復席。次一人及堂下衆賓受酬亦如之。卒受酬者以觶跪奠於篚，興，復階下位。司正適阼階上，東面請命於主人，主人曰：「請坐於賓。」司正回，北面告於賓曰：「請賓坐。」賓曰：「唯命。」賓、主各就席坐。若賓、主公服者，則降脫履，主人先左，賓先右。司正降，復位。乃羞肉胾、醢，賓、主燕飲，行無算爵，無算樂，主人之贊者皆興焉。已燕，賓、主俱興，賓以下降自西階，主人降自東階，賓以下出立於門外之西，東面北上，主人送於門外之東，西面再拜，賓、介逡巡而退。

季冬之月正齒位，則縣令爲主人，鄉之老人年六十以上有德望者一人爲賓，次一人爲介，又其次爲三賓，又其次爲衆賓。年六十者三豆，七十者四豆，八十者五豆，九十者及主人皆六豆。賓、主燕飲，則司正北面請賓坐，賓、主各就席立。司正適篚，跪取觶，興，實之，進立于楹間，北面，乃揚觶而戒之以忠孝之本。賓、主以下皆再拜。司正跪奠觶，再拜，跪取觶飲，卒觶，興，賓、主以下皆坐。司正適篚，跪奠觶，興，降復位，乃行無算爵。其大抵皆如鄉飲酒禮。

## 校勘記

〔一〕戶部以諸州貢物陳於太極門東東西廂　開元禮卷九七、通典卷一二三「門」下不重「東」字。

〔二〕殿上典儀唱　「上」，各本原作「中」，據開元禮卷九七、通典卷一二三改。

〔三〕執醬而饋　「醬」，各本原作「爵」。案禮記樂記、祭義，開元禮卷一〇四及通典卷一二四均作「執醬而饋」，據改。

〔四〕設工人席於堂廉西階之東　各本原無「階」字，據開元禮卷一二八、通典卷一三〇補。

〔五〕拱手少跪　開元禮卷一二八、通典卷一三〇「少」下有「立」字。

# 唐書卷二十

## 志第十

### 禮樂十

五曰凶禮。

周禮五禮，二曰凶禮。唐初，徙其次第五，而李義府、許敬宗以爲凶事非臣子所宜言，遂去其國卹一篇，由是天子凶禮闕焉。至國有大故，則皆臨時采掇附比以從事，事已，則諱而不傳，故後世無考焉。至開元制禮，惟著天子賑卹水旱、遣使問疾、弔死、舉哀、除服、臨喪、册贈之類，若五服與諸臣之喪葬、衰麻、哭泣，則頗詳焉。

凡四方之水、旱、蝗，天子遣使者持節至其州，位于庭，使者南面，持節在其東南，長官北面，寮佐、正長、老人在其後，再拜，以授制書。

其問疾亦如之，其主人迎使者於門外，使者東面，主人西面，再拜而入。其問婦人之疾，則受勞問者北面。

若舉哀之日，爲位於別殿，文武三品以上入哭于庭，四品以下哭于門外。有司版奏「中嚴」、「外辦」。皇帝已變服而哭，然後百官內外在位者皆哭，十五舉音，哭止而奉慰。其除服如之。皇帝服：一品錫衰，三品以上緦衰，四品以下疑衰。服期者，三朝晡止；大功，朝晡止；小功以下，一哀止。晡，百官不集。若爲蕃國君長之喪，則設次于城外，向其國而哭，五舉音止。

若臨喪，則設大次於其門西，設素裀榻於堂上。皇帝小駕、鹵簿，乘四望車，警蹕，鼓吹備而不作。皇帝至大次，易素服，從官皆易服，侍臣則不。皇帝出次，喪主人免絰、釋杖、哭門外，望見乘輿，止哭而再拜，先入門右，西向。皇帝至堂，升自阼階，卽哭位。巫、祝各一人先升，巫執桃立于東南，祝執茢立于西南，戈者四人先後隨升。喪主人入廷再拜，敕引乃升，立戶內之東，西向。皇帝出，喪主人門外拜送。皇帝變服于次，乃還廬。文、武常服。皇帝升車，鼓吹不作而入。

其以敕使册贈，則受册于朝堂，載以犢車，備鹵簿，至第。妃主以內侍爲使，贈者以蠟印畫綬。册贈必因其啓葬，既葬則受於靈寢，既除則受於廟。主人公服而不哭，或單衣而介幘。受必有祭；未廟，受之寢。

五服之制。

斬衰三年。正服：子爲父，女子子在室與已嫁而反室爲父。加服：嫡孫爲後者爲祖，父爲長子。義服：爲人後者爲所後父，妻爲夫，妾爲君，國官爲君。王公以下三月而葬，葬而虞，三虞而卒哭。十三月小祥，二十五月大祥，二十七月禫祭。

齊衰三年。正服：子，父在爲母。加服：爲祖後者，祖卒則爲祖母，母爲長子。義服：爲繼母、慈母，繼母爲長子，妾爲君之長子。

齊衰杖周。降服：父卒，母嫁及出妻之子爲母，報，服亦如之。正服：爲祖後者，祖在爲祖母。義服：父卒，繼母嫁，從，爲之服報；夫爲妻。

齊衰不杖周。正服：爲祖父母，爲伯叔父，爲兄弟，爲衆子，爲兄弟之子及女子子在室與適人者，爲嫡孫，爲姑、姊妹與無夫子，報，女子子與適人爲祖父母，妾爲其子。加服：女子子適人者爲兄弟之爲父後者。降服：妾爲其父母，爲人後者爲其父母，報，女子子適人者爲其父母。義服：爲伯叔母，爲繼父同居者，妾爲嫡妻，妾爲君之庶子，婦爲舅、姑，爲夫之兄弟之子，舅、姑爲嫡婦。

齊衰五月。正服：爲曾祖父母，女子子在室及嫁者亦如之。

齊衰三月。正服：爲高祖父母，女子子在室及嫁者亦如之。義服：爲繼父不同居者。其父卒母嫁，出妻之子爲母，及爲祖後，祖在爲祖母，雖周除，仍心喪三年。

大功，長殤九月，中殤七月。正服：爲子、女子子之長殤、中殤，爲叔父之長殤、中殤，爲姑、姊妹之長殤、中殤，爲兄弟之長殤、中殤，爲嫡孫之長殤、中殤，爲兄弟之子、女子之長殤、中殤〔一〕。義服：爲夫之兄弟之子、女子子之長殤、中殤。成人九月正服：爲從兄弟，爲庶孫。降服：爲女子子適人者，爲姑、姊妹適人者報；出母爲女子子適人者，爲兄弟之女適人者報；爲人後者爲其兄弟與姑、姊妹在室者報。義服：爲夫之祖父母與伯叔父母報，爲夫之兄弟女適人者報；夫爲人後者，其妻爲本生舅、姑，爲衆子之婦。

小功五月殤。正服：爲子、女子子之下殤，爲叔父之下殤，爲姑、姊妹之下殤，爲兄弟之下殤，爲嫡孫之下殤，爲兄弟之子、女子子之下殤，爲從兄弟姊妹之長殤，爲庶孫之長殤。降服：爲人後者爲其兄弟之長殤，出嫁姑爲姪之長殤，爲人後者爲其姑、姊妹之長殤。義服：爲夫之兄弟之子、女子子之下殤，爲夫之叔父之長殤。成人正服：爲從祖祖父報，爲從祖父報，爲從祖姑、姊妹在室者報，爲從祖兄弟報，爲從祖祖姑在室者報，爲外祖父母，爲舅及從母報。降服：爲從父姊妹適人者報，爲孫女適人者，爲人後者爲其姑、姊妹適人者報。

義服：爲從祖祖母報，爲從祖母報，爲夫之姑、姊妹在室及適人者報，娣姒婦報，爲同母異父兄弟姊妹報，爲嫡母之父母兄弟從母，爲庶母慈己者，爲嫡孫之婦，母出爲繼母之父母兄弟從母，嫂叔報。

緦麻三月殤。正服：爲從父兄弟姊妹之中殤、下殤，爲庶孫之中殤、下殤，爲從祖叔父之長殤，爲從祖兄弟之長殤，爲舅及從母之長殤，爲從父兄弟之子之長殤，爲兄弟之孫長殤，爲從祖姑、姊妹之長殤。降服：爲人後者爲其兄弟之中殤、下殤，爲姪之中殤、下殤，出嫁姑爲之報，爲人後者爲其姑、姊妹之中殤、下殤。義服：爲人後者爲從父兄弟之長殤，爲夫之叔父之中殤、下殤，爲夫之姑、姊妹之長殤。成人正服：爲族兄弟，爲族曾祖父報，爲族祖父報，爲族父報，爲外孫，爲曾孫、玄孫，爲從母兄弟姊妹，爲姑之子，爲舅之子，爲族曾祖姑在室者報，爲族祖姑在室者報，爲族姑在室者報。降服：爲從祖姑、姊妹適人者報，女子子適人者爲從祖父報，庶子爲父後者爲其母，爲從祖姑適人者報，爲人後者爲外祖父母，爲兄弟之孫女適人者報。義服：爲族曾祖母報，爲族祖母報，爲族母報，爲庶孫之婦，女子子適人者爲從祖伯叔母，爲庶母，爲乳母，爲壻，爲妻之父母，爲夫之曾祖高祖父母，爲夫之從祖祖父母報，爲夫之從祖父母報，爲夫之外祖父母報，爲從祖兄弟之子，爲夫之從父兄弟之妻，爲夫之從父姊妹在室及適人者，爲夫之舅及從母報。改葬：子爲父母，妻妾爲其夫，其冠服杖屨皆依儀禮。皇家所絕傍親無服者，皇弟、皇子爲之皆降一等。

初，太宗嘗以同爨緦而嫂叔乃無服，舅與從母親等而異服，詔侍中魏徵、禮部侍郎令狐德棻等議：「舅爲母族，姨乃外戚它姓，舅固爲重，而服止一時，姨喪乃五月，古人未達者也。於是服曾祖父母齊衰三月者，增以齊衰五月；適子婦大功，增以期；衆子婦小功，增以大功；嫂叔服以小功五月報；其弟妻及夫兄亦以小功；舅服緦，請與從母增以小功。」然律疏舅報甥，服猶緦。顯慶中，長孫无忌以爲甥爲舅服同從母，則舅宜進同從母報。又古庶母緦，今無服，且庶母之子，昆弟也，爲之杖齊，是同氣而吉凶異，自是亦改服緦。上元元年，武后請「父在，服母三年」。開元五年，右補闕盧履冰言：「禮，父在爲母期，而服三年，非也，請如舊章。」乃詔并議舅及嫂叔服，久而不能決。二十年，中書令蕭嵩等改脩五禮，於是父在爲母齊衰三年。

諸臣之喪。

有疾，齊於正寢，臥東首北墉下。疾困，去衣，加新衣，徹樂，清掃內外。四人坐而持手足，遺言則書之屬纊。氣絕，寢於地。男子白布衣，被髮徒跣；婦人女子青縑衣，去首飾；齊衰以下，丈夫素冠。主人坐於牀東，啼踊無數。衆主人在其後，兄弟之子以下又在其後，皆西面南上，哭。妻坐於牀西，妾及女子在其後〔三〕，哭踊無數。兄弟之女以下又在其後，皆東面南上，籍藁坐哭。內外之際，隔以行帷。祖父以下爲帷東北壁下，南面西上；祖母以下爲帷西北壁，南面東上。外姻丈夫於戶外東，北面西上；婦人於主婦西北，南面東上。諸內喪，則尊行丈夫及外親丈夫席位於前堂，若戶外之左右，俱南面。宗親戶東，西上；外親戶西，東上。凡喪，皆以服精粗爲序，國官位於門內之東，重行北面西上，俱衰巾帕頭，舒薦坐；參佐位於門內之西，重行北面東上，素服，皆舒席坐，哭。斬衰，三日不食；齊衰，二日不食；大功，三不食；小功、緦麻，再不食。

復於正寢。復者三人，以死者之上服左荷之，升自前東霤，當屋履危，北面西上。左執領，右執腰，招以左。每招，長聲呼「某復」，三呼止，投衣於前，承以篋，升自阼階，入以覆尸。

乃設床於室戶內之西，去脚，簟、枕，施幄，去裙。遷尸於牀，南首，覆用斂衾，去死衣，楔齒以角柶，綴足以燕几，校在南。其內外哭位如始死之儀。

乃奠以脯、醢，酒用吉器。升自阼階，奠於尸東當腢。內喪，則贊者皆受於戶外而設之。

沐浴。掘坞於階間，近西，南順，廣尺，長二尺，深三尺，南其壤，爲垼竈於西牆下，東向，以俟煮沐。新盆、瓶、六鬲皆濯之，陳於西階下。沐巾一，浴巾二，用絺若綌，實於笲，櫛實於箱若簞，浴衣實於篋，皆具於西序下，南上。水淅稷米，取汁煮之，又汲為湯以俟浴。以盆盛潘及沐盤，升自西階，授沐者，沐者執潘及盤入。主人皆出於戶東，北面西上；主婦以下戶西，北面東上。俱立哭。其尊行者，丈夫於主人之東，北面西上；婦人於主婦之西，北面東上。俱坐哭。婦人以帳。乃沐櫛，束髮用組，挋用巾。浴則四人抗衾，二人浴，拭用巾，挋用浴衣。設牀於戶東，衽下莞上簟。浴者舉尸，易牀，設枕，翦鬢斷爪如生，盛以小囊，大斂內於棺中。楔齒之柶、浴巾，皆埋於坎，寘之。衣以明衣裳，以方巾覆面，仍以大斂之衾覆之。內外入就位，哭。

乃襲。襲衣三稱，西領南上，明衣裳，爲一；帛巾一，方尺八寸；充耳，白纊；面衣，玄方尺，纁裏，組繫；握手，玄纁裏，長尺二寸，廣五寸，削約於內旁寸，著以綿組繫。庶襚繼陳，不用。將襲，具牀席於西階西，內外皆出哭，如浴。襲者以牀升，入設於戶東，布枕席，陳襲於席。祝去巾，加面衣，設充耳、握手，納舄若履。既襲，覆以大斂之衾，內外入哭。

乃含。贊者奉盤水及笲，一品至于三品，飯用粱，含用璧；四品至于五品，飯用稷；含用碧；六品至于九品，飯用粱，含用貝。升堂，含者盥手於戶外，洗粱、璧實於笲，執以入，祝從入，北面，徹枕，去衾，受笲，奠於尸東。含者坐於牀東，西面，鑿巾，納飯、含於尸口。既唅，主人復位。

乃爲明旌，以絳廣充幅，一品至于三品，長九尺，韜杠，銘曰「某官封之柩」，置於西階上；四品至于五品，長八尺；六品至于九品，長六尺。

鑿木爲重，一品至于三品，長八尺，横者半之，三分庭一在南；四品至于五品，長七尺；六品至于九品，長六尺。以沐之米爲粥，實於鬲，蓋以疏布，繫以竹䈥，縣於重木。覆用葦席，北面，屈兩端交後，西端在上，綴以竹䈥。祝取銘置於重，殯堂前楹下，夾以葦席。

小斂衣一十九稱，朝服一，笏一，陳於東序，西領北上〔三〕。

設奠於東堂下，甒二，實以醴、酒，觶二，角柶一，少牢、腊三，籩、豆俎各八〔四〕。設盆盥於饌東，布巾。

贊者辟脯醢之，奠於尸牀西南。

乃斂。具牀席於堂西，設盆盥西階之西，如東方。斂者盥，與執服者以斂衣入，喪者東西皆少退，內外哭。已斂，覆以夷衾，設牀於堂上兩楹間，衽下莞上簟，有枕。卒斂，開帷，主人以下西面憑哭，主婦以下東面憑哭，退。

乃斂髮而奠。贊者盥手奉饌至階，升，設於尸東，醴、酒奠於饌南，西上，其俎，祝受巾巾之。奠者徹襲，奠，自西階降出。下帷，內外俱坐哭。有國官、僚佐者，以官代哭；無者，以親疏爲之。夜則爲燎於庭，厥明滅燎。

乃大斂。衣三十稱，上服一稱，冕具簪、導、纓，內喪則有花釵，衾一，西領南上。

設奠如小斂，甒加勺，篚在東南，籩、豆、俎皆有冪，用功布。

棺入，內外皆止哭，升棺於殯所，乃哭。熬八篚，黍、稷、粱、稻各二，皆加魚、腊。燭俟於饌東，設盆盥於東階東南。祝盥訖，升自阼階，徹巾，執巾者以待於阼階下。祝盥、贊者徹小斂之饌，降自西階，設於序西南，當西霤，如設於堂上。乃適於東階下新饌所，帷堂內外皆少退，立哭。御者斂，加冠若花釵，覆以衾。開帷，喪者東西憑哭如小斂，諸親憑哭。斂者四人舉牀，男女從，奉尸斂於棺，乃加蓋，覆以夷衾，內外皆復位如初。設熬穀，首足各一篚，傍各三篚，以木覆棺上，乃塗之，設帟於殯上，祝取銘置于殯。

乃奠。執巾、几席者升自阼階，入設於室之西南隅，東面。又几、巾已加，贊者以饌升，入室，西面，設於席前。祝加巾於俎，奠者降自西階以出。下帷，內外皆就位哭。

既殯，設靈座於下室西間，東向，施牀、几、桉、屛、帳、服飾，以時上膳羞及湯沐如平生。殷奠之日，不饋於下室〔三〕。

廬在殯堂東廊下，近南，設苫凷。齊衰於其南，爲堊室，俱北戶，翦蒲爲席，不緣；大功又於其南，張帷，席以蒲；小功、緦麻又於其南，設牀，席以蒲。婦人次於西房。

三日成服，內外皆哭，盡哀。乃降就次，服其服，無服者仍素服。相者引主人以下俱杖升，立於殯，內外皆哭。諸子孫跪哭尊者之前，祖父撫之，女子子對立而哭，唯諸父不撫。尊者出，主人以下降立阼階。

朔望殷奠，饌於東堂下，瓦甒二，實醴及酒，角觶二，木柶一，少牢及腊三俎，二簋、二簠、二鈃，六籩、六豆。其日，不饋於下室。

葬有期，前一日之夕，除葦障，設賓次於大門外之右，南向。啓殯之日，主人及諸子皆去冠，以衰巾帕頭，就位哭。祝衰服執功布，升自東階，詣殯南，北向，內外止哭，三聲噫嘻，乃曰：「謹以吉辰啓殯。」既告，內外哭。祝取銘置於重。掌事者升，徹殯塗，設席於柩東，升柩於席。又設席柩東，祝以功布升，拂柩，覆用夷衾，周設帷，開戶東向。主人以下升，哭於帷東，西向，俱南上。諸祖父以下哭於帷東北壁下，諸祖母以下哭於帷西北壁下；外姻丈夫帷東上〔六〕，婦人帷西。祝與進饌者各以奠升，設於柩東席上，祝酌醴奠之。

陳器用。啓之夕，發引前五刻，搥一鼓爲一嚴，陳布吉、凶儀仗，方相、誌石、大棺車及明器以下，陳於柩車之前。一品引四、披六、鐸左右各八、黼翣二、黻翣二、畫翣二；二品三品引二、披四、鐸左右各六、黼翣二、畫翣二；四品五品引二、〔披二、鐸左右各四、黼翣二、畫翣二；六品至于九品披二、鐸二、畫翣二。

二刻頃，搥二鼓爲二嚴，掌饌者徹啓奠以出，內外俱立哭。執紼者皆入，掌事者徹帷，持翣者升，以翣障柩。執紼者升，執鐸者夾西階立，執纛者入，當西階南，北面立。掌事者取重出，倚於門外之東。執旌者立於纛南，北面。撾三鼓爲三嚴，靈車進於內門外，南向，祝以腰輿詣靈座前，西向跪告。腰輿降自西階，以詣靈車。腰輿退。執鐸者振鐸，降就階間，南向。持翣者障以翣。執纛者却行而引，輴止則北面立；執旌者亦漸而南，輴止，北面。主人以下以次從。

輴在庭。輴至庭，主人及諸子以下立哭於輴東北，西向南上；祖父以下立哭於輴東北，南向西上；異姓之丈夫立哭於主人東南，西面北上。婦人以次從降，妻、妾、女子子以下立哭於輴西，東面南上；祖母以下立哭於輴西北，南向東上；異姓之婦人立哭於主婦西南，東面北上。內外之際，障以行帷。國官立哭於執紼者東，北面西上；僚佐立哭於執紼者西南，北面東上。祝帥執饌者設祖奠於輴東，如大斂。祝酌奠，進饌，北面跪曰：「永遷之禮，靈辰不留，謹奉旋車，式遵祖道，尙饗。」

輴出，升車，執披者執前後披，紼者引輴出，旌先，纛次，主人以下從哭於輴後。輴出，到輀車，執紼者解屬於輀車，設帷障於輴後，遂升柩。祝與執饌者設遣奠於柩東，如祖奠。

既奠，掌事者以蒲葦苞牲體下節五〔七〕，以繩束之，盛以盤，載於輿前。方相、大棺車、輴車，明器輿、下帳輿、米輿、酒脯醢輿、苞牲輿、食輿爲六輿，銘旌、纛、鐸、輀車以次行。

賓有贈者，既祖奠，賓立於大門外西廂，東面，從者以篚奉玄纁立於西南，以馬陳於賓東南，北首西上。相者入，受命出，西面曰：「敢請事。」賓曰：「某敢賵。」相者入告，出曰：「孤某須矣。」執篚者奠，取幣以授賓。牽馬者先入，陳於輴車南，北首西上。賓入，由馬西當輴車南，北面立，內外止哭。賓曰：「某謚封若某位，將歸幽宅，敢致賵。」乃哭，內外皆哭。主人拜稽顙。賓進輴東，西面，奠幣於車上，西出，主人拜稽顙送之。

喪至于墓所，下柩。進輴車於柩車之後，張帷，下柩於輴。丈夫在西〔八〕，憑以哭。卑者拜辭，主人以下婦人皆障以行帷〔九〕，哭於羨道西，東面北上。

入墓。施行席於壙戶內之西，執紼者屬紼於輴，遂下柩於壙戶內席上，北首，覆以夷衾。

輴出，持翣入，倚翣於壙內兩廂，遂以帳張於柩東，南向。米、酒、脯於東北，食盤設於前，醯、醢設於盤南，苞牲置於四隅，明器設於右。

在壙。掌事者以玄纁授主人，主人授祝，奉以入，奠於靈座，主人拜稽顙。施銘旌、誌石於壙門之內，掩戶，設關鑰，遂復土三。主人以下稽顙哭，退，俱就靈所哭。掌儀者祭后土於墓左。

反哭。既下柩於壙，搥一鼓爲一嚴，掩戶；搥二鼓爲再嚴，內外就靈所；搥三鼓爲三嚴，徹酒、脯之奠，追靈車於帷外〔一〇〕，陳布儀仗如來儀。腰輿入，少頃出，詣靈車後。靈車發引，內外從哭如來儀。出墓門，尊者乘，去墓百步，卑者乘以哭。靈車至第西階下，南向。祝以腰輿詣靈車後。少頃，升，入詣靈座前；主人以下從升，立於靈座東，西面南上；內外俱升。諸祖父以下哭於帷東北壁下，南面；妻及女子子以下婦人哭於靈西，東面；諸祖母以下哭於帷西北壁下，南面；外姻哭於南廂，丈夫帷東，婦人帷西，皆北面；弔者哭於堂上，西面。主人以下出就次，沐浴以俟虞，斬衰者沐而不櫛。

虞。主用桑，長尺，方四寸，孔徑九分，烏漆匱，置於靈座，在寢室內戶西，東向，素几在右。設洗於西階西南，瓦甒二、設於北牖下，醴、酒在東。喪者既沐，升靈所。主人及諸子倚杖於戶外，入哭于位如初。饌入，如殷奠，升自東階。主人盥手洗爵，酌醴，西面跪奠，哭止。祝跪讀祝，主人哭拜，內外應拜者皆哭拜。乃出，杖降西階，還次。間日再虞，後日三虞，禮如初。

小祥。毀廬爲堊室，設蒲席。堊室者除之，席地。主人及諸子沐浴櫛翦，去首絰，練冠，妻妾女子去腰絰。主用栗，祭如虞禮。

大祥之祭如小祥。間月而禫，釋祥服，而禫祭如大祥。既祥而還外寢。妻妾女子還於寢。食有醢、醬，既禫而飲醴酒，食乾肉。

祔廟，筮日。將祔，掌事者爲埳室於始祖廟室西壁，主人及亞獻以下散齊三日，致齊一日。前一日，主人以酒、脯告遞遷之主，乃遷置於幄坐，又奠酒、脯以安神。掌饌者徹膳以出，掌廟者以次匱神主納於埳室。又設考之祔坐於曾祖室內東壁下，西向，右几。設主人位於東南，西面。設子孫位於南門內道東，北面西上。設亞獻、終獻位於主人東南。設掌事以下位於終獻東南，俱西面北上。設贊唱者位於主人西南，西面。設酒尊於堂上室戶之東南，北向西上。設洗於阼階東南，北向，實爵三，巾二，加羃。其日，具少牢之饌二座，各俎三、籩二、簋二、鉶二。酒尊二，其一實玄酒爲上，其一實淸酒次之。其籩豆，一品者各十二，二品、三品者各八。主人及行事者祭服。掌事者具腰輿，掌廟者、閽寺人立於廟庭，北面再拜，升自東階，入，開埳室，出曾祖、曾祖妣神主置於座，降，出。執尊、罍、篚者入就位，祝進座前，西面告曰：「以今吉辰，奉遷神主于廟。」執輿者以輿升，入，進輿於座前，祝納神主於匱，升輿，祝仍扶於左，降自西階，子孫內外陪從於後。至廟門，諸婦人停於門外，周以行帷，俟祭訖而還。神主入自南門，升自西階，入於室。諸子孫從升，立於室戶西，重行東面，以北爲上。行事者從入，各就位。輿詣室前，迴輿西向。祝啓匱出神主，置於坐。輿降立於西階下，東向。相者引主人以下降自東階，各就位。祝立定，贊唱者曰：「再拜。」在位者皆再拜。掌饌者引饌入，升自東階，入於室，各設於神座前。主人盥手，洗爵，升自東階，酌醴酒，入室，進，北面跪，奠爵於曾祖神座前。主人出，取爵酌酒，入室，進，東面跪，奠於祖座前。出戶，北面立。祝持版進於室戶外之右，東向跪讀祝文，主人再拜。祝進，入奠版於曾祖座。主人出，降，還本位。初，主人出，亞獻盥手，洗爵，升，酌酒入，進，北面跪，奠於曾祖，又酌酒入，進，東面跪，奠於祖神座，出戶，北面再拜訖，又入室，立於西壁下，東面再拜，出，降，復位。亞獻將畢，終獻入如亞獻。祝入，徹豆，贊者皆再拜。主人及在位子孫以下出。掌饌者入，徹饌以出。掌廟者納曾祖神主於埳室，出，又以腰輿升諸考神座前，納主於匱，置於輿，詣考廟，出神主置於座，進酒、脯之奠，少頃，徹之。祝納神主於埳室。六品以下祔祭于正寢，禮略如之。

## 校勘記

〔一〕爲兄弟之子女子之長殤中殤　開元禮卷一三二、通典卷一三四「女子」作「女子子」。

〔二〕妾及女子在其後　開元禮卷一三八、通典卷一三八「女子」作「女子子」。

〔三〕陳於東序西領北上　各本無「上」字，據開元禮卷一三八、通典卷一三八補。

〔四〕少牢腊三籩豆俎各八　開元禮卷一三八、通典卷一三八均作「少牢及腊三俎，籩、豆各八」。

〔五〕不饋於下室　「不饋」，各本原作「下饋」，據開元禮卷一三八、通典卷一三八及本卷下文改。

〔六〕外姻丈夫帷東上　開元禮卷一三八、通典卷一三八俱作「外姻丈夫帷東北面西上」。

〔七〕掌事者以蒲葦苞牲體下節五　開元禮卷一三九、通典卷一三九「五」作「七」。通典注云：「四品五品五苞，六品以下二苞。」

〔八〕丈夫在西　開元禮卷一三九、通典卷一三九均作「丈夫柩東，婦人柩西」。

〔九〕主人以下婦人皆障以行帷　開元禮卷一三九「主人以下」有「哭於羨道東，西面北上，妻妾女子子以下」十六字，通典卷一三九同，惟「妾」作「及」。

〔一〇〕追靈車於帷外　開元禮卷一三九、通典卷一三九「追」俱作「進」。

# 唐書卷二十一

## 志第十一

### 禮樂十一

聲無形而樂有器。古之作樂者，知夫器之必有弊，而聲不可以言傳，懼夫器失而聲遂亡也，乃多爲之法以著之。故始求聲者以律，而造律者以黍。自一黍之廣，積而爲分、寸；一黍之多，積而爲龠、合；一黍之重，積而爲銖、兩。此造律之本也。故爲之長短之法，而著之於度；爲之多少之法，而著之於量；爲之輕重之法，而著之於權衡。是三物者，亦必有時而弊，則又總其法而著之於數。使其分寸、龠合、銖兩皆起於黃鍾，然後律、度、量、衡相用爲表裏，使得律者可以制度、量、衡，因度、量、衡亦可以制律。不幸而皆亡，則推其法數而制之，用其長短、多少、輕重以相參考。四者既同，而聲必至，聲至而后樂可作矣。夫物用於有形而必弊，聲藏於無形而不竭，以有數之法求無形之聲，其法具存。無作則已，苟有作者，雖去聖人於千萬歲後，無不得焉。此古之君子知物之終始，而憂世之慮深，其多爲之法而丁寧纖悉，可謂至矣。

三代既亡，禮樂失其本，至其聲器、有司之守，亦以散亡。自漢以來，歷代莫不有樂，作者各因其所學，雖淸濁高下時有不同，然不能出於法數。至其所以用於郊廟、朝廷，以接人神之歡，其金石之響，歌舞之容，則各因其功業治亂之所起，而本其風俗之所由。

自漢、魏之亂，晉遷江南，中國遂沒於夷狄。至隋滅陳，始得其樂器，稍欲因而有作，而時君褊迫，不足以堪其事也。是時鄭譯、牛弘、辛彥之、何妥、蔡子元、于普明之徒，皆名知樂，相與撰定。依京房六十律，因而六之，爲三百六十律，以當一歲之日，又以一律爲七音，音爲一調，凡十二律爲八十四調，其說甚詳。而終隋之世，所用者黃鍾一宮，五夏、二舞、登歌、房中等十四調而已。

記曰：「功成作樂。」蓋王者未作樂之時，必因其舊而用之。唐興卽用隋樂。武德九年，始詔太常少卿祖孝孫、協律郎竇璡等定樂。初，隋用黃鍾一宮，惟擊七鍾，其五鍾設而不擊，謂之啞鍾。唐協律郎張文收乃依古斷竹爲十二律，高祖命與孝孫吹調五鍾，叩之而應，由是十二鍾皆用。孝孫又以十二月旋相爲六十聲、八十四調。其法，因五音生二變，因變徵爲正徵，因變宮爲淸宮。七音起黃鍾，終南呂，迭爲綱紀。黃鍾之律，管長九寸，王於中宮土。半之，四寸五分，與清宮合，五音之首也。加以二變，循環無間。故一宮、二商、三角、四變徵、五徵、六羽、七變宮，其聲繇濁至清爲一均。凡十二宮調，皆正宮也。正宮聲之下，無復濁音，故五音以宮爲尊。十二商調，調有下聲一，謂宮也。十二角調，調有下聲二，宮、商也。十二徵調，調有下聲三，宮、商、角也。十二羽調，調有下聲四，宮、商、角、徵也。十二變徵調，居角音之後，正徵之前。十二變宮調，在羽音之後，清宮之前。雅樂成調，無出七聲，本宮遞相用。唯樂章則隨律定均，合以笙、磬，節以鍾、鼓。樂既成，奏之。

太宗謂侍臣曰：「古者聖人沿情以作樂，國之興衰，未必由此。」御史大夫杜淹曰：「陳將亡也，有玉樹後庭花，齊將亡也，有伴侶曲，聞者悲泣，所謂亡國之音哀以思。以是觀之，亦樂之所起。」帝曰：「夫聲之所感，各因人之哀樂。將亡之政，其民苦，故聞以悲。今玉樹、伴侶之曲尙存，爲公奏之，知必不悲。」尙書右丞魏徵進曰：「孔子稱：『樂云樂云，鍾鼓云乎哉。』樂在人和，不在音也。」十一年，張文收復請重正餘樂，帝不許，曰：「朕聞人和則樂和，隋末喪亂，雖改音律而樂不和。若百姓安樂，金石自諧矣。」

文收既定樂，復鑄銅律三百六十、銅斛二、銅秤二、銅甌十四、秤尺一。斛左右耳與臂皆方，積十而登，以至於斛，與古玉尺、玉斗同。皆藏於太樂署。武后時，太常卿武延秀以爲奇玩，乃獻之。及將考中宗廟樂，有司奏請出之，而秤尺已亡，其跡猶存，以常用度量校之，尺當六之五，量、衡皆三之一。至肅宗時，山東人魏延陵得律一，因中官李輔國獻之，云：「太常諸樂調皆下，不合黃鍾，請悉更制諸鍾磬。」帝以爲然，乃悉取太常諸樂器入于禁中，更加磨剡，凡二十五日而成。御三殿觀之，以還太常。然以漢律考之，黃鍾乃太簇也，當時議者以爲非是。

其後黃巢之亂，樂工逃散，金奏皆亡。昭宗即位，將謁郊廟，有司不知樂縣制度。太常博士殷盈孫按周法以算數除鎛鍾輕重高卬，黃鍾九寸五分，倍應鍾三寸三分半，凡四十八等。圖上口項之量及徑衡之圍。乃命鑄鎛鍾十二，編鍾二百四十。宰相張濬爲脩奉樂縣使，求知聲者，得處士蕭承訓等，校石磬，合而擊拊之，音遂諧。

唐爲國而作樂之制尤簡，高祖、太宗即用隋樂與孝孫、文收所定而已。其後世所更者，樂章舞曲。至于昭宗，始得盈孫焉，故其議論罕所發明。若其樂歌廟舞，用於當世者，可以考也。

樂縣之制。宮縣四面，天子用之。若祭祀，則前祀二日，太樂令設縣於壇南內壝之外北嚮。東方、西方，磬虡起北，鍾虡次之；南方、北方，磬虡起西，鍾虡次之。鎛鍾十有二，在十二辰之位。樹雷鼓於北縣之內、道之左右，植建鼓於四隅。置柷、敔於縣內，柷在右，敔在左。設歌鍾、歌磬於壇上，南方北向。磬虡在西，鍾虡在東。琴、瑟、箏、筑皆一，當磬虡之次，匏、竹在下。凡天神之類，皆以雷鼓；地祇之類，皆以靈鼓；人鬼之類，皆以路鼓。其設於庭，則在南，而登歌者在堂。若朝會，則加鍾磬十二虡，設鼓吹十二案於建鼓之外。案設羽葆鼓一，大鼓一，金錞一，歌、簫、笳皆二。登歌，鍾、磬各一虡，節鼓一，歌者四人，琴、瑟、箏、筑皆一，在堂上；笙、和、簫、篪、塤皆一，在堂下。若皇后享先蠶，則設十二大磬，以當辰位，而無路鼓。軒縣三面，皇太子用之。若釋奠于文宣王、武成王，亦用之。其制，去宮縣之南面。判縣二面，唐之舊禮，祭風伯、雨師、五嶽、四瀆用之。其制，去軒縣之北面。皆植建鼓於東北、西北二隅。特縣，去判縣之西面，或陳於階間，有其制而無所用。

凡橫者爲簨，植者爲虡〔一〕。虡以縣鍾磬，皆十有六，周人謂之一堵，而唐人謂之一虡。自隋以前，宮縣二十虡。及隋平陳，得梁故事用三十六虡，遂用之。唐初因隋舊，用三十六虡。高宗蓬萊宮成，增用七十二虡。至武后時省之。開元定禮，始依古著爲二十虡。至昭宗時，宰相張濬已修樂縣，乃言：舊制，太清宮、南北郊、社稷及諸殿廷用二十虡，而太廟、含元殿用三十六虡，濬以爲非古，而廟廷狹隘，不能容三十六，乃復用二十虡。而鍾虡四，以當甲丙庚壬，磬虡四，以當乙丁辛癸，與開元禮異，而不知其改制之時。或說以鍾磬應陰陽之位，此禮經所不著。

凡樂八音，自漢以來，惟金以鍾定律呂，故其制度最詳，其餘七者，史官不記。至唐，獨宮縣與登歌、鼓吹十二案樂器有數，其餘皆略而不著，而其物名具在。八音：一曰金，爲鎛鍾，爲編鍾，爲歌鍾，爲錞，爲鐃，爲鐲，爲鐸。二曰石，爲大磬，爲編磬，爲歌磬。三曰土，爲壎，爲嘂，嘂，大壎也。四曰革，爲雷鼓，爲靈鼓，爲路鼓，皆有鼗；爲建鼓，爲鼗鼓，爲縣鼓，爲節鼓，爲拊，爲相。五曰絲，爲琴，爲瑟，爲頌瑟，頌瑟，箏也；爲阮咸，爲筑。六曰木，爲柷，爲敔，爲雅，爲應。七曰匏，爲笙，爲竽，爲巢，巢，大笙也；爲和，和，小笙也。八曰竹，爲簫，爲管，爲篪，爲笛，爲舂牘。此其樂器也。

初，祖孝孫已定樂，乃曰大樂與天地同和者也，製十二和，以法天之成數，號大唐雅樂：一曰豫和，二曰順和，三曰永和，四曰肅和，五曰雍和，六曰壽和，七曰太和，八曰舒和，九曰昭和，十曰休和，十一曰正和，十二曰承和。用於郊廟、朝廷，以和人神。孝孫已卒，張文收以爲十二和之制未備，乃詔有司釐定，而文收考正律呂，起居郎呂才叶其聲音，樂曲遂備。自高宗以後，稍更其曲名。開元定禮，始復遵用孝孫十二和。其著于禮者：

一曰豫和，以降天神。冬至祀圓丘，上辛祈穀，孟夏雩，季秋享明堂，朝日，夕月，巡狩告于圓丘，燔柴告至，封祀太山，類于上帝，皆以圜鍾爲宮，三奏；黃鍾爲角，太簇爲徵，姑洗爲羽，各一奏，文舞六成。五郊迎氣，黃帝以黃鍾爲宮，赤帝以函鍾爲徵，白帝以太簇爲商，黑帝以南呂爲羽，青帝以姑洗爲角，皆文舞六成。

二曰順和，以降地祇。夏至祭方丘，孟冬祭神州地祇，春秋社，巡狩告社，宜于社，禪社首，皆以函鍾爲宮，太簇爲角，姑洗爲徵，南呂爲羽，各三奏，文舞八成。望于山川，以蕤賓爲宮，三奏。

三曰永和，以降人鬼。時享、禘祫，有事而告謁于廟，皆以黃鍾爲宮，三奏；大呂爲角，太簇爲徵，應鍾爲羽，各二奏。文舞九成。祀先農，皇太子釋奠，皆以姑洗爲宮，文舞三成；送神，各以其曲一成。蜡兼天地人，以黃鍾奏豫和，蕤賓、姑洗、太簇奏順和，無射、夷則奏永和，六均皆一成以降神，而送神以豫和。

四曰肅和，登歌以奠玉帛。于天神，以大呂爲宮；于地祇，以應鍾爲宮；于宗廟，以圜鍾爲宮；祀先農、釋奠，以南呂爲宮；望于山川，以函鍾爲宮。

五曰雍和，凡祭祀以入俎。天神之俎，以黃鍾爲宮；地祇之俎，以太簇爲宮；人鬼之俎，以無射爲宮。又以徹豆。凡祭祀，俎入之後，接神之曲亦如之。

六曰壽和，以酌獻、飲福。以黃鍾爲宮。

七曰太和，以爲行節。亦以黃鍾爲宮。凡祭祀，天子入門而卽位，與其升降，至于還次，行則作，止則止。其在朝廷，天子將自內出，撞黃鍾之鍾，右五鍾應，乃奏之。其禮畢，興而入，撞蕤賓之鍾，左五鍾應，乃奏之。皆以黃鍾爲宮。

八日舒和，以出入二舞，及皇太子、王公、羣后、國老若皇后之妾御、皇太子之宮臣，出入門則奏之。皆以太簇之商。

九日昭和，皇帝、皇太子以舉酒。

十日休和，皇帝以飯，以肅拜三老，皇太子亦以飯。皆以其月之律均。

十一日正和，皇后受册以行。

十二日承和，皇太子在其宮，有會以行。若駕出，則撞黃鍾，奏太和。出太極門而奏采茨，至于嘉德門而止。其還也亦然。

初，隋有文舞、武舞，至祖孝孫定樂，更文舞曰治康，武舞曰凱安，舞者各六十四人。文舞：左籥右翟，與執纛而引者二人，皆委貌冠，黑素，絳領，廣袖，白袴，革帶，烏皮履。武舞：左干右戚，執旌居前者二人，執鼗執鐸皆二人，金錞二，輿者四人，奏者二人，執鐃二人，執相在左，執雅在右，皆二人夾導，服平冕，餘同文舞。朝會則武弁，平巾幘，廣袖，金甲，豹文袴，烏皮鞾。執干戚夾導，皆同郊廟。凡初獻，作文舞之舞；亞獻、終獻，作武舞之舞。太廟降神以文舞，每室酌獻，各用其廟之舞。禘祫遷廟之主合食，則舞亦如之。儀鳳二年，太常卿韋萬石定凱安舞六變：一變象龍興參墟；二變象克定關中；三變象東夏賓服；四變象江淮平；五變象獫狁伏從；六變復位以崇，象兵還振旅。

初，太宗時，詔祕書監顏師古等撰定弘農府君至高祖太武皇帝六廟樂曲舞名，其後變更不一，而自獻祖而下廟舞，略可見也。獻祖曰光大之舞，懿祖曰長發之舞，太祖曰大政之舞，世祖曰大成之舞，高祖曰大明之舞，太宗曰崇德之舞，高宗曰鈞天之舞，中宗曰太和之舞，睿宗曰景雲之舞，玄宗曰大運之舞，肅宗曰惟新之舞，代宗曰保大之舞，德宗曰文明之舞，順宗曰大順之舞，憲宗曰象德之舞，穆宗曰和寧之舞，敬宗曰大鈞之舞，文宗曰文成之舞，武宗曰大定之舞，昭宗曰咸寧之舞。其餘闕而不著。

唐之自製樂凡三：一曰七德舞，二曰九功舞，三曰上元舞。

七德舞者，本名秦王破陣樂。太宗爲秦王，破劉武周，軍中相與作秦王破陣樂曲。及卽位，宴會必奏之，謂侍臣曰：「雖發揚蹈厲，異乎文容，然功業由之，被於樂章，示不忘本也。」右僕射封德彝曰：「陛下以聖武戡難，陳樂象德，文容豈足道也！」帝矍然曰：「朕雖以武功興，終以文德綏海內，謂文容不如蹈厲，斯過矣。」乃製舞圖，左圓右方，先偏後伍，交錯屈伸，以象魚麗、鵝鸛。命呂才以圖教樂工百二十八人，被銀甲執戟而舞，凡三變，每變爲四陣，象擊刺往來，歌者和曰：「秦王破陣樂」。後令魏徵與員外散騎常侍褚亮、員外散騎常侍虞世南、太子右庶子李百藥更製歌辭，名曰七德舞。舞初成，觀者皆扼腕踊躍，諸將上壽，羣臣稱萬歲，蠻夷在庭者請相率以舞。太常卿蕭瑀曰：「樂所以美盛德形容，而有所未盡，陛下破劉武周、薛舉、竇建德、王世充，願圖其狀以識。」帝曰：「方四海未定，攻伐以平禍亂，製樂陳其梗槩而已。若備寫禽獲，今將相有嘗爲其臣者，觀之有所不忍，我不爲也。」自是元日、冬至朝會慶賀，與九功舞同奏。舞人更以進賢冠，虎文袴，螣蛇帶，烏皮鞾，二人執旌居前。其後更號神功破陣樂。

九功舞者，本名功成慶善樂。太宗生於慶善宮，貞觀六年幸之，宴從臣，賞賜閭里，同漢沛、宛。帝歡甚，賦詩，起居郎呂才被之管絃，名曰功成慶善樂。以童兒六十四人，冠進德冠，紫袴褶，長袖，漆髻，屣履而舞，號九功舞。進蹈安徐，以象文德。麟德二年詔：「郊廟、享宴奏文舞，用功成慶善樂，曳履，執紼，服袴褶，童子冠如故。武舞用神功破陣樂，衣甲，持戟，執纛者被金甲，八佾，加簫、笛、歌鼓，列坐縣南，若舞即與宮縣合奏。其宴樂二舞仍別設焉。」

上元舞者，高宗所作也。舞者百八十人，衣畫雲五色衣，以象元氣。其樂有上元、二儀、三才、四時、五行、六律、七政、八風、九宮、十洲、得一、慶雲之曲，大祠享皆用之。至上元三年，詔：「惟圓丘、方澤、太廟乃用，餘皆罷。」又曰：「神功破陣樂不入雅樂，功成慶善樂不可降神，亦皆罷。」而郊廟用治康、凱安如故。

儀鳳二年，太常卿韋萬石奏：「請作上元舞，兼奏破陣、慶善二舞。而破陣樂五十二徧，著于雅樂者二徧；慶善樂五十徧，著于雅樂者一徧；上元舞二十九徧，皆著于雅樂。」又曰：「雲門、大咸、大磬、大夏，古文舞也。大濩、大武，古武舞也。爲國家者，揖讓得天下，則先奏文舞；征伐得天下，則先奏武舞。神功破陣樂有武事之象，功成慶善樂有文事之象，用二舞，請先奏神功破陣樂。」初，朝會常奏破陣舞，高宗即位，不忍觀之，乃不設。後幸九成宮，置酒，韋萬石曰：「破陣樂舞，所以宣揚祖宗盛烈，以示後世，自陛下即位，寢而不作者久矣。禮，天子親總干戚，以舞先祖之樂。今破陣樂久廢，羣下無所稱述，非所以發孝思也。」帝復令奏之，舞畢，歎曰：「不見此樂垂三十年，追思王業勤勞若此，朕安可忘武功邪！」羣臣皆稱萬歲。然遇饗燕奏二樂，天子必避位，坐者皆興。太常博士裴守眞以謂「奏二舞時，天子不宜起立」。詔從之。及高宗崩，改治康舞曰化康以避諱。武后毀唐太廟，七德、九功之舞皆亡，唯其名存。自後復用隋文舞、武舞而已。

燕樂。高祖即位，仍隋制設九部樂：燕樂伎，樂工舞人無變者。清商伎者，隋清樂也。有編鍾、編磬、獨絃琴、擊琴、瑟、秦琵琶、臥箜篌、筑、箏、節鼓，皆一；笙、笛、簫、篪、方響、跋膝，皆二。歌二人，吹葉一人，舞者四人，并習巴渝舞。西涼伎，有編鍾、編磬，皆一；彈箏、搊箏、臥箜篌、豎箜篌、琵琶、五絃、笙、簫、觱篥、小觱篥、笛、橫笛、腰鼓、齊鼓、檐鼓，皆一；銅鈸二，貝一。白舞一人，方舞四人。天竺伎，有銅鼓、羯鼓、都曇鼓、毛員鼓、觱篥、橫笛、鳳首箜篌、琵琶、五絃、貝，皆一；銅鈸二，舞者二人。高麗伎，有彈箏、搊箏、鳳首箜篌、臥箜篌、豎箜篌、琵琶，以蛇皮爲槽，厚寸餘，有鱗甲，楸木爲面，象牙爲捍撥，畫國王形。又有五絃、義觜笛、笙、葫蘆笙、簫、小觱篥、桃皮觱篥、腰鼓、齊鼓、檐鼓、龜頭鼓、鐵版、貝、大觱篥。胡旋舞，舞者立毬上，旋轉如風。龜茲伎，有彈箏、豎箜篌、琵琶、五絃、橫笛、笙、簫、觱篥、答臘鼓、毛員鼓、都曇鼓、侯提鼓、雞婁鼓、腰鼓、齊鼓、檐鼓、貝，皆一；銅鈸二。舞者四人。設五方師子，高丈餘，飾以方色。每師子有十二人，畫衣，執紅拂，首加紅袜，謂之師子郎。安國伎，有豎箜篌、琵琶、五絃、橫笛、簫、觱篥、正鼓、和鼓、銅鈸，皆一；舞者二人。疏勒伎，有豎箜篌、琵琶、五絃、簫、橫笛、觱篥、答臘鼓、羯鼓、侯提鼓、腰鼓、雞婁鼓，皆一；舞者二人。康國伎，有正鼓、和鼓，皆一；笛、銅鈸，皆二。舞者二人。工人之服皆從其國。

隋樂每奏九部樂終，輒奏文康樂，一曰禮畢。太宗時，命削去之，其後遂亡。及平高昌，收其樂。有豎箜篌、銅角，一；琵琶、五絃、橫笛、簫、觱篥、答臘鼓、腰鼓、雞婁鼓、羯鼓，皆二人。工人布巾，袷袍，錦褾，金銅帶，畫袴。舞者二人，黃袍袖，練襦，五色條帶，金銅耳璫，赤鞾。自是初有十部樂。

其後因內宴，詔長孫无忌製傾盃曲，魏徵製樂社樂曲，虞世南製英雄樂曲。帝之破竇建德也，乘馬名黃驄驃，及征高麗，死於道，頗哀惜之，命樂工製黃驄疊曲。四曲，皆宮調也。

五絃，如琵琶而小，北國所出，舊以木撥彈，樂工裴神符初以手彈，太宗悅甚，後人習爲搊琵琶。

高宗卽位，景雲見，河水淸，張文收采古誼爲景雲河淸歌，亦名燕樂〔三〕。有玉磬、方響、搊箏、筑、臥箜篌、大小箜篌、大小琵琶、大小五絃、吹葉、大小笙、大小觱篥、簫、銅鈸、長笛、尺八、短笛，皆一；毛員鼓、連鞉鼓、桴鼓、貝，皆二。每器工一人，歌二人。工人絳袍，金帶，烏鞾。舞者二十人。分四部：一景雲舞，二慶善舞，三破陣舞，四承天舞。景雲樂，舞八人，五色雲冠，錦袍，五色袴，金銅帶。慶善樂，舞四人，紫袍，白袴。破陣樂，舞四人，綾袍，絳袴。承天樂，舞四人，進德冠，紫袍，白袴。景雲舞，元會第一奏之。

高宗以琴曲寖絕，雖有傳者，復失宮商，令有司脩習。太常丞呂才上言：「舜彈五絃之琴，歌南風之詩，是知琴操曲弄皆合於歌。今以御雪詩爲白雪歌。古今奏正曲復有送聲，君唱臣和之義，以羣臣所和詩十六韻爲送聲十六節。」帝善之，乃命太常著于樂府。才復撰琴歌、白雪等曲，帝亦製歌詞十六，皆著樂府。

帝將伐高麗，燕洛陽城門，觀屯營教舞，按新征用武之勢，名曰一戎大定樂，舞者百四十人，被五采甲，持槊而舞，歌者和之曰：「八紘同軌樂。」象高麗平而天下大定也。及遼東平，行軍大總管李勣作夷美賓之曲以獻。

調露二年，幸洛陽城南樓，宴羣臣，太常奏六合還淳之舞，其容制不傳。

高宗自以李氏老子之後也，於是命樂工製道調。

## 校勘記

〔一〕凡横者爲簨植者爲虡　各本原作「植者爲簨，横者爲虡」。禮記明堂位鄭註：「横曰簨」，「植曰虡」。舊書卷二九音樂志、通典卷一四四均謂：「樂縣横曰簨，豎曰簴。」據改。

〔二〕高宗卽位景雲見河水清張文收采古誼爲景雲河清歌亦名燕樂　按通典卷一四六，此貞觀中事。舊書卷二八音樂志、册府卷五六九均繫此事於貞觀十四年。

# 唐書卷二十二

## 志第十二

### 禮樂十二

自周、陳以上，雅鄭淆雜而無別，隋文帝始分雅、俗二部，至唐更曰「部當」。

凡所謂俗樂者，二十有八調：正宮、高宮、中呂宮、道調宮、南呂宮、仙呂宮、黃鍾宮爲七宮；越調、大食調、高大食調、雙調、小食調、歇指調、林鍾商爲七商；大食角、高大食角、雙角、小食角、歇指角、林鍾角、越角爲七角；中呂調、正平調、高平調、仙呂調、黃鍾羽、般涉調、高般涉爲七羽。皆從濁至清，迭更其聲，下則益濁，上則益清，慢者過節，急者流蕩。其後聲器寖殊，或有宮調之名，或以倍四爲度，有與律呂同名，而聲不近雅者。其宮調乃應夾鍾之律，燕設用之。

絲有琵琶、五絃、箜篌、箏，竹有觱篥、簫、笛，匏有笙，革有杖鼓、第一鼓、第二鼓、腰鼓、大鼓，土則附革而爲鞚，木有拍板、方響，以體金應石而備八音。倍四本屬清樂，形類雅音，而曲出於胡部。復有銀字之名，中管之格，皆前代應律之器也。後人失其傳，而更以異名，故俗部諸曲，悉源於雅樂。

周、隋管絃雜曲數百，皆西涼樂也。鼓舞曲，皆龜茲樂也。唯琴工猶傳楚、漢舊聲及清調，蔡邕五弄、楚調四弄，謂之九弄。隋亡，清樂散缺，存者纔六十三曲。其後傳者：平調、清調，周房中樂遺聲也；白雪，楚曲也；公莫舞，漢舞也；巴渝，漢高帝命工人作也；明君，漢元帝時作也；明之君，漢鞞舞曲也；鐸舞，漢曲也；白鳩，吳拂舞曲也；白紵，吳舞也；子夜，晉曲也；前溪，晉車騎將軍沈琓作也；團扇，晉王珉歌也；懊儂，晉隆安初謠也；長史變，晉司徒左長史王廞作也；丁督護，晉、宋間曲也；讀曲，宋人爲彭城王義康作也；烏夜啼，宋臨川王義慶作也；石城，宋臧質作也；莫愁，石城樂所出也；襄陽，宋隨王誕作也；烏夜飛，宋沈攸之作也；估客樂，齊武帝作也；楊叛，北齊歌也；驍壺，投壺樂也；常林歡，宋、梁間曲也；三洲，商人歌也；採桑，三洲曲所出也；玉樹後庭花、堂堂，陳後主作也；泛龍舟，隋煬帝作也。又有吳聲四時歌、雅歌、上林、鳳雛、平折、命嘯等曲，其聲與其辭皆訛失，十不傳其一二。

蓋唐自太宗、高宗作三大舞，雜用於燕樂，其他諸曲出於一時之作，雖非純雅，尙不至於淫放。武后之禍，繼以中宗昏亂，固無足言者。玄宗爲平王，有散樂一部，定韋后之難，頗有預謀者。及卽位，命寧王主藩邸樂，以亢太常，分兩朋以角優劣。置內教坊於蓬萊宮側，居新聲、散樂、倡優之伎，有諧謔而賜金帛朱紫者，酸棗縣尉袁楚客上疏極諫。

初，帝賜第隆慶坊，坊南之地變爲池，中宗常泛舟以厭其祥。帝卽位，作龍池樂，舞者十有二人，冠芙蓉冠，躡履，備用雅樂，唯無磬。又作聖壽樂，以女子衣五色繡襟而舞之。又作小破陣樂，舞者被甲冑。又作光聖樂，舞者鳥冠、畫衣，以歌王迹所興。

又分樂爲二部：堂下立奏，謂之立部伎；堂上坐奏，謂之坐部伎。太常閱坐部，不可教者隸立部，又不可教者，乃習雅樂。

立部伎八：一安舞，二太平樂，三破陣樂，四慶善樂，五大定樂，六上元樂，七聖壽樂，八光聖樂。安舞、太平樂，周、隋遺音也。破陣樂以下皆用大鼓，雜以龜茲樂，其聲震厲。大定樂又加金鉦。慶善舞顓用西涼樂，聲頗閑雅。每享郊廟，則破陣、上元、慶善三舞皆用之。

坐部伎六：一燕樂，二長壽樂，三天授樂，四鳥歌萬歲樂，五龍池樂，六小破陣樂。天授、鳥歌，皆武后作也。天授，年名。鳥歌者，有鳥能人言萬歲，因以制樂。自長壽樂以下，用龜茲舞，唯龍池樂則否。

是時，民間以帝自潞州還京師，舉兵夜半誅韋皇后，製夜半樂、還京樂二曲。帝又作文成曲，與小破陣樂更奏之。其後，河西節度使楊敬忠獻霓裳羽衣曲十二遍，凡曲終必遽，唯霓裳羽衣曲將畢，引聲益緩。帝方浸喜神仙之事，詔道士司馬承禎製玄眞道曲，茅山道士李會元製大羅天曲，工部侍郎賀知章製紫清上聖道曲。太清宮成，太常卿韋縚製景雲、九眞、紫極、小長壽、承天、順天樂六曲，又製商調君臣相遇樂曲。

初，隋有法曲，其音清而近雅。其器有鐃、鈸、鍾、磬、幢簫、琵琶。琵琶圓體修頸而小，號曰「秦漢子」，蓋絃鼗之遺製，出於胡中，傳爲秦、漢所作。其聲金、石、絲、竹以次作，隋煬帝厭其聲澹，曲終復加解音。玄宗既知音律，又酷愛法曲，選坐部伎子弟三百教於梨園，聲有誤者，帝必覺而正之，號「皇帝梨園弟子」。宮女數百，亦爲梨園弟子，居宜春北院。梨園法部，更置小部音聲三十餘人。帝幸驪山，楊貴妃生日，命小部張樂長生殿，因奏新曲，未有名，會南方進荔枝，因名曰荔枝香。

帝又好羯鼓，而寧王善吹橫笛，達官大臣慕之，皆喜言音律。帝常稱：「羯鼓，八音之領袖，諸樂不可方也。」蓋本戎羯之樂，其音太蔟一均，龜茲、高昌、疏勒、天竺部皆用之，其聲焦殺，特異衆樂。

開元二十四年，升胡部於堂上。而天寶樂曲，皆以邊地名，若涼州、伊州、甘州之類。

後又詔道調、法曲與胡部新聲合作。明年，安祿山反，涼州、伊州、甘州皆陷吐蕃。

唐之盛時，凡樂人、音聲人、太常雜戶子弟隸太常及鼓吹署，皆番上，總號音聲人，至數萬人。

玄宗又嘗以馬百匹，盛飾分左右，施三重榻，舞傾盃數十曲，壯士舉榻，馬不動。樂工少年姿秀者十數人，衣黃衫、文玉帶，立左右。每千秋節，舞於勤政樓下，後賜宴設酺，亦會勤政樓。其日未明，金吾引駕騎，北衙四軍陳仗，列旗幟，被金甲、短後繡袍。太常卿引雅樂，每部數十人，間以胡夷之技。內閑廄使引戲馬，五坊使引象、犀，入場拜舞。宮人數百衣錦繡衣，出帷中，擊雷鼓，奏小破陣樂，歲以爲常。

千秋節者，玄宗以八月五日生，因以其日名節，而君臣共爲荒樂，當時流俗多傳其事以爲盛。其後巨盜起，陷兩京，自此天下用兵不息，而離宮苑囿遂以荒堙，獨其餘聲遺曲傳人間，聞者爲之悲涼感動。蓋其事適足爲戒，而不足考法，故不復著其詳。自肅宗以後，皆以生日爲節，而德宗不立節，然止於羣臣稱觴上壽而已。

代宗繇廣平王復二京，梨園供奉官劉日進製寶應長寧樂十八曲以獻，皆宮調也。

大曆元年，又有廣平太一樂。涼州曲，本西涼所獻也，其聲本宮調，有大遍、小遍。貞元初，樂工康崑崙寓其聲於琵琶，奏於玉宸殿，因號玉宸宮調，合諸樂，則用黃鍾宮。

其後方鎮多製樂舞以獻。河東節度使馬燧獻定難曲。昭義軍節度使王虔休以德宗誕辰未有大樂，乃作繼天誕聖樂，以宮爲調，帝因作中和樂舞。山南節度使于頔又獻順聖樂，曲將半，而行綴皆伏，一人舞於中，又令女伎爲佾舞，雄健壯妙，號孫武順聖樂。

文宗好雅樂，詔太常卿馮定采開元雅樂製雲韶法曲及霓裳羽衣舞曲。雲韶樂有玉磬四虡，琴、瑟、筑、簫、篪、籥、跋膝、笙、竽皆一，登歌四人，分立堂上下，童子五人，繡衣執金蓮花以導，舞者三百人，階下設錦筵，遇內宴乃奏。謂大臣曰：「笙磬同音，沈吟忘味，不圖爲樂至於斯也。」自是臣下功高者，輒賜之。樂成，改法曲爲仙韶曲。會昌初，宰相李德裕命樂工製萬斯年曲以獻。

大中初，太常樂工五千餘人，俗樂一千五百餘人。宣宗每宴羣臣，備百戲。帝製新曲，敎女伶數十百人，衣珠翠緹繡，連袂而歌，其樂有播皇猷之曲，舞者高冠方履，褒衣博帶，趨走俯仰，中於規矩。又有葱嶺西曲，士女蹹歌爲隊，其詞言葱嶺之民樂河、湟故地歸唐也。

咸通間，諸王多習音聲、倡優雜戲，天子幸其院，則迎駕奏樂。是時，藩鎮稍復舞破陣樂，然舞者衣畫甲，執旗旆，纔十人而已。蓋唐之盛時，樂曲所傳，至其末年，往往亡缺。

周、隋與北齊、陳接壤，故歌舞雜有四方之樂。至唐，東夷樂有高麗、百濟，北狄有鮮卑、吐谷渾、部落稽，南蠻有扶南、天竺、南詔、驃國，西戎有高昌、龜茲、疏勒、康國、安國，凡十四國之樂，而八國之伎，列於十部樂。

中宗時，百濟樂工人亡散，岐王爲太常卿，復奏置之，然音伎多闕。舞者二人，紫大袖裙襦、章甫冠、衣履〔一〕。樂有箏、笛、桃皮觱篥、箜篌、歌而已。

北狄樂皆馬上之聲，自漢後以爲鼓吹，亦軍中樂，馬上奏之，故隸鼓吹署。後魏樂府初有北歌，亦曰眞人歌，都代時，命宮人朝夕歌之。周、隋始與西涼樂雜奏。至唐存者五十三章，而名可解者六章而已。一曰慕容可汗，二曰吐谷渾，三曰部落稽，四曰鉅鹿公主，五曰白淨王，六曰太子企喻也。其餘辭多可汗之稱，蓋燕、魏之際鮮卑歌也。隋鼓吹有其曲而不同。貞觀中，將軍侯貴昌，并州人，世傳北歌，詔隸太樂，然譯者不能通，歲久不可辨矣。金吾所掌有大角，卽魏之「簸邏回」，工人謂之角手，以備鼓吹。

南蠻、北狄俗斷髮，故舞者以繩圍首約髮。有新聲自河西至者，號胡音，龜茲散樂皆爲之少息。

扶南樂，舞者二人，以朝霞爲衣，赤皮鞋。天竺伎能自斷手足，刺腸胃，高宗惡其驚俗，詔不令入中國。睿宗時，婆羅門國獻人倒行以足舞，仰植銛刀，俯身就鋒，歷臉下，復植於背，觱篥者立腹上，終曲而不傷。又伏伸其手，二人躡之，周旋百轉。開元初，其樂猶與四夷樂同列。

貞元中，南詔異牟尋遣使詣劍南西川節度使韋皐，言欲獻夷中歌曲，且令驃國進樂。皐乃作南詔奉聖樂，用黃鍾之均，舞六成，工六十四人，贊引二人，序曲二十八疊，執羽而舞「南詔奉聖樂」字，曲將終，雷鼓作於四隅，舞者皆拜，金聲作而起，執羽稽首，以象朝覲。每拜跪，節以鉦鼓。又爲五均：一曰黃鍾，宮之宮；二曰太蔟，商之宮；三曰姑洗，角之宮；四曰林鍾，徵之宮；五曰南呂，羽之宮。其文義繁雜，不足復紀。德宗閱於麟德殿，以授太常工人，自是殿庭宴則立奏，宮中則坐奏。

十七年，驃國王雍羌遣弟悉利移、城主舒難陁獻其國樂，至成都，韋皐復譜次其聲，又圖其舞容、樂器以獻。凡工器二十有二，其音八：金、貝、絲、竹、匏、革、牙、角，大抵皆夷狄之器，其聲曲不隸於有司，故無足采云。

## 校勘記

〔一〕章甫冠衣履　「衣履」，舊書卷二九音樂志、文獻通考（下簡稱通考）卷一四八均作「皮履」。

# 唐書卷二十三上

## 志第十三上

### 儀衞上

唐制，天子居曰「衙」，行曰「駕」，皆有衞有嚴。羽葆、華蓋、旌旗、罕畢、車馬之衆盛矣，皆安徐而不譁。其人君舉動必以扇，出入則撞鍾，庭設樂宮，道路有鹵簿、鼓吹。禮官百司必備物而後動，蓋所以爲愼重也。故愼重則尊嚴，尊嚴則肅恭。夫儀衞所以尊君而肅臣，其聲容文采，雖非三代之制，至其盛也，有足取焉。

衙。

凡朝會之仗，三衞番上，分爲五仗，號衙內五衞。一曰供奉仗，以左右衞爲之。二曰親仗，以親衞爲之。三曰勳仗，以勳衞爲之。四曰翊仗，以翊衞爲之。皆服鶡冠、緋衫裌。五曰散手仗，以親、勳、翊衞爲之，服緋絁裲襠，繡野馬。皆帶刀捉仗，列坐於東西廊下。每月以四十六人立內廊閤外，號曰內仗。以左右金吾將軍當上，中郎將一人押之，有押官，有知隊仗官。朝堂置左右引駕三衞六十人，以左右衞、三衞年長彊直能糾劾者爲之，分五番。有引駕佽飛六十六人，以佽飛、越騎、步射爲之，分六番，每番皆有主帥一人。坐日引駕升殿，金吾大將軍各一人押之，號曰押引駕官。中郎將、郎將各一人，檢校引駕事。又有千牛仗，以千牛備身、備身左右爲之。千牛備身冠進德冠、服袴褶；備身左右服如三衞。皆執御刀、弓箭，升殿列御座左右。

內外諸門以排道人帶刀捉仗而立，號曰立門仗。宣政左右門仗、內仗，皆分三番而立，號曰交番仗。諸衞有挾門隊、長槍隊。承天門內則左右衞挾門隊列東西廊下，門外則左右驍衞挾門隊列東西廊下。長樂、永安門內則左右威衞挾門隊列東西廊下，門外則左右領軍衞挾門隊列東西廊下。嘉德門內則左右武衞挾門隊列東西廊下。車駕出皇城，則挾門隊皆從。長槍隊有漆槍、木槍、白檊槍、樸頭槍。

每夜，第一鼕鼕，諸隊仗佩弓箭、胡祿，出鋪立廊下，按矟、張弓、捻箭、彀弩。第二鼕鼕後，擊鍾訖，持更者舉矟，鍾聲絕則解仗。一點，持更人按矟，持弓者穩箭唱號，諸衞仗隊皆分更行探。宿衞門閤仗隊，鍪、甲、蕞，擐左襻，餘仗隊唯持更人蕞一具，供奉、散手仗亦持更、蕞、甲。

每朝，第一鼕鼕訖，持更矟皆舉，張弓者攝箭收弩，立門隊及諸隊仗皆立於廊下。第二鼕鼕聲絕，按矟、弛弓、收鋪，諸門挾門隊立於階下。復一刻，立門仗皆復舊，內外仗隊立於階下。

元日、冬至大朝會、宴見蕃國王，則供奉仗、散手仗立於殿上；黃麾仗、樂縣、五路、五副路、屬車、輿輦、繖二、翰一，陳於庭；扇一百五十有六，三衞三百人執之，陳於兩箱。

黃麾仗，左右廂各十二部，十二行。第一行，長戟，六色氅，領軍衞赤氅，威衞青氅、黑氅，武衞鶩氅，驍衞白氅，左右衞黃氅，黃地雲花襖、冒。第二行，儀鍠，五色幡，赤地雲花襖、冒。第三行，大矟，小孔雀氅，黑地雲花襖、冒。第四行，小戟、刀、楯，白地雲花襖、冒。第五行，短戟，大五色鸚鵡毛氅，青地雲花襖、冒。第六行，細射弓箭，赤地四色雲花襖、冒。第七行，小矟，小五色鸚鵡毛氅，黃地雲花襖、冒。第八行，金花朱滕格楯刀，赤地雲花襖、冒。第九行，戎，鷄毛氅，黑地雲花襖、冒。第十行，細射弓箭，白地雲花襖、冒。第十一行，大鋋，白毦，青地雲花襖、冒。第十二行，金花綠滕格楯刀，赤地四色雲花襖、冒。十二行皆有行滕、鞋、韈。

前黃麾仗，首左右廂各二部，部十二行，行十人，左右領軍衞折衝都尉各一人，領主帥各十人，師子袍、冒。次左右廂皆一部，部十二行，行十人，左右威衞果毅都尉各一人，領主帥各十人，豹文袍、冒。次廂各一部，部十二行，行十人，左右武衞折衝都尉各一人，主帥各十人。次廂各一部，部十二行，行十人，左右衞折衝都尉各一人，主帥各十人。次當御廂各一部，部十二行，行十人，左右衞果毅都尉各一人，主帥各十人。次後廂各一部，部十二行，行十人，左右驍衞折衝都尉各一人，主帥各十人。次後廂各二部，部十二行，行十人，左右武衞果毅都尉各一人，主帥各十人。次後左右廂各一部，部十二行，行十人，左右威衞折衝都尉各一人，主帥各十人。次後左右廂各一部，部十二行，行十人，左右威衞果毅都尉各一人，主帥各十人。次後左右廂各一部，部十二行，行十人，左右領軍衞果毅都尉各一人，主帥各十人。次盡後左右廂，軍衞、主帥各十人護後，被師子文袍、冒。

左右領軍衞黃麾仗，首尾廂皆絳引旛，二十引前，十掩後。十廂各獨揭鼓十二重，重二人，赤地雲花襖、冒，行縢、鞋、韈，居黃麾仗外。

每黃麾仗一部，鼓一，左右衞、左右驍衞、左右武衞、左右威衞將軍各一人，大將軍各一人，左右領軍衞大將軍各一人檢校，被繡袍。

次左右衞黃旗仗，立於兩階之次，鍪、甲、弓、箭、刀、楯皆黃，隊有主帥以下四十人，皆戎服，被大袍，二人引旗，一人執，二人夾，二十人執矟，餘佩弩、弓箭。第一麟旗隊，第二角端旗隊，第三赤熊旗隊，折衝都尉各一人檢校，戎服，被大袍，佩弓箭、橫刀。又有夾轂隊，廂各六隊，隊三十人，胡木鍪、毦、蜀鎧、懸鈴、覆膊、錦臂鞲、白行縢、紫帶、鞋韈，持矟、楯、刀；廂各折衝都尉一人、果毅都尉二人檢校，冠進德冠，被紫紬連甲、緋繡葵花文袍。第一隊、第四隊，朱質鍪、鎧，緋絝。第二隊、第五隊，白質鍪、鎧，紫絝。第三隊、第六隊，黑質鍪、鎧，皂絝。

次左右驍衞赤旗仗，坐於東西廊下，鍪、甲、弓、箭、刀、楯皆赤，主帥以下如左右衞。第一鳳旗隊，第二飛黃旗隊，折衝都尉各一人檢校。第三吉利旗隊，第四兕旗隊，第五太平旗隊，果毅都尉各一人檢校。

又有親、勳、翊衞仗，廂各三隊壓角，隊皆有旗，一人執，二人引，二人夾，校尉以下翊衞以上三十五人，皆平巾幘、緋裲襠、大口絝，帶橫刀；執矟二十人，帶弩四人，帶弓箭十一人。第一隊鳳旗，大將軍各一人主之。第二隊飛黃旗，將軍各一人主之。第三隊吉利旗，郎將一人主之。

次左右武衞白旗仗，居驍衞之次，鍪、甲、弓、箭、刀、楯皆白，主帥以下如左右衞。第一五牛旗隊，黃旗居內，赤青居左，白黑居右，各八人執。第二飛麟旗隊，第三駃騠旗隊，第四鸞旗隊，果毅都尉各一人檢校。第五犀牛旗隊，第六鵔鸃旗隊，第七騏驎旗隊，第八騼䮷旗隊，折衝都尉各一人檢校。持鈒隊，果毅都尉各一人、校尉二人檢校。前隊執銀裝長刀，紫黃綬紛。絳引旛一，金節十二，分左右。次罕、畢、朱雀幢、叉，青龍、白虎幢，道蓋、叉，各一。自絳引旛以下，執者服如黃麾。執罕、畢及幢者，平陵冠、朱衣、革帶。左罕右畢，左青龍右白虎。稱長一人，出則告警，服如黃麾。鈒、戟隊各一百四十四人，分左右三行應蹕，服如黃麾。果毅執青龍等旗，將軍各一人檢校；旅帥二人執銀裝長刀，紫黃綬紛，檢校後隊。

次左右威衞黑旗仗，立于階下，鍪、甲、弓、箭、楯、矟皆黑，主帥以下如左右衞。第一黃龍負圖旗隊，第二黃鹿旗隊，第三騶牙旗隊，第四蒼烏旗隊，果毅都尉各一人檢校。

次左右領軍衞青旗仗，居威衞之次，鍪、甲、弓、箭、楯、穳皆青，主帥以下如左右衞。第一應龍旗隊，第二玉馬旗隊，第三三角獸旗隊，果毅都尉各一人檢校；第四白狼旗隊，第五龍馬旗隊，第六金牛旗隊，折衝都尉各一人檢校。

又有殳仗、步甲隊，將軍各一人檢校。殳仗左右廂千人，廂別二百五十人執殳，二百五十人執叉，皆赤地雲花襖、冒，行縢、鞋韈。殳、叉以次相間。左右領軍衞各一百六十人，左右武衞各一百人，左右威衞、左右驍衞、左右衞各八十人。左右廂有主帥三十八人，平巾幘、緋裲襠、大口絝，執儀刀。廂有左右衞各三人，左右驍衞、左右武衞、左右威衞、左右領軍衞各四人，以主殳仗，被豹文袍、冒；領軍衞，師子文袍。步甲隊從左右廂各四十八，前後皆二十四。每隊折衝都尉一人主之，被繡袍。每隊一人，戎服大袍，帶橫刀，執旗；二人引，二人夾，皆戎服大袍，帶弓箭橫刀。隊別三十人，被甲、臂韝、行縢、鞋襪。每一隊鍪、甲、覆膊，執弓箭，一隊胡木鍪及毦、蜀鎧、覆膊，執刀、楯、穳相間。第一隊，赤質鍪、甲，赤弓、箭，折衝都尉各一人主之，執鶡雞旗。第二隊，赤質鍪、鎧，赤刀、楯、穳，果毅都尉各一人主之，執豹旗。第三隊，青質鍪、甲，青弓、箭，折衝都尉各一人主之。第四隊，青質鍪、鎧，青刀、楯、穳，果毅都尉各一人主之。第五隊，黑質鍪、甲，黑弓、箭，左右威衞折衝都尉各一人主之。第六隊，黑質鍪、鎧，黑刀、楯、穳，果毅都尉各一人主之。第七隊，白質鍪、甲，白弓、箭，左右武衞折衝都尉各一人主之。第八隊，白質鍪、鎧，白刀、楯、穳，果毅都尉各一人主之。第九隊，黃質鍪、甲，黃弓、箭，左右驍衞折衝都尉各一人主之。第十隊，黃質鍪、鎧，黃刀、楯、穳，果毅都尉各一人主之。第十一隊，黃質鍪、甲，黃弓、箭，左右衞折衝都尉各一人主之。第十二隊，黃質鍪、鎧，黃刀、楯、穳，果毅都尉各一人主之。次後第一隊，黃質鍪、鎧，黃刀、楯、穳，左右衞折衝都尉各一人主之。至第十二隊與前同。

次左右金吾衞辟邪旗隊，折衝都尉各一人檢校。又有清游隊、朱雀隊、玄武隊。清游隊建白澤旗二，各一人執，帶橫刀；二人引，二人夾，皆帶弓箭、橫刀。左右金吾衞折衝都尉各一人，帶弓箭、橫刀，各領四十人，皆帶橫刀，二十人持矟，四人持弩，十六人帶弓箭。

朱雀隊建朱雀旗，一人執，引、夾皆二人，金吾衞折衝都尉一人主之，領四十人，二十人持矟，四人持弩，十六人帶弓箭，又二人持䂍矟，皆佩橫刀，䂍矟以黃金塗末。龍旗十二，執者戎服大袍，副竿二，各一人執，戎服大袍，分左右，果毅都尉各一人主之。大將軍各一人檢校二隊。玄武隊建玄武旗，一人執，二人引，二人夾，平巾幘、黑裲襠、黑袴、大口袴，左右金吾衞折衝都尉各一人主之，各領五十人，持矟二十五人，持弩五人，帶弓箭二十人，又二人持䂍矟。諸衞挾門隊、長槍隊與諸隊相間。

朝日，殿上設黼扆、躡席、熏爐、香案。御史大夫領屬官至殿西廡，從官朱衣傳呼，促百官就班，文武列於兩觀。監察御史二人立於東西朝堂甎道以涖之。平明，傳點畢，內門開。監察御史領百官入，夾階，監門校尉二人執門籍，曰：「唱籍」。既視籍，曰：「在」。入畢而止。次門亦如之。序班於通乾、觀象門南，武班居文班之次。入宣政門，文班自東門而入，武班自西門而入，至閤門亦如之。夾階校尉十人同唱，入畢而止。宰相、兩省官對班於香案前，百官班於殿庭左右，巡使二人分涖於鐘鼓樓下，先一品班，次二品班，次三品班，次四品班，次五品班。每班，尙書省官爲首。武班供奉者立於橫街之北，次千牛中郎將，次千牛將軍，次過狀中郎將一人，次接狀中郎將一人，次押柱中郎將一人，次押柱中郎一人，次排階中郎將一人，次押散手仗中郎將一人，次左右金吾衞大將軍。凡殿中省監、少監，尙衣、尙舍、尙輦奉御，分左右隨繖、扇而立。東宮官居上臺官之次，王府官又次之，唯三太、三少、賓客、庶子、王傅隨本品。侍中奏「外辦」，皇帝步出西序門，索扇，扇合。皇帝升御座，扇開。左右留扇各三。左右金吾將軍一人奏「左右廂內外平安」。通事舍人贊宰相兩省官再拜，升殿。內謁者承旨喚仗，左右羽林軍勘以木契，自東西閤而入。內侍省五品以上一人引之，左右衞大將軍、將軍各一人押之。二十人以下入，則不帶仗。三十人入，則左右廂監門各二人，千牛備身各四人，三衞各八人，金吾一人。百人入，則左右廂監門各六人，千牛備身各四人，三衞三十三人，金吾七人。二百人，則增以左右武衞、威衞、領軍衞、金吾衞、翊衞等。凡仗入，則左右廂加一人監捉永巷，御刀、弓箭。及三衞帶刀入，則曰「仗入」；三衞不帶刀而入，則曰「監引入」。朝罷，皇帝步入東序門，然後放仗。內外仗隊，七刻乃下。常參、輟朝日，六刻即下。宴蕃客日，隊下，復立半仗於兩廊。朔望受朝及蕃客辭見，加纛、矟隊，儀仗減半。凡千牛仗立，則全仗立。太陽虧，昏壥大霧，則內外諸門皆立仗。泥雨，則延三刻傳點。

駕。

大駕鹵簿。天子將出，前二日，太樂令設宮縣之樂於庭。晝漏上五刻，駕發。前發七刻，擊一鼓爲一嚴。前五刻，擊二鼓爲再嚴，侍中版奏「請中嚴」。有司陳鹵簿。前二刻，擊三鼓爲三嚴，諸衞各督其隊與鈒、戟以次入陳殿庭。通事舍人引羣官立朝堂，侍中、中書令以下奉迎於西階，侍中負寶，乘黃令進路於太極殿西階南向，千牛將軍一人執長刀立路前北向，黃門侍郎一人立侍臣之前，贊者二人。既外辦，太僕卿攝衣而升，正立執轡。天子乘輿以出，降自西階，曲直華蓋，警蹕，侍衞，千牛將軍前執轡，天子升路，太僕卿授綏，侍中、中書令以下夾侍。

黃門侍郎前奏「請發」。鑾駕動，警蹕，鼓傳音，黃門侍郎與贊者夾引而出，千牛將軍夾路而趨。駕出承天門，侍郎乘馬奏「駕少留，敕侍臣乘馬」。侍中前承制，退稱：「制曰可」。黃門侍郎退稱：「侍臣乘馬。」贊者承傳，侍臣皆乘。侍衞之官各督其屬左右翊駕，在黃麾內。符寶郎奉六寶與殿中後部從，在黃鉞內。侍中、中書令以下夾侍路前，贊者在供奉官內。侍臣乘畢，侍郎奏「請車右升」。侍中前承制，退稱：「制曰可」。侍郎復位，千牛將軍升。侍郎奏「請發」。萬年縣令先導，次京兆牧、太常卿、司徒、御史大夫、兵部尚書，皆乘路，鹵簿如本品。

次清游隊。次左右金吾衞大將軍各一人，帶弓箭橫刀，檢校龍旗以前朱雀等隊，各二人持穳矟，騎夾。次左右金吾衞果毅都尉各一人，帶弓箭橫刀，領夾道鐵甲佽飛。次虞候佽飛四十八騎，平巾幘、緋褊襠、大口絝，帶弓箭、橫刀，夾道分左右，以屬黃麾仗。次外鐵甲佽飛二十四人，帶弓箭、横刀，甲騎具裝，分左右廂，皆六重，以屬步甲隊。

次朱雀隊。次指南車、記里鼓車、白鷺車、鸞旗車、辟惡車、皮軒車，皆四馬，有正道匠一人，駕士十四人，皆平巾幘、大口絝、緋衫。太卜令一人，居辟惡車，服如佽飛，執弓箭。左金吾衞隊正一人，居皮軒車，服平巾幘、緋裲襠，銀裝儀刀，紫黄綬紛，執弩。次引駕十二重，重二人，皆騎，帶横刀。自皮軒車後，屬於細仗前，矟、弓箭相間，左右金吾衞果毅都尉各一人主之。

次鼓吹。次黄麾仗一，執者武弁、朱衣、革帶，二人夾。次殿中侍御史二人導。次太史監一人，書令史一人，騎引相風、行漏輿。次相風輿，正道匠一人，輿士八人，服如正道匠。次掆鼓、金鉦，司辰、典事匠各一人，刻漏生四人，分左右。次行漏輿，正道匠一人，輿士十四人。

次持鈒前隊。次御馬二十四，分左右，各二人馭。次尚乘奉御二人，書令史二人，騎從。次左青龍右白虎旗，執者一人，服如正道匠，引、夾各二人，皆騎。次左右衞果毅都尉各一人，各領二十五騎，二十人執矟，四人持弩，一人帶弓箭，行儀刀仗前。次通事舍人，四人在左，四人在右。侍御史，一人在左，一人在右。御史中丞，一人在左，一人在右。左拾遺一人在左，右拾遺一人在右。左補闕一人在左，右補闕一人在右。起居郎一人在左，起居舍人一人在右。諫議大夫，一人在左，一人在右。給事中二人在左，中書舍人二人在右。黃門侍郎二人在左，中書侍郎二人在右。左散騎常侍一人在左，右散騎常侍一人在右。侍中二人在左，中書令二人在右。通事舍人以下，皆一人從。次香蹬一，有衣，繡以黃龍，執者四人，服如折衝都尉。

次左右衞將軍二人，分左右，領班劍、儀刀，各一人從。次班劍、儀刀，左右廂各十二行：第一左右衞親衞各五十三人，第二左右衞親衞各五十五人，第三左右衞勳衞各五十七人，第四左右衞勳衞各五十九人，各執金銅裝班劍，纁朱綬紛；第五左右衞翊衞各六十一人，第六左右衞翊衞各六十三人，第七左右衞翊衞各六十五人，第八左右驍衞翊衞各六十七人，各執金銅裝儀刀，綠綟綬紛；第九左右武衞翊衞各六十九人，第十左右威衞翊衞各七十一人，第十一左右領軍衞翊衞各七十三人，第十二左右金吾衞翊衞各七十五人，各執銀裝儀刀，紫黃綬紛。自第一行有曲折三人陪後門，每行加一人，至第十二行曲折十四人。

次左右廂，諸衞中郎將主之，執班劍、儀刀，領親、勳、翊衞。次左右衞郎將各一人，皆領散手翊衞三十人，佩橫刀，騎，居副仗矟翊衞內。次左右驍衞郎將各一人，各領翊衞二十八人，甲騎具裝，執副仗矟，居散手衞外。次左右衞供奉中郎將、郎將四人，各領親、勳、翊衞四十八人，帶橫刀，騎，分左右，居三衞仗內。

次玉路，駕六馬，太僕卿馭之，駕士三十二人。凡五路，皆有副。駕士皆平巾幘、大口絝，衫從路色。玉路，服青衫。千牛衞將軍一人陪乘，執金裝長刀，左右衞大將軍各一人騎夾，皆一人從，居供奉官後。次千牛衞將軍一人，中郎將二人，皆一人從。次千牛備身、備身左右二人，騎，居玉路後，帶橫刀，執御刀、弓箭。次御馬二，各一人馭。次左右監門校尉二人，騎，執銀裝儀刀，居後門內。

次衙門旗，二人執，四人夾，皆騎，赤綦襖、黃冒、黃袍。次左右監門校尉各十二人，騎，執銀裝儀刀，督後門，十二行，仗頭皆一人。次左右驍衞、翊衞各三隊，居副仗矟外。次左右衞夾轂，廂各六隊。

次大繖二，執者騎，橫行，居衙門後。次雉尾障扇四，執者騎，夾繖。次腰輿，輿士八人。次小團雉尾扇四，方雉尾扇十二，花蓋二，皆執者一人，夾腰輿。自大繖以下，執者服皆如折衝都尉。次掌輦四人，引輦。次大輦一，主輦二百人，平巾幘、黃絲布衫、大口絝、紫誕帶、紫行縢、鞋韈。尙輦奉御二人，主腰輿，各書令史二人騎從。

次殿中少監一人，督諸局供奉事，一人從。次諸司供奉官。次御馬二十四，各二人馭，分左右。次尙乘直長二人，平巾幘、緋絝褶，書令史二人騎從，居御馬後。

次後持鈒隊。次大繖二，雉尾扇八，夾繖左右橫行。次小雉尾扇、朱畫團扇，皆十二，左右横行。次花蓋二，叉二。次俾倪十二，左右横行。次玄武幢一，叉一，居絳麾内。次絳麾二，左右夾玄武幢。次細矟十二，孔雀爲毦，左右横行，居絳麾後。自鉞、戟以下，執者服如黄麾仗，唯玄武幢執者服如罕、畢。

次後黄麾，執者一人，夾二人，皆騎。次殿中侍御史二人，分左右，各令史二人騎從，居黄麾後。次大角。次方輦一，主輦二百人。次小輦一，主輦六十人。次小輿一，奉輿十二人，服如主輦。次尙輦直長二人，分左右，檢校輦輿，皆書令史二人騎從。次左右武衞五牛旗輿五，赤青居左，黄居中，白黑居右，皆八人執之，平巾幘、大口袴，衫從旗色，左右威衞隊正各一人主之，騎，執銀裝長刀。

次乘黄令一人，丞一人，分左右，檢校玉路，皆府史二人騎從。次金路、象路、革路、木路，皆駕六馬，駕士三十二人。次五副路，皆駕四馬，駕士二十八人。次耕根車，駕六馬，駕士三十二人。次安車、四望車，皆駕四馬，駕士二十四人。次羊車，駕果下馬一，小史十四人。次屬車十二乘，駕牛，駕士各八人。次門下、中書、祕書、殿中四省局官各一人，騎，分左右夾屬車，各五人從，唯符寶以十二人從。次黄鉞車，上建黄鉞，駕二馬，左武衞隊正一人在車，駕士十二人。次豹尾車，駕二馬，右武衞隊正一人在車，駕士十二人。

次左右威衞折衝都尉各一人，各領掩後二百人步從，五十人爲行，大戟五十人，刀、楯、穳五十人，弓箭五十人，弩五十人，皆黑鍪、甲、覆膊、臂鞲，橫行。次左右領軍衞將軍二人，領步甲隊及殳仗，各二人執䂍矟從。次前後左右廂步甲隊。次左右廂黃麾仗。次左右廂殳仗。

次諸衞馬隊，左右廂各二十四。自十二旗後，屬於玄武隊，前後有主帥以下四十人，皆戎服大袍，二人引旗，一人執，二人夾，二十人執矟，餘佩弩、弓箭。第一辟邪旗，左右金吾衞折衝都尉各一人主之，皆戎服大袍，佩弓箭、橫刀，騎。第二應龍旗，第三玉馬旗，第四三角獸旗，左右領軍衞果毅都尉各一人主之。第五黃龍負圖旗，第六黃鹿旗，左右威衞折衝都尉各一人主之。第七飛麟旗，第八駃騠旗，第九鸞旗，左右武衞果毅都尉各一人主之。第十鳳旗，第十一飛黃旗，左右驍衞折衝都尉各一人主之。第十二麟旗，第十三角端旗，以當御，第十四赤熊旗，左右衞折衝都尉各一人主之。第十五兕旗，第十六太平旗，左右驍衞果毅都尉各一人主之。第十七犀牛旗，第十八鵕鸃旗，第十九騼騳旗，左右武衞折衝都尉各一人主之。第二十騶牙旗，第二十一蒼烏旗，左右威衞果毅都尉各一人主之。第二十二白狼旗，第二十三龍馬旗，第二十四金牛旗，左右領軍衞折衝都尉各一人主之。其服皆如第一。

次玄武隊。次衙門一，居玄武隊前、大戟隊後，執者二人，夾四人，皆騎，分左右，赤綦襖，黃袍，黃冒。次衙門左右廂，廂有五門，執、夾人同上。第一門，居左右威衞黑質步甲隊之後，白質步甲隊之前。第二門，居左右衞步甲隊之後，左右領軍衞黃麾仗之前。第三門，居左右武衞黃麾仗之後，左右驍衞黃麾仗之前。第四門，居左右領軍衞黃麾仗之後，左右衞步甲隊之前。第五門，居左右武衞白質步甲隊之後，黑質步甲隊之前。五門別當步甲隊黃麾仗前、馬隊後，各六人分左右，戎服大袍，帶弓箭、橫刀。

凡衙門皆監門校尉六人，分左右，執銀裝長刀，騎。左右監門衞大將軍、將軍、中郎將，廂各巡行。校尉二人，往來檢校諸門。中郎將各一人騎從。左右金吾衞將軍循仗檢校，各二人執䂍矟騎從。左右金吾衞果毅都尉二人，糾察仗內不法，各一人騎從。

駕所至，路南向，將軍降立于路右，侍中前奏「請降路」。天子降，乘輿而入，繖、扇、華蓋，侍衞。

駕還，一刻，擊一鼓爲一嚴，仗衞還於塗。三刻，擊二鼓爲再嚴，將士布隊仗，侍中奏「請中嚴」。五刻，擊三鼓爲三嚴，黃門侍郎奏「請駕發」。鼓傳音，駕發，鼓吹振作。入門，太樂令命擊蕤賓之鍾，左五鍾皆應。鼓柷，奏采茨之樂。至太極門，戛敔，樂止。既入，鼓柷，奏太和之樂。回路南向，侍中請降路，乘輿乃入，繖、扇，侍御，警蹕如初。至門，戛敔，樂止。皇帝入，侍中版奏「請解嚴」。叩鉦，將士皆休。

# 唐書卷二十三下

## 志第十三下

### 儀衞下

太皇太后、皇太后、皇后出，尙儀版奏「請中嚴」。尙服率司仗布侍衞，司賓列內命婦於庭，西嚮北上，六尙以下詣室奉迎，尙服負寶，內僕進車於閤外，尙儀版奏「外辦」。馭者執轡，太皇太后乘輿以出，華蓋，侍衞，警蹕，內命婦從。出門，太皇太后升車，從官皆乘馬，內命婦、宮人以次從。淸游隊，旗一，執者一人，佩橫刀，引、夾皆二人，佩弓箭、橫刀，騎。次金吾衞折衝都尉一人，佩橫刀、弓箭；領騎四十，亦佩橫刀，夾折衝；執矟二十人，持弩四人，佩弓箭十六人，持䂍矟、刀二人。次虞候佽飛二十八人，騎，佩弓箭、橫刀，夾道分左右，以屬黃麾仗。

次內僕令一人在左，丞一人在右，各書令史二人騎從。次黃麾一，執者一人，夾道二人，皆騎。次左右廂黃麾仗，廂皆三行，行百人。第一短戟，五色氅，執者黃地白花綦襖、冒。第二戈，五色氅，執者赤地黃花綦襖、冒。第三鍠，五色旛，執者青地赤花綦襖、冒。左右衞、左右威衞、左右武衞、左右驍衞、左右領軍衞各三行，行二十人，每衞以主帥六人主之，皆豹文袍、冒，執鍮石裝長刀，騎，唯左右領軍衞減三人。每衞果毅都尉一人，被繡袍，各一人從；左右領軍衞有絳引幡，引前者三，掩後者三。

次內謁者監四人，給事二人，內常侍二人，內侍少監二人，騎，分左右，皆有內給使一人從。次內給使百二十人，平巾幘、大口絝、緋裲襠，分左右，屬於宮人車。

次偏扇、團扇、方扇皆二十四，宮人執之，衣綵大袖裙襦、綵衣、革帶、履，分左右。次香蹬一，內給使四人輿之，居重翟車前。

次重翟車，駕四馬，駕士二十四人。次行障六，次坐障三，皆左右夾車，宮人執之，服同執扇。次內寺伯二人，領寺人六人，執御刀，服如內給使，夾重翟車。次腰輿一，執者八人，團雉尾扇二，夾輿。次大繖四。次雉尾扇八，左右橫行，爲二重。次錦花蓋二，單行。次小雉尾扇、朱畫團扇皆十二，橫行。次錦曲蓋二十，橫行，爲二重。次錦六柱八，分左右。自腰輿以下，皆內給使執之。

次宮人車。次絳麾二，分左右。次後黃麾一，執者一人，夾二人，皆騎。次供奉宮人，在黃麾後。

次厭翟車、翟車、安車，皆駕四馬，駕士各二十四人；四望車，駕士二十二人；金根車，駕牛，駕士十二人。

次左右廂衙門各二，每門二人執，四人夾，皆赤綦襖，黃袍、冒，騎。

次左右領軍衞，廂皆一百五十人，執殳，赤地黃花綦襖、冒，前屬於黃麾仗，後盡鹵簿；廂各主帥四人主之，皆黃袍、冒，執鍮石裝長刀，騎；折衝都尉二人，檢校殳仗，皆一人騎從。次衙門一，盡鹵簿後殳仗內正道，每門監門校尉二人主之，執銀裝長刀；廂各有校尉一人，騎，佩銀橫刀，往來檢校。御馬減大駕之半。

太皇太后將還，三嚴，內典引引外命婦出次，就位；司賓引內命婦出次，序立大次之前。既外辦，馭者執轡。太皇太后乘輿出次，華蓋、警蹕、侍衞如初。內命婦以下乘車以從。車駕入，內典引引外命婦退，駕至正殿門外，車駕南嚮，尚儀前奏「請降車」。將士還。

皇太子出，則鹵簿陳於重明門外。其日三刻，宮臣皆集於次，左庶子版奏「請中嚴」。典謁引宮臣就位，侍衞官服其器服，左庶子負璽詣閤奉迎，僕進車若輦於西閤外，南嚮，內率一人執刀立車前，北嚮，中允一人立侍臣之前，贊者二人立中允之前。前二刻，諸衞之官詣閤奉迎，宮臣應從者各出次，立於門外，文東武西，重行北嚮北上。左庶子版奏「外辦」，僕升正位執轡，皇太子乘輿而出，內率前執轡，皇太子升車，僕立授綏，左庶子以下夾侍。中允奏「請發」，車動，贊者夾引而出，內率夾車而趨，出重明門，中允奏「請停車，侍臣上馬」。左庶子前承令，退稱：「令曰諾」。中允退稱：「侍臣上馬。」贊者承傳，侍臣皆騎。中允奏「請車右升」。左庶子前承令，退稱：「令曰諾」。內率升訖，中允奏「請發」。車動，鼓吹振作，太傅乘車訓導，少傅乘車訓從。

出延喜門，家令先導，次率更令、詹事、太保、太傅、太師，皆軺車，備鹵簿。

次清游隊，旗一，執者一人，佩橫刀，引、夾皆二人，亦佩弓箭、橫刀，騎。次清道率府折衝都尉一人，佩弓箭、橫刀，領騎三十，亦佩橫刀，十八人執矟，九人挾弓箭，三人持弩，各二人騎從。次左右清道率府率各一人，騎，佩橫刀、弓箭，領清道直盪及檢校清游隊各二人，執𥎞矟騎從。次外清道直盪二十四人，騎，佩弓箭、橫刀，夾道。

次龍旗六，各一人騎執，佩橫刀，戎服大袍，橫行正道，每旗前後二人騎，爲二重，前引後護，皆佩弓箭、橫刀，戎服大袍。次副竿二，分左右，各一人騎執。次細引六重，皆騎，佩橫刀，每重二人。自龍旗後屬於細仗，矟、弓箭相間，廂各果毅都尉一人主之。

次率更丞一人，府、史二人騎從，領鼓吹。次誕馬十，分左右，執者各二人。次廄牧令一人居左，丞一人居右，各府、史二人騎從。

次左右翊府郎將二人，主班劍。次左右翊衞二十四人，執班劍，分左右。次通事舍人四人、司直二人、文學四人、洗馬二人，司議郎二人居左，太子舍人二人居右，中允二人居左，中舍人二人居右，左右諭德二人，左右庶子四人，騎，分左右，皆一人從。次左右衞率府副率二人步從。

次親、勳、翊衞，廂各中郎將、郎將一人，皆領儀刀六行：第一親衞二十三人，第二親衞二十五人，皆執金銅裝儀刀，纁朱綬紛；第三勳衞二十七人，第四勳衞二十九人，皆執銀裝儀刀，綠綟紛〔二〕；第五翊衞三十一人，第六翊衞三十三人，皆執鍮石裝儀刀，紫黃綬紛。自第一行有曲折三人陪後門，每行加一人，至第六行八人。次三衞十八人，騎，分左右夾路。

次金路，駕四馬，駕士二十三人，僕寺僕馭，左右率府率二人執儀刀陪乘。次左右衞率府率二人，夾路，各一人從，居供奉官後。次左右內率府率二人，副率二人，領細刀、弓箭，皆一人從。次千牛，騎，執細刀、弓箭。次三衞儀刀仗，後開衙門。次左右監門率府直長各六人，執鍮石儀刀，騎，監後門。次左右衞率府，廂各翊衞二隊，皆騎，在執儀刀行外；壓角隊各三十人，騎，佩橫刀，一人執旗，二人引，二人夾，十五人執矟，七人佩弓箭，三人佩弩，隊各郎將一人主之。

次繖，二人執，雉尾扇四，夾繖。次腰輿一，執者八人，團雉尾扇二，小方雉尾扇八，以夾腰輿，內直郎二人主之，各令史二人騎從。次誕馬十，分左右，馭者各二人。次典乘二人，各府、史二人騎從。次左右司禦率府校尉二人騎從，佩鍮石裝儀刀，領團扇、曲蓋。次朱漆團扇六，紫曲蓋六，各橫行。次諸司供奉。次左右清道率府校尉二人，騎，佩鍮石裝儀刀，主大角。

次副路，駕四馬，駕士二十二人；軺車，駕一馬，駕士十四人；四望車，駕一馬，駕士十人。

次左右廂步隊十六，每隊果毅都尉一人，領騎三十人，戎服大袍，佩橫刀，一人執旗，二人引，二人夾，二十五人佩弓箭，前隊持矟，與佩弓箭隊以次相間。次左右司禦率府副率各一人，騎，檢校步隊，二人執䂍矟騎從。

次儀仗，左右廂各六色，每色九行，行六人，赤綦襖、冒，行縢、鞋韈。第一戟，赤氅，六人；第二弓箭，六人；第三儀鋋，毦，六人；第四刀楯，六人；第五儀鍠，五色幡，六人；第六油戟，六人。次前仗首，左右廂各六色，每色三行，行六人，左右司禦率府二人，果毅都尉各一人，主帥各六人主之；次左右廂各六色，每色三行，行六人，左右衞率府副率二人，果毅都尉各一人，主帥各六人主之。左右司禦率府主帥各六人騎護後，率及副率各一人步從。廂有絳引旛十二，引前者六，引後者六。廂各有獨揭鼓六重，重二人，居儀仗外、殳仗內，皆赤綦襖、冒，行縢、鞋韈。左右司禦率府四重，左右衞率府二重。

次左右廂皆百五十人，左右司禦率府各八十六人，左右衞率府各六十四人，赤綦襖、冒，主殳，分前後，居步隊外、馬隊內。各司禦率府果毅都尉一人主之，各一人騎從。廂各主帥七人，左右司禦率府各四人，左右衞率府各三人，騎，分前後。

次左右廂馬隊，廂各十隊，隊有主帥以下三十一人，戎服大袍，佩橫刀，騎。隊有旗一，執者一人，引、夾各二人，皆佩弓箭，十六人持矟，七人佩弓箭，三人佩弩。第一，左右淸道率府果毅都尉二人主之。第二、第三、第四，左右司禦率府果毅都尉二人主之。第五、第六、第七，左右衞率府果毅都尉主之。第八、第九、第十，左右司禦率府果毅都尉二人主之。皆戎服大袍，佩弓箭、橫刀。

次後拒隊，旗一，執者佩橫刀，引、夾路各二人，佩弓箭、橫刀。次淸道率府果毅都尉一人，領四十騎，佩橫刀，凡執矟二十人，佩弓箭十六人，佩弩四人，騎從。次後拒隊，前當正道殳仗內，有衙門。次左右廂各有衙門三：第一，當左右司禦率府步隊後，左右衞率府步隊前；第二，當左右衞率府步隊後，左右司禦率府儀仗前；第三，當左右司禦率府儀仗後，左右衞率府步隊前。每門二人執，四人夾，皆騎，赤綦襖，黃袍、冒。門有監門率府直長二人檢校，左右監門率府副率各二人檢校諸門，各一人騎從。次左右清道率府、副率各二人，檢校仗內不法，各一人騎從。次少師、少傅、少保，正道乘路，備鹵簿，文武以次從。

皇太子所至，回車南嚮，左庶子跪奏「請降路」。還宮，一嚴，轉仗衞於還塗。再嚴，左庶子版奏「請中嚴」。三嚴，僕進車，左庶子版奏「外辦」。皇太子乘輿出門外，降輿，乘車，左庶子請車右升，侍臣皆騎，車動，至重明門，宮官下馬，皇太子乘車而入，太傅、少傅還。皇太子至殿前，車南嚮，左庶子奏「請降」，皇太子乘輿而入，侍臣從至閤，左庶子版奏「解嚴」。

若常行、常朝，無馬隊、鼓吹、金路、四望車、家令、率更令、詹事、太保、太師、少保、少師，又減隊仗三之一，清道、儀刀、誕馬皆減半，乘軺車而已。二傅乘犢車，導從十人，太傅加清道二人。

皇太子妃鹵簿。清道率府校尉六人，騎，分左右爲三重，佩橫刀、弓箭。次青衣十人，分左右。次導客舍人四人，內給使六十人，皆分左右，後屬內人車。次偏扇、團扇、方扇各十八，分左右，宮人執者間綵衣、革帶。次行障四，坐障二，宮人執以夾車。次典內二人，騎，分左右。次厭翟車，駕三馬，駕士十四人。次閤帥二人，領內給使十八人，夾車。次六柱二，內給使執之。次供奉內人，乘犢車。次繖一，雉尾扇二，團扇四，曲蓋二，皆分左右，各內給使執之。次戟九十，執者絳綦襖、冒，分左右。

親王鹵簿。有清道六人爲三重，武弁、朱衣、革帶。次幰弩一，執者平巾幘、緋袴褶，騎。次青衣十二人，平巾青幘、青布袴褶，執青布仗袋，分左右。次車輻十二，分左右。車輻，棒也，夾車而行，故曰車輻，執者服如幰弩。次戟九十，執者絳綦襖、冒，分左右。次絳引旛六，分左右，橫行，以引刀、楯、弓、箭、矟。次內第一行廂，執刀楯，絳綦襖、冒。第二行廂，執弓矢，戎服。第三行廂，執矟，戎服大袍。廂各四十人。次節一，夾矟二，各一人騎執，平巾幘、大口袴、緋衫。次告止旛四，傳敎旛四，信旛八。凡旛皆絳爲之，署官號，篆以黃，飾以鳥翅，取其疾也。金塗鉤，竿長一丈一尺，執者服如夾矟，分左右。次儀鋋二，儀鍠六，油戟十八，儀矟十，細矟十，執者皆絳綦襖、冒。次儀刀十八，執者服如夾矟，分左右。次誕馬八，馭者服如夾矟，分左右。次府佐六人，平巾幘、大口絝、緋裲襠，騎，持刀夾引。次象路一，駕四馬，佐二人立侍，一人武弁、朱衣、革帶，居左；一人緋裲襠、大口絝，持刀居右。駕士十八人，服如夾矟。次繖一，雉尾扇二。次朱漆團扇四，曲蓋二，執者皆絳綦襖、冒，分左右。次僚佐，本服陪從。次麾、幢各一，左麾右幢。次大角、鼓吹。

一品鹵簿。有清道四人爲二重，幰弩一騎。青衣十人，車輻十人，戟九十，絳引旛六，刀、楯、弓、箭、矟皆八十，節二，大矟二，告止旛、傳教旛皆二，信旛六，誕馬六，儀刀十六，府佐四人夾行。革路一，駕四馬，駕士十六人，繖一，朱漆團扇四，曲蓋二，僚佐本服陪從，麾、幢、大角、鐃吹皆備。

自二品至四品，青衣、車輻每品減二人。二品，刀、楯、弓、箭、戟、矟各減二十。三品以下，每品減十而已。二品，信旛四，誕馬四，儀刀十四，革路駕士十四人。三品亦如之，儀刀十，革路駕士十二人。四品、五品，信旛二，誕馬二，儀刀八，木路駕士十人。

自二品至四品，皆有清道二人，朱漆團扇二，曲蓋一，幰弩一騎，旛竿長丈，繖一，節一，夾矟二。

萬年縣令亦有清道二人，幰弩一騎，青衣、車輻皆二人，戟三十，告止旛、傳教旛、信旛皆二，竿長九尺，誕馬二，軺車，一馬，駕士六人，繖、朱漆團扇、曲蓋皆一。非導駕及餘四等縣初上者，減幰弩、車輻、曲蓋，其戟亦減十。

內命婦、夫人鹵簿。青衣六人，偏扇、團扇皆十六，執者間綵裙襦、綵衣、革帶，行障三，坐障二，厭翟車駕二馬，馭人十，內給使十六人夾車，從車六乘，繖、雉尾扇皆一，團扇二，內給使執之，戟六十。

外命婦一品亦如之，厭翟車馭人減二，有從人十六人。非公主、王妃則乘白銅飾犢車，駕牛，馭人四，無雉尾扇。

嬪，青衣四人，偏扇、團扇、方扇十四，行障二，坐障一，翟車，馭人八，內給使十四人，夾車四乘，戟四十。

外命婦二品亦如之，乘白銅飾犢車，青通幰，朱裏，從人十四人。

婕妤、美人、才人，青衣二人，偏扇、團扇、方扇十，行障二，坐障一，安車，駕二馬，馭人八，內給使十人，從車二乘，戟二十。

太子良娣、良媛、承徽、外命婦三品亦如之，白銅飾犢車，從人十人。

外命婦四品，青衣二人，偏扇、團扇、方扇皆八，行障、坐障皆一，白銅飾犢車，馭人四，從人八。餘同三品，唯無戟。

自夫人以下皆淸道二人，繖一，又有團扇二。

大駕鹵簿鼓吹，分前後二部。鼓吹令二人，府、史二人騎從，分左右。

前部：掆鼓十二，夾金鉦十二，大鼓、長鳴皆百二十，鐃鼓十二，歌、簫、笳次之；大橫吹百二十，節鼓二，笛、簫、觱篥、笳、桃皮觱篥次之；掆鼓、夾金鉦皆十二，小鼓、中鳴皆百二十，羽葆鼓十二，歌、簫、笳次之。至相風輿，有掆鼓一，金鉦一，鼓左鉦右。至黃麾，有左右金吾衛果毅都尉二人主大角百二十，橫行十重；鼓吹丞二人，典事二人騎從。

次後部鼓吹：羽葆鼓十二，歌、簫、笳次之；鐃鼓十二，歌、簫、笳次之；小橫吹百二十，笛、簫、觱篥、笳、桃皮觱篥次之。凡歌、簫、笳工各二十四人，主帥四人，笛、簫、觱篥、笳、桃皮觱篥工各二十四人。

法駕，減太常卿、司徒、兵部尚書、白鷺車、辟惡車、大輦、五副路、安車、四望車，又減屬車四，清游隊、持鈒隊、玄武隊皆減四之一，鼓吹減三之一。

小駕，又減御史大夫、指南車、記里鼓車、鸞旗車、皮軒車、象革木三路、耕根車、羊車、黃鉞車、豹尾車、屬車、小輦、小輿，諸隊及鼓吹減大駕之半。

凡鼓吹五部：一鼓吹，二羽葆，三鐃吹，四大橫吹，五小橫吹，總七十五曲。

鼓吹部有掆鼓、大鼓、金鉦小鼓、長鳴、中鳴。掆鼓十曲：一警雷震，二猛獸駭，三鷙鳥擊，四龍媒蹀，五靈夔吼，六鵰鶚爭，七壯士怒，八熊羆吼，九石墜崖，十波蕩壑。大鼓十五曲，嚴用三曲：一元驎合邏，二元驎他固夜，三元驎跋至慮。警用十二曲：一元咳大至遊，二阿列乾，三破達析利純，四賀羽眞，五鳴都路跋，六他勃鳴路跋，七相雷析追，八元咳赤賴，九赤咳赤賴，十吐咳乞物眞，十一貪大訐，十二賀粟胡眞。小鼓九曲：一漁陽，二雞子，三警鼓，四三鳴，五合節，六覆參，七步鼓，八南陽會星，九單搖。皆以爲嚴、警，其一上馬用之。長鳴一曲三聲：一龍吟聲，二彪吼聲，三河聲。中鳴一曲三聲：一盪聲，二牙聲，三送聲。

羽葆部十八曲：一太和，二休和，三七德，四騶虞，五基王化，六纂唐風，七厭炎精，八肇皇運，九躍龍飛，十殄馬邑，十一興晉陽，十二濟渭險，十三應聖期，十四御宸極，十五寧兆庶，十六服遐荒，十七龍池，十八破陣樂。

鐃吹部七曲：一破陣樂，二上車，三行車，四向城，五平安，六歡樂，七太平。

大橫吹部有節鼓二十四曲：一悲風，二遊絃，三閒絃明君，四吳明君，五古明君，六長樂聲，七五調聲，八烏夜啼，九望鄉，十跨鞍，十一閒君，十二瑟調，十三止息，十四天女怨，十五楚客，十六楚妃歎，十七霜鴻引，十八楚歌，十九胡笳聲，二十辭漢，二十一對月，二十二胡笳明君，二十三湘妃怨，二十四沈湘。

小橫吹部有角、笛、簫、笳、觱篥、桃皮觱篥六種，曲名失傳。

伶工謂夜警爲嚴，凡大駕嚴，夜警十二曲，中警三曲，五更嚴三遍。天子謁郊廟，夜五鼓過半，奏四嚴；車駕至橋，復奏一嚴。元和初，禮儀使高郢建議罷之。

然歷代獻捷必有凱歌，太宗平東都，破宋金剛，執賀魯，克高麗，皆備軍容，凱歌入京都，然其禮儀不傳。太和初，有司奏：「命將征討，有大功，獻俘馘，則神策兵衞於門外，如獻俘儀。凱樂用鐃吹二部，笛、觱篥、簫、笳、鐃鼓，皆工二人，歌工二十四人，乘馬執樂，陳列如鹵簿。鼓吹令、丞前導，分行俘馘之前。將入都門，鼓吹振作，奏破陣樂、應聖期、賀朝歡、君臣同慶樂等四曲。至太社、太廟門外，陳而不作。告獻禮畢，樂作。至御樓前，陳兵仗於旌門外二十步，樂工步行，兵部尚書介冑執鉞，於旌門中路前導，協律郎二人執麾，門外分導，太常卿跪請奏凱樂。樂闋，太常卿跪奏樂畢。兵部尚書、太常卿退，樂工立於旌門外，引俘馘入獻，及稱賀，俘囚出，乃退。」

## 校勘記

〔一〕緑綟紛　按上卷有「緑綟綬紛」文，與「纁朱綬紛」、「紫黃綬紛」相次，此同例。舊書卷四五云「有綬者則有紛」。疑「紛」上當有「綬」字。

# 唐書卷二十四

## 志第十四

### 車服

唐初受命，車、服皆因隋舊。武德四年，始著車輿、衣服之令，上得兼下，下不得儗上。

凡天子之車：

曰玉路者，祭祀、納后所乘也，青質，玉飾末；金路者，饗、射、祀還、飲至所乘也，赤質，金飾末；象路者，行道所乘也，黃質，象飾末；革路者，臨兵、巡守所乘也，白質，鞔以革；木路者，蒐田所乘也，黑質，漆之。五路皆重輿，左青龍，右白虎，金鳳翅，畫苣文鳥獸，黃屋左纛。金鳳一、鈴二在軾前，鸞十二在衡，龍輈前設鄣塵。青蓋三層，繡飾。上設博山方鏡，下圓鏡。樹羽。輪金根、朱班、重牙。左建旂，十有二旒，畫升龍，其長曳地，青繡綢杠。右載闟戟，長四尺，廣三尺，黻文。旂首金龍銜錦結綬及緌帶，垂鈴。金鍐方釳，插翟尾五焦，鏤錫，鞶纓十二就。旌旗、蓋、鞶纓，皆從路質，唯蓋裏皆用黃。五路皆有副。

耕根車者，耕藉所乘也，青質，三重蓋，餘如玉路。

安車者，臨幸所乘也，金飾重輿，曲壁，紫油纁，朱裏通幰，朱絲絡網，朱鞶纓，朱覆髮具絡，駕赤駵。副路、耕根車、安車，皆八鸞。

四望車者，拜陵、臨弔所乘也，制如安車，青油纁，朱裏通幰，朱絲絡網。

又有屬車十乘：一曰指南車，二曰記里鼓車，三曰白鷺車，四曰鸞旗車，五曰辟惡車，六曰皮軒車，七曰羊車，與耕根車、四望車、安車爲十乘。行幸陳於鹵簿，則分前後；大朝會，則分左右。

皇后之車六：

重翟車者，受册、從祀、饗廟所乘也，青質，青油纁，朱裏通幰，繡紫絡帶及帷，八鸞，鏤錫，鞶纓十二就，金鍐方釳，樹翟羽，朱總。

厭翟車者，親桑所乘也，赤質，紫油纁，朱裏通幰，紅錦絡帶及帷。

翟車者，歸寧所乘也，黃油纁，黃裏通幰，白紅錦絡帶及帷。三車皆金飾末，輪畫朱牙，箱飾翟羽，朱絲絡網，鞶纓色皆從車質。

安車者，臨幸所乘也，制如金路，紫油纁，朱裏通幰。

四望車者，拜陵、弔喪所乘也，青油纁，朱裏通幰。

金根車者，常行所乘也，紫油纁，朱裏通幰。

夫人乘厭翟車，九嬪乘翟車，婕妤以下乘安車。外命婦、公主、王妃乘厭翟車。一品乘白銅飾犢車，青油纁，朱裏通幰，朱絲絡網。二品以下去油纁、絡網。四品有青偏幰。

皇太子之車三：

金路者，從祀、朝賀、納妃所乘也，赤質，金飾末，重較，箱畫苣文鳥獸，黃屋，伏鹿軾，龍輈，金鳳一，在軾前，設鄣塵，朱黃蓋裏，輪畫朱牙。左建旂九旒，右載闟戟，旂首金龍銜結綬及鈴緌，八鸞二鈴，金鍐方釳，樹翟尾五焦，鏤錫，鞶纓九就。

軺車者，五日常服、朝饗、宮臣、出入行道所乘也。

四望車者，臨弔所乘也。二車皆金飾末，紫油纁，朱裏通幰。

親王及武職，一品有象路，青油纁，朱裏通幰，朱絲絡網。二品、三品有革路，朱裏青通幰。四品有木路，五品有軺車，皆碧裏青偏幰。象飾末，班輪，八鸞，左建旂，畫升龍，右載闟戟。革路、木路，左建旜。軺車，曲壁，碧裏青通幰。諸路，朱質、朱蓋、朱旂、朱班輪。一品之旜九旒，二品八旒，三品七旒，四品六旒，鞶纓就亦如之。三品以上珂九子，四品七子，五品五子，六品以下去通幰及珂。

王公車路，藏於太僕，受制、行册命、巡陵、昏葬則給之。餘皆以騎代車。

凡天子之服十四：

大裘冕者，祀天地之服也。廣八寸，長一尺二寸，以板爲之，黑表，纁裏，無旒，金飾玉簪導，組帶爲纓，色如其綬，黈纊充耳。大裘，繒表，黑羔表爲緣，纁裏，黑領、褾、襟緣，朱裳，白紗中單，皂領，青褾、襈、裾，朱韈，赤舄。鹿盧玉具劍，火珠鏢首，白玉雙佩。黑組大雙綬，黑質，黑、黄、赤、白、縹、綠爲純，以備天地四方之色。廣一尺，長二丈四尺，五百首。紛廣二寸四分，長六尺四寸，色如綬。又有小雙綬，長二尺六寸，色如大綬，而首半之，閒施三玉環。革帶，以白皮爲之，以屬佩、綬、印章。鞶囊，亦曰鞶帶，博三寸半，加金鏤玉鉤鰈。大帶，以素爲之，以朱爲裏，在腰及垂皆有裨，上以朱錦，貴正色也，下以綠錦，賤閒色也，博四寸。紐約，貴賤皆用靑組，博三寸。韍以繒爲之，隨裳色，上廣一尺，以象天數，下廣二尺，以象地數，長三尺，朱質，畫龍、火、山三章，以象三才，其頸五寸，兩角有肩，廣二寸，以屬革帶。朝服謂之韠，冕服謂之黻。

衮冕者，踐祚、饗廟、征還、遣將、飲至、加元服、納后、元日受朝賀、臨軒册拜王公之服也。廣一尺二寸，長二尺四寸，金飾玉簪導，垂白珠十二旒，朱絲組帶爲纓，色如綬。深青衣纁裳，十二章：日、月、星辰、山、龍、華蟲、火、宗彝八章在衣；藻、粉米、黼、黻四章在裳。衣畫，裳繡，以象天地之色也。自山、龍以下，每章一行爲等，每行十二。衣、褾、領，畫以升龍，白紗中單，黻領，青褾、襈、裾，韍繡龍、山、火三章，舄加金飾。

鷩冕者，有事遠主之服也。八旒，七章：華蟲、火、宗彝三章在衣；藻、粉米、黼、黻四章在裳。

毳冕者，祭海嶽之服也。七旒，五章：宗彝、藻、粉米在衣；黼、黻在裳。

絺冕者，祭社稷饗先農之服也。六旒，三章：絺、粉米在衣；黼、黻在裳。

玄冕者，蜡祭百神、朝日、夕月之服也。五旒，裳刺黼一章。自衮冕以下，其制一也，簪導、劍、佩、綬皆同。

通天冠者，冬至受朝賀、祭還、燕羣臣、養老之服也。二十四梁，附蟬十二首，施珠翠、金博山，黑介幘，組纓翠緌，玉、犀簪導，絳紗袍，朱裏紅羅裳，白紗中單，朱領、褾、襈、裾，白裙、襦，絳紗蔽膝，白羅方心曲領，白襪，黑舃。白假帶，其制垂二條帛，以變祭服之大帶。天子未加元服，以空頂黑介幘，雙童髻，雙玉導，加寶飾。三品以上亦加寶飾，五品以上雙玉導，金飾，六品以下無飾。

緇布冠者，始冠之服也。天子五梁，三品以上三梁，五品以上二梁，九品以上一梁。

武弁者，講武、出征、蒐狩、大射、禡、類、宜社、賞祖、罰社、纂嚴之服也。有金附蟬，平巾幘。

弁服者，朔日受朝之服也。以鹿皮爲之，有攀以持髮，十有二璂，玉簪導，絳紗衣，素裳，白玉雙佩，革帶之後有鞶囊，以盛小雙綬，白襪，烏皮履。

黑介幘者，拜陵之服也。無飾，白紗單衣，白裙、襦，革帶，素襪，烏皮履。

白紗帽者，視朝、聽訟、宴見賓客之服也。以烏紗爲之，白裙、襦，白襪，烏皮履。

平巾幘者，乘馬之服也。金飾，玉簪導，冠支以玉，紫褶，白袴，玉具裝，珠寶鈿帶，有韡。

白帢者，臨喪之服也。白紗單衣，烏皮履。

皇后之服三：

褘衣者，受册、助祭、朝會大事之服也。深青織成爲之，畫翬，赤質，五色，十二等。素紗中單，黼領，朱羅縠褾、襈，蔽膝隨裳色，以緅領爲緣〔一〕，用翟爲章，三等。青衣，革帶、大帶隨衣色，裨、紐約、佩、綬如天子，青韈，舃加金飾。

鞠衣者，親蠶之服也。黄羅爲之，不畫，蔽膝、大帶、革帶、舃隨衣色，餘同褘衣。

鈿釵襢衣者，燕見賓客之服也。十二鈿，服用雜色而不畫，加雙佩小綬，去舃加履，首飾大小華十二樹，以象袞冕之旒，又有兩博鬢。

皇太子之服六：

袞冕者，從祀、謁廟、加元服、納妃之服也。白珠九旒，紅絲組爲纓，犀簪導，青纊充耳。黑衣纁裳，凡九章：龍、山、華蟲、火、宗彝在衣，藻、粉米、黼、黻在裳。白紗中單，黼領，青褾、襈、裾。革帶金鉤鰈，大帶，瑜玉雙佩。朱組雙大綬，朱質，赤、白、縹、紺爲純，長一丈八尺，廣九寸，三百二十首。黻隨裳色，有火、山二章。白韈，赤舃，朱履，加金塗銀釦飾。鹿盧玉具劍如天子。

遠遊冠者，謁廟、還宮、元日朔日入朝、釋奠之服也。以具服，遠遊冠三梁，加金博山，附蟬九首，施珠翠，黑介幘，髮纓翠緌，犀簪導，絳紗袍，紅裳，白紗中單，黑領、褾、襈、裾，白裙、襦，白假帶，方心曲領，絳紗蔽膝，白韈，黑舃。朔日入朝，通服袴褶。

公服者，五日常朝、元日冬至受朝之服也。遠遊冠，絳紗單衣，白裙、襦，革帶金鉤䚢，假帶，瑜玉隻佩，方心，紛，金縷鞶囊，純長六尺四寸，廣二寸四分，色如大綬。

烏紗冒者，視事及燕見賓客之服也。白裙、襦，烏皮履。

弁服者，朔望視事之服也。鹿皮爲之，犀簪導，組纓九璂，絳紗衣，素裳，革帶，鞶囊，小綬，雙佩。自具服以下，皆白韈，烏皮履。

平巾幘者，乘馬之服也。金飾，犀簪導，紫裙，白袴，起梁珠寶鈿帶，韡。進德冠者，亦乘馬之服也。九璂，加金飾，有袴褶，常服則有白裙、襦。

皇太子妃之服有三：

褕翟者，受册、助祭、朝會大事之服也。青織成，文爲搖翟，青質，五色九等。素紗中單，黼領，朱羅縠褾、襈，蔽膝隨裳色，用緅爲領緣，以翟爲章二等。青衣，革帶、大帶隨衣色，不朱裏，青韈，舃加金飾，佩、綬如皇太子。

鞠衣者，從蠶之服也。以黃羅爲之，制如褕翟，無雉，蔽膝、大帶隨衣色。

鈿釵襢衣者，燕見賓客之服也。九鈿，其服用雜色，制如鞠衣，加雙佩，小綬，去舃加履，首飾花九樹，有兩博鬢。

羣臣之服二十有一：

衮冕者，一品之服也。九旒，青璪爲珠，貫三采玉，以組爲纓，色如其綬。青纊充耳，寶飾角簪導。青衣纁裳，九章：龍、山、華蟲、火、宗彝在衣，藻、粉米、黼、黻在裳，皆絳爲繡遍衣。白紗中單，黼領，青褾、襈、裾。朱韈，赤舄。革帶鉤鰈，大帶，黻隨裳色。金寶玉飾劍鏢首，山玄玉佩。綠綟綬，綠質，綠、紫、黃、赤爲純，長一丈八尺，廣九寸，二百四十首。郊祀太尉攝事亦服之。

鷩冕者，二品之服也。八旒，青衣纁裳，七章：華蟲、火、宗彝在衣；藻、粉米、黼、黻在裳，銀裝劍，佩水蒼玉，紫綬，紫質，紫、黃、赤爲純，長一丈六尺，廣八寸，一百八十首。革帶之後有金鏤鞶囊，金飾劍，水蒼玉佩，朱韈，赤舄。

毳冕者，三品之服也。七旒，寶飾角簪導，五章：宗彝、藻、粉米在衣；黼、黻在裳。皷二章：山、火。紫綬如二品，金銀鏤鞶囊，金飾劍，水蒼玉佩，朱韈，赤舄。

絺冕者，四品之服也。六旒，三章：粉米在衣；黼、黻在裳，中單，青領。皷，山一章。銀鏤鞶囊。自三品以下皆青綬，青質，青、白、紅爲純，長一丈四尺，廣七寸，一百四十首，金飾劍，水蒼玉佩，朱韈，赤舄。

玄冕者，五品之服也。以羅爲之，五旒，衣、韍無章，裳刺黻一章。角簪導，青衣纁裳，其服用紬。大帶及裨，外黑內黃，黑綬紺質，青紺爲純，長一丈二尺，廣六寸，一百二十首。象笏，上圓下方，六品以竹木，上挫下方。金飾劍，水蒼玉佩，朱韈，赤舄。三品以下私祭皆服之。

平冕者，郊廟武舞郎之服也。黑衣絳裳，革帶，烏皮履。

爵弁者，六品以下九品以上從祀之服也。以紬爲之，無旒，黑纓，角簪導，青衣纁裳，白紗中單，青領、褾、襈、裾，革帶鉤鰈，大帶及裨內外皆緇，爵韠，白韈，赤履。五品以上私祭皆服之。

武弁者，武官朝參、殿庭武舞郎、堂下鼓人、鼓吹桉工之服也。有平巾幘，武舞緋絲布大袖，白練褴襠，螣蛇起梁帶，豹文大口絝，烏皮韡。鼓人朱褠衣，革帶，烏皮履。鼓吹桉工加白練褴襠。

弁服者，文官九品公事之服也。以鹿皮爲之，通用烏紗，牙簪導。纓：一品九璂，二品八璂，三品七璂，四品六璂，五品五璂，犀簪導，皆朱衣素裳，革帶，鞶囊，小綬，雙佩，白韈，烏皮履。六品以下去璂及鞶囊、綬、佩。六品、七品綠衣，八品、九品青衣。

進賢冠者，文官朝參、三老五更之服也。黑介幘，青緌。紛長六尺四寸，廣四寸，色如其綬。三品以上三梁，五品以上兩梁，九品以上及國官一梁，六品以下私祭皆服之。侍中、中書令、左右散騎常侍有黃金璫，附蟬，貂尾。侍左者左珥，侍右者右珥。諸州大中正一梁，絳紗公服。殿庭文舞郎，黃紗袍，黑領、襈，白練褠襠，白布大口絝，革帶，烏皮履。

遠遊冠者，親王之服也。黑介幘，三梁，青綏，金鉤䚢大帶，金寶飾劍，玉鏢首，纁朱綬，朱質，赤、黃、縹、紺爲純，長一丈八尺，廣九寸，二百四十首。黃金璫，附蟬，諸王則否。

法冠者，御史大夫、中丞、御史之服也。一名解廌冠。

高山冠者，內侍省內謁者、親王司閤、謁者之服也。

委貌冠者，郊廟文舞郎之服也。有黑絲布大袖，白練領、標，絳布大口絝，革帶，烏皮履。

却非冠者，亭長、門僕之服也。

平巾幘者，武官、衞官公事之服也。金飾，五品以上兼用玉，大口絝，烏皮鞾，白練裙、襦，起梁帶。陪大仗，有裲襠、螣蛇。朝集從事、州縣佐史、岳瀆祝史、外州品子、庶民任掌事者服之，有緋褶、大口絝，紫附褠。文武官騎馬服之，則去裲襠、螣蛇。袴褶之制：五品以上，細綾及羅爲之，六品以下，小綾爲之，三品以上紫，五品以上緋，七品以上綠，九品以上碧。裲襠之制：一當胸，一當背，短袖覆膊。螣蛇之制：以錦爲表，長八尺，中實以綿，象蛇形。起梁帶之制：三品以上，玉梁寶鈿，五品以上，金梁寶鈿，六品以下，金飾隱起而已。

黑介幘者，國官視品、府佐謁府、國子大學四門生俊士參見之服也。簪導，白紗單衣，青襟、標、領，革帶，烏皮履。未冠者，冠則空頂黑介幘，雙童髻，去革帶。書算律學生、州縣學生朝參，則服烏紗冒，白裙、襦，青領。未冠者童子髻。

介幘者，流外官、行署三品以下、登歌工人之服也。絳公服，以縵緋爲之，制如絳紗單衣，方心曲領，革帶鉤鰈，假帶，韈，烏皮履。九品以上則絳褠衣，制如絳公服而狹，袖形直如溝，不垂，緋褶大口絝，紫附褠，去方心曲領、假帶。登歌工人，朱連裳，革帶，烏皮履。殿庭加白練䙅襠。

平巾綠幘者，尚食局主膳，典膳局典食，太官署、食官署供膳、奉觶之服也。青絲布絝褶。羊車小史，五辮髻，紫碧腰襻，青耳屩。漏刻生、漏童，總角髻，皆青絲布絝褶。

具服者，五品以上陪祭、朝饗、拜表、大事之服也，亦曰朝服。冠幘，簪導，絳紗單衣，白紗中單，黑領、袖，黑標、襈、裾，白裙、襦，革帶金鉤鰈，假帶，曲領方心，絳紗蔽膝，白韈，烏皮舄，劍，紛，鞶囊，雙佩，雙綬。六品以下去劍、佩、綬，七品以上以白筆代簪，八品、九品去白筆，白紗中單，以履代舄。

從省服者，五品以上公事、朔望朝謁、見東宮之服也，亦曰公服。冠幘纓，簪導，絳紗單衣，白裙、襦，革帶鉤鰈，假帶，方心，韈，履，紛，鞶囊，雙佩，烏皮履。六品以下去紛、鞶囊、雙佩。三品以上有公爵者，嫡子之婚，假絺冕。五品以上子孫，九品以上子，爵弁。庶人婚，假絳公服。

命婦之服六：

翟衣者，內命婦受册、從蠶、朝會，外命婦嫁及受册、從蠶、大朝會之服也。青質，繡翟，編次於衣及裳，重爲九等。青紗中單，黼領，朱縠褾、襈、裾，蔽膝隨裳色，以緅爲領緣，加文繡，重雉爲章二等。大帶隨衣色，以青衣，革帶，青韈，舄，佩，綬，兩博鬢飾以寶鈿。一品翟九等，花釵九樹；二品翟八等，花釵八樹；三品翟七等，花釵七樹；四品翟六等，花釵六樹；五品翟五等，花釵五樹。寶鈿視花樹之數。

鈿釵禮衣者，內命婦常參、外命婦朝參、辭見、禮會之服也。制同翟衣，加雙佩、小綬，去舄，加履。一品九鈿，二品八鈿，三品七鈿，四品六鈿，五品五鈿。

禮衣者，六尙、寶林、御女、采女、女官七品以上大事之服也。通用雜色，制如鈿釵禮衣，唯無首飾、佩、綬。

公服者，常供奉之服也。去中單、蔽膝、大帶，九品以上大事、常供奉亦如之。半袖裙襦者，東宮女史常供奉之服也。公主、王妃佩、綬同諸王。

花釵禮衣者，親王納妃所給之服也。

大袖連裳者，六品以下妻，九品以上女嫁服也。青質，素紗中單，蔽膝、大帶、革帶，韈、履同裳色，花釵，覆笄，兩博鬢，以金銀雜寶飾之。庶人女嫁有花釵，以金銀琉璃塗飾之。連裳，青質，青衣，革帶，韈、履同裳色。

婦人燕服視夫。百官女嫁、廟見攝母服。五品以上媵降妻一等，妾降媵一等，六品以下妾降妻一等。

天子有傳國璽及八璽，皆玉爲之。神璽以鎮中國，藏而不用。受命璽以封禪禮神，皇帝行璽以報王公書，皇帝之璽以勞王公，皇帝信璽以召王公，天子行璽以報四夷書，天子之璽以勞四夷，天子信璽以召兵四夷，皆泥封。大朝會則符璽郎進神璽、受命璽於御座，行幸則合八璽爲五輿，函封從於黃鉞之內。

太皇太后、皇太后、皇后、皇太子及妃，璽皆金爲之，藏而不用。太皇太后、皇太后封令書以宮官印，皇后以內侍省印，皇太子以左春坊印，妃以內坊印。

初，太宗刻受命玄璽，以白玉爲螭首，文曰：「皇天景命，有德者昌。」至武后改諸璽皆爲寶。中宗卽位，復爲璽。開元六年，復爲寶。天寶初，改璽書爲寶書。十載，改傳國寶爲承天大寶。

初，高祖入長安，罷隋竹使符，班銀菟符，其後改爲銅魚符，以起軍旅、易守長，京都留守、折衝府、捉兵鎭守之所及左右金吾、宮苑總監、牧監皆給之。畿內則左三右一，畿外則左五右一，左者進內，右者在外，用始第一，周而復始。宮殿門、城門，給交魚符、巡魚符。左廂、右廂給開門符、閉門符。亦左符進內，右符監門掌之。蕃國亦給之，雄雌各十二，銘以國名，雄者進內，雌者付其國。朝貢使各齎其月魚而至，不合者劾奏。

傳信符者，以給郵驛，通制命。皇太子監國給雙龍符，左右皆十。兩京、北都留守給麟符，左二十，右十九。東方諸州給靑龍符，南方諸州朱雀符，西方諸州騶虞符，北方諸州玄武符，皆左四右三。左者進內，右者付外。行軍所亦給之。

隨身魚符者，以明貴賤，應召命，左二右一，左者進內，右者隨身。皇太子以玉契召，勘合乃赴。親王以金，庶官以銅，皆題某位姓名。官有貳者加左右，皆盛以魚袋，三品以上飾以金，五品以上飾以銀。刻姓名者，去官納之，不刻者傳佩相付。

有傳符、銅魚符者，給封符印，發驛、封符及封魚函用之。有銅魚而無傳符者，給封函、還符、封函用之。

天子巡幸，則京師、東都留守給留守印，諸司從行者，給行從印。

木契符者，以重鎮守、愼出納，畿內左右皆三，畿外左右皆五。皇帝巡幸，太子監國，有軍旅之事則用之，王公征討皆給焉，左右各十九。太極殿前刻漏所，亦以左契給之，右以授承天門監門，晝夜勘合，然後鳴鼓。玄武門苑內諸門有喚人木契，左以進內，右以授監門，有敕召者用之。魚契所降，皆有敕書。尙書省符，與左同乃用。

大將出，賜旌以顓賞，節以顓殺。旌以絳帛五丈，粉畫虎，有銅龍一，首纏緋幡，紫縑爲袋，油囊爲表。節，懸畫木盤三，相去數寸，隅垂赤麻，餘與旌同。

高宗給五品以上隨身魚銀袋，以防召命之詐，出內必合之。三品以上金飾袋。垂拱中，都督、刺史始賜魚。天授二年，改佩魚皆爲龜。其後三品以上龜袋飾以金，四品以銀，五品以銅。中宗初，罷龜袋，復給以魚。郡王、嗣王亦佩金魚袋。景龍中，令特進佩魚，散官佩魚自此始也。然員外、試、檢校官，猶不佩魚。景雲中，詔衣紫者魚袋以金飾之，衣緋者以銀飾之。開元初，駙馬都尉從五品者假紫、金魚袋，都督、刺史品卑者假緋、魚袋，五品以上檢校、試、判官皆佩魚。中書令張嘉貞奏，致仕者佩魚終身，自是百官賞緋、紫，必兼魚袋，謂之章服。當時服朱紫、佩魚者衆矣。

初，隋文帝聽朝之服，以赭黃文綾袍，烏紗冒，折上巾，六合靴，與貴臣通服。唯天子之帶有十三鐶，文官又有平頭小樣巾，百官常服同於庶人。

至唐高祖，以赭黃袍、巾帶爲常服。腰帶者，搢垂頭於下，名曰鉈尾，取順下之義。一品、二品銙以金，六品以上以犀，九品以上以銀，庶人以鐵。既而天子袍衫稍用赤、黃，遂禁臣民服。親王及三品、二王後，服大科綾羅，色用紫，飾以玉。五品以上服小科綾羅，色用朱，飾以金。六品以上服絲布交梭雙紃綾，色用黃。六品、七品服用綠，飾以銀。八品、九品服用青，飾以鍮石。勳官之服，隨其品而加佩刀、礪、紛、帨。流外官、庶人、部曲、奴婢，則服紬絹絁布，色用黃白，飾以鐵、銅。

太宗時，又命七品服龜甲雙巨十花綾，色用綠。九品服絲布雜綾，色用青。是時士人以棠苧襴衫爲上服，貴女功之始也。一命以黃，再命以黑，三命以纁，四命以綠，五命以紫。士服短褐，庶人以白。中書令馬周上議：「禮無服衫之文，三代之制有深衣。請加襴、袖、褾、襈，爲士人上服。開骻者名曰缺骻衫，庶人服之。」又請：「裹頭者，左右各三襵，以象三才，重繫前脚，以象二儀。」詔皆從之。太尉長孫无忌又議：「服袍者下加襴，緋、紫、綠皆視其品，庶人以白。」

太宗嘗以幞頭起於後周，便武事者也。方天下偃兵，采古制爲翼善冠，自服之。又製進德冠以賜貴臣，玉璂，制如弁服，以金飾梁，花趺，三品以上加金絡，五品以上附山雲。自是元日、冬至、朔、望視朝，服翼善冠，衣白練裙襦。常服則有袴褶與平巾幘，通用翼善冠。進德冠制如幞頭，皇太子乘馬則服進德冠，九璂，加金飾，犀簪導，亦有袴褶，燕服用紫。其後朔、望視朝，仍用弁服。

顯慶元年，長孫无忌等曰：「武德初，撰衣服令，天子祀天地服大裘冕。桉周郊被衮以象天，戴冕藻十有二旒，與大裘異。月令：孟冬，天子始裘以禦寒。若啓蟄祈穀、冬至報天，服裘可也。季夏迎氣，龍見而雩，如之何可服？故歷代唯服衮章。漢明帝始采周官、禮記制祀天地之服，天子備十二章，後魏、周、隋皆如之。伏請郊祀天地服衮冕，罷大裘。又新禮，皇帝祭社稷服絺冕，四旒，三章；祭日月服玄冕，三旒，衣無章。按令文，四品、五品之服也。三公亞獻皆服衮，孤卿服毳、鷩，是天子同於大夫，君少臣多，非禮之中。且天子十二爲節以法天，烏有四旒三章之服？若諸臣助祭，冕與王同，是貴賤無分也。若降王一等，則王服玄冕，羣臣服爵弁，既屈天子，又貶公卿。周禮此文，久不用矣，猶祭祀之有尸侑，以君親而拜臣子，硩蔟、蟈氏之職，不通行者蓋多，故漢魏承用衮冕。今新禮親祭日月，服五品之服，請循歷代故事，諸祭皆用衮冕。」制曰：「可。」无忌等又曰：「禮，皇帝爲諸臣及五服親舉哀，素服，今服白袷，禮令乖舛。且白袷出近代，不可用。」乃改以素服。自是鷩冕以下，天子不復用，而白袷廢矣。

其後以紫爲三品之服，金玉帶銙十三；緋爲四品之服，金帶銙十一；淺緋爲五品之服，金帶銙十；深綠爲六品之服，淺綠爲七品之服，皆銀帶銙九；深青爲八品之服，淺青爲九品之服，皆鍮石帶銙八；黃爲流外官及庶人之服，銅鐵帶銙七。

武后擅政，多賜羣臣巾子、繡袍，勒以回文之銘，皆無法度，不足紀。至中宗又賜百官英王踣樣巾，其製高而踣，帝在藩時冠也。其後文官以紫黑絁爲巾，賜供奉官及諸司長官，則有羅巾、圓頭巾子，後遂不改。

初，職事官三品以上賜金裝刀、礪石，一品以下則有手巾、算袋、佩刀、礪石。至睿宗時，罷佩刀、礪石，而武官五品以上佩鞊韘七事，佩刀、刀子、礪石、契苾眞、噦厥針筒、火石是也。

時皇太子將釋奠，有司草儀注，從臣皆乘馬著衣冠，左庶子劉子玄議曰：「古大夫乘車，以馬爲騑服，魏、晉朝士駕牛車。如李廣北征，解鞍憩息；馬援南伐，據鞍顧眄。則鞍馬行於軍旅，戎服所便。江左尚書郎乘馬，則御史治之。顏延年罷官，騎馬出入，世稱放誕。近古專車則衣朝服，單馬則衣褻服。皇家巡謁陵廟，册命王公，則盛服冠履，乘路車。士庶有以衣冠親迎者，亦時服箱。其餘貴賤，皆以騎代車。比者，法駕所幸，侍臣朝服乘馬。今既舍車，而冠履不易，何者？褒衣、博帶、革履、高冠，車中之服也。韈而鐙，跣而乘，非唯鑿古，亦自取驚蹶。議者以祕閣梁南郊圖，有衣冠乘馬者，此圖後人所爲也。古今圖畫多矣，如畫羣公祖二疏，而有曳芒屩者；畫昭君入匈奴，而婦人有施帷冒者。夫芒屩出於水鄉，非京華所有；帷冒創於隋代，非漢宮所用。豈可因二畫以爲故實乎？謂乘馬衣冠宜省。」太子從之，編於令。

開元初，將有事南郊，中書令張說請遵古制用大裘，乃命有司製二冕。玄宗以大裘樸略，不可通寒暑，廢而不服。自是元正朝會用衮冕、通天冠，百官朔、望朝參，外官衙日，則佩算袋，餘日則否。玄宗謁五陵，初用素服，朔、望朝顯用常服。弁服、翼善冠皆廢。

唐初，賞朱紫者服於軍中，其後軍將亦賞以假緋紫，有從戎缺骻之服，不在軍者服長袍，或無官而冒衣綠。有詔殿中侍御史糾察。諸衛大將軍、中郎將以下給袍者，皆易其繡文：千牛衞以瑞牛，左右衞以瑞馬，驍衞以虎，武衞以鷹，威衞以豹，領軍衞以白澤，金吾衞以辟邪。行六品者，冠去璪珠，五品去鞶囊、雙佩，幞頭用羅縠。

婦人服從夫、子，五等以上親及五品以上母、妻，服紫衣，腰襻褾緣用錦繡。九品以上母、妻，服朱衣。流外及庶人不服綾、羅、縠、五色線靴、履。凡襇色衣不過十二破，渾色衣不過六破。

二十五年，御史大夫李適之建議：「冬至、元日大禮，朝參官及六品清官服朱衣，六品以下通服袴褶。」天寶中，御史中丞吉溫建議：「京官朔、望朝參，衣朱袴褶，五品以上有珂傘。」德宗嘗賜節度使時服，以鵰銜綬帶，謂其行列有序，牧人有威儀也。元和十二年，太子少師鄭餘慶言：「百官服朝服者多誤。自今唯職事官五品兼六品以上散官者，則有佩、劍、綬，其餘皆省。」

初，婦人施羃䍦以蔽身，永徽中，始用帷冒，施裙及頸，坐檐以代乘車。命婦朝謁，則以駝駕車。數下詔禁而不止。武后時，帷冒益盛，中宗後乃無復羃䍦矣。宮人從駕，皆胡冒乘馬，海內傚之，至露髻馳騁，而帷冒亦廢，有衣男子衣而韡，如奚、契丹之服。武德間，婦人曳履及線韡。開元中，初有線鞋，侍兒則著履，奴婢服襴衫，而士女衣胡服，其後安祿山反，當時以爲服妖之應。

巴、蜀婦人出入有兜籠，乾元初，蕃將又以兜籠易負，遂以代車。

文宗卽位，以四方車服僭奢，下詔準儀制令，品秩勳勞爲等級。職事官服綠、青、碧，勳官諸司則佩刀、礪、紛、帨。諸親朝賀宴會之服：一品、二品服玉及通犀，三品服花犀、班犀。車馬無飾金銀。衣曳地不過二寸，袖不過一尺三寸。婦人裙不過五幅，曳地不過三寸，襦袖不過一尺五寸。袍襖之制：三品以上服綾，以鶻銜瑞草，鴈銜綬帶及雙孔雀；四品、五品服綾，以地黃交枝；六品以下服綾，小窠無文及隔織、獨織。一品導從以七騎，二品、三品以五騎；四品以三騎；五品以二騎；六品以一騎。五品以上及節度使册拜、婚會，則車有幰。

外命婦一品、二品、三品乘金銅飾犢車，檐舁以八人，三品舁以六人；四品、五品乘白銅飾犢車，檐舁以四人；胥吏、商賈之妻老者乘葦軬車，兜籠舁以二人。度支、戶部、鹽鐵門官等服細葛布，無紋綾，綠闇銀藍鐵帶，鞍、轡、銜、鐙以鍮石。未有官者，服粗葛布、官絁，綠銅鐵帶，乘蜀馬、鐵鐙。行官服紫粗布、絁，藍鐵帶。中官不衣紗縠綾羅，諸司小兒不服大巾，商賈、庶人、僧、道士不乘馬。婦人衣青碧纈、平頭小花草履、彩帛縵成履，而禁高髻、險妝、去眉、開額及吳越高頭草履。王公之居，不施重栱、藻井。三品堂五間九架，門三間五架；五品堂五間七架，門三間兩架；六品、七品堂三間五架，庶人四架，而門皆一間兩架。常參官施懸魚、對鳳、瓦獸、通栿乳梁。詔下，人多怨者。京兆尹杜悰條易行者爲寬限，而事遂不行。唯淮南觀察使李德裕令管內婦人衣袖四尺者闊一尺五寸，裙曳地四五寸者減三寸。

開成末，定制：宰相、三公、師保、尚書令、僕射、諸司長官及致仕官，疾病許乘檐，如漢、魏載輿、步輿之制，三品以上官及刺史，有疾暫乘，不得舍驛。

## 校勘記

〔一〕以緅領爲緣　按舊書卷四五輿服志作「以緅爲領」。

# 唐書卷二十五

## 志第十五

### 曆一

曆法尚矣。自堯命羲、和，曆象日月星辰，以閏月定四時成歲，其事略見于書。而夏、商、周以三統改正朔，爲曆固已不同，而其法不傳。至漢造曆，始以八十一分爲統母，其數起於黃鍾之龠，蓋其法一本於律矣。其後劉歆又以春秋、易象推合其數，蓋傅會之說也。至唐一行始專用大衍之策，則曆術又本於易矣。蓋曆起於數，數者，自然之用也。其用無窮而無所不通，以之於律、於易，皆可以合也。然其要在於候天地之氣，以知四時寒暑，而仰察天日月星之行運，以相參合而已。然四時寒暑無形而運於下，天日月星有象而見于上，二者常動而不息。一有一無，出入升降，或遲或疾，不相爲謀。其久而不能無差忒者，勢使之然也。故爲曆者，其始未嘗不精密，而其後多疏而不合，亦理之然也。不合，則屢變其法以求之。自堯、舜、三代以來，曆未嘗同也。

唐終始二百九十餘年，而曆八改。初曰戊寅元曆，曰麟德甲子元曆，曰開元大衍曆，曰寶應五紀曆，曰建中正元曆，曰元和觀象曆，曰長慶宣明曆，曰景福崇玄曆而止矣。

高祖受禪，將治新曆，東都道士傅仁均善推步之學，太史令庾儉、丞傅弈薦之。詔仁均與儉等參議，合受命歲名爲戊寅元曆。乃列其大要，所可考驗者有七，曰：「唐以戊寅歲甲子日登極，曆元戊寅，日起甲子，如漢太初，一也。冬至五十餘年輒差一度，日短星昴，合于堯典，二也。周幽王六年十月辛卯朔，入蝕限，合于詩，三也。魯僖公五年壬子冬至，合春秋命曆序，四也。月有三大、三小，則日蝕常在朔，月蝕常在望，五也。命辰起子半，命度起虛六，符陰陽之始，六也。立遲疾定朔，則月行晦不東見，朔不西朓，七也。」高祖詔司曆起二年用之，擢仁均員外散騎侍郞。

三年正月望及二月、八月朔，當蝕，比不効。六年，詔吏部郞中祖孝孫考其得失。孝孫使算曆博士王孝通以甲辰曆法詰之曰：

「日短星昴，以正仲冬。」七宿畢見，舉中宿言耳。舉中宿，則餘星可知。仁均專守昴中，執文害意，不亦謬乎？又月令仲冬「昏東壁中」，明昴中非爲常準。若堯時星昴昏中，差至東壁，然則堯前七千餘載，冬至昏翼中，日應在東井。井極北，去人最近，故暑；斗極南，去人最遠，故寒。寒暑易位，必不然矣。又平朔、定朔，舊有二家。三大、三小，爲定朔望；一大、一小，爲平朔望。日月行有遲速，相及謂之合會。晦、朔無定，由時消息。若定大小皆在朔者，合會雖定，而蔀、元、紀首三端並失。若上合履端之始，下得歸餘於終，合會有時，則甲辰元曆爲通術矣。

仁均對曰：

宋祖沖之立歲差，隋張胄玄等因而脩之。雖差數不同，各明其意。孝通未曉，乃執南斗爲冬至常星。夫日躔宿度，如郵傳之過，宿度既差，黃道隨而變矣。書云：「季秋月朔，辰弗集于房。」孔氏云：「集，合也。不合則日蝕可知。」又云：「先時者殺無赦，不及時者殺無赦。」既有先後之差，是知定朔矣。詩云：「十月之交，朔月辛卯。」又春秋傳曰：「不書朔，官失之也。」自後曆差，莫能詳正。故秦、漢以來，多非朔蝕。宋御史中丞何承天微欲見意，不能詳究，乃爲散騎侍郎皮延宗等所抑。孝通之語，乃延宗舊說。治曆之本，必推上元，日月如合璧，五星如連珠，夜半甲子朔旦冬至。自此七曜散行，不復餘分普盡，總會如初。唯朔分、氣分，有可盡之理，因其可盡，卽有三端。此乃紀其日數之元爾。或以爲卽夜半甲子朔冬至者，非也。冬至自有常數，朔名由於月起，月行遲疾匪常，三端安得卽合。故必須日月相合與至同日者，乃爲合朔冬至耳。

孝孫以爲然，但略去尤疎闊者。

九年，復詔大理卿崔善爲與孝通等較定，善爲所改凡數十條。初，仁均以武德元年爲曆始，而氣、朔、遲疾、交會及五星皆有加減差。至是復用上元積算。其周天度，即古赤道也。

貞觀初，直太史李淳風又上疏論十有八事，復詔善爲課二家得失，其七條改從淳風。十四年，太宗將親祀南郊，以十一月癸亥朔，甲子冬至。而淳風新術，以甲子合朔冬至，乃上言：「古曆分日，起於子半。十一月當甲子合朔冬至，故太史令傅仁均以減餘稍多，子初爲朔，遂差三刻。」司曆南宮子明、太史令薛頤等言：「子初及半，日月未離。淳風之法，較春秋已來晷度薄蝕，事皆符合。」國子祭酒孔穎達等及尙書八座參議，請從淳風。又以平朔推之，則二曆皆以朔日冬至，於事彌合。且平朔行之自古，故春秋傳或失之前，謂晦日也。雖癸亥日月相及，明日甲子，爲朔可也。從之。十八年，淳風又上言：「仁均曆有三大、三小，云日月之蝕，必在朔望。十九年九月後，四朔頻大。」詔集諸解曆者詳之，不能定。庚子，詔用仁均平朔，訖麟德元年。

仁均曆法祖述胄玄，稍以劉孝孫舊議參之，其大最疎於淳風。然更相出入，其有所中，淳風亦不能踰之。今所記者，善爲所較也。

戊寅曆上元戊寅歲至武德九年丙戌，積十六萬四千三百四十八算外。
章歲六百七十六。亦名行分法。
章閏二百四十九。
章月八千三百六十一。
月法三十八萬四千七十五。
日法萬三千六。
時法六千五百三。
度法、氣法九千四百六十四。
氣時法千一百八十三。
歲分三百四十五萬六千六百七十五。
歲餘二千三百一十五。
周分三百四十五萬六千八百四十五半。
斗分二千四百八十五半。
沒分七萬六千八百一十五。

沒法千一百三。

曆日二十七，曆餘萬六千六十四。

曆周七十九萬八千二百。

曆法二萬八千九百六十八。

餘數四萬九千六百三十五。

章月乘年，如章歲得一，爲積月。以月法乘積月，如日法得一，爲朔積日；餘爲小餘。日滿六十，去之；餘爲大餘。命甲子算外，得天正平朔。加大餘二十九、小餘六千九百一，得次朔。加平朔大餘七、小餘四千九百七十六、小分四之三，爲上弦。又加，得望。又加，得下弦。餘數乘年，如氣法得一，爲氣積日。命日如前，得冬至。加大餘十五、小餘二千六十八、小分八之一，得次氣日。加四季之節大餘十二、小餘千六百五十四、小分四〔二〕，得土王。凡節氣小餘，三之，以氣時法而一，命子半算外，各其加時。置冬至小餘，八之，減沒分，餘滿沒法爲日。加冬至去朔日算，依月大小去之，日不滿月算，得沒日。餘分盡爲滅。加日六十九、餘七百八，得次沒。

| 二十四氣 | 損益率 | 盈縮數 |
|---|---|---|
| 冬至 | 益八百九十六 | 盈空 |
| 小寒 | 益三百九十八 | 盈八百九十六 |
| 大寒 | 益四百 | 盈千二百九十四 |
| 立春 | 益二百二十八 | 盈千六百九十四 |
| 啓蟄 | 益三百四十一 | 盈千九百二十二 |
| 雨水 | 益四百五十 | 盈二千二百六十三 |
| 春分 | 損五百 | 盈二千七百一十三 |
| 清明 | 損四百五十五 | 盈二千二百一十三 |
| 穀雨 | 損三百五十五 | 盈千七百五十八 |
| 立夏 | 損五百五十五 | 盈千四百三 |
| 小滿 | 損八百四十八 | 盈八百四十八 |
| 芒種 | 益七百三十九 | 縮初 |

| | | |
|---|---|---|
| 夏至 | 益六百二十六 | 縮七百三十九 |
| 小暑 | 益四百五十六 | 縮千三百六十五 |
| 大暑 | 益二百八十八 | 縮千八百二十一 |
| 立秋 | 益四十 | 縮二千一百九 |
| 處暑 | 益三百四十二 | 縮二千一百四十九 |
| 白露 | 益四百五十五 | 縮二千四百九十一 |
| 秋分 | 損六百八十二 | 縮二千九百四十六 |
| 寒露 | 損六百二十五 | 縮二千二百六十四 |
| 霜降 | 損五百七十 | 縮千六百三十九 |
| 立冬 | 損五百一十三 | 縮千六十九 |
| 小雪 | 損四百五十六 | 縮五百五十六 |
| 大雪 | 損百 | 縮百 |

以平朔、弦、望入氣日算乘損益率，如十五得一，以損益盈縮數，爲定盈縮分。凡不盡，半法已上亦從一。以曆法乘朔積日，滿曆周去之；餘如曆法得一，爲日。命日算外，得天正平朔夜半入曆日及餘。次日加一，累而裁之。若以萬四千四百八十四乘平朔小餘，如六千五百三而一，不盡，爲小分，以加夜半入曆日。加之滿曆日及餘，去之，得平朔加時所入。加曆日七、餘萬一千八十四、小分三千九百九十五，命如前，得上弦。又加，得望、下弦及後朔。

| 曆日 | 行分 | 損益率 | 盈縮積分 |
|---|---|---|---|
| 一日 | 九千九百九 | 益三百九十二 | 盈初 |
| 二日 | 九千八百一十 | 益三百四十七 | 盈二千一百四十四萬一千二百二十六〔二〕 |
| 三日 | 九千六百九十五 | 益二百九十五 | 盈二千一百三十九萬四千八百五十八 |
| 四日 | 九千五百六十三 | 益二百三十六 | 盈二千九百九十五萬二千八百四 |
| 五日 | 九千四百一十四 | 益百六十九 | 盈三千六百七十九萬三千九百五十 |

| | | | |
|---|---|---|---|
| 六日 | 九千二百六十六 | 益百三 | 盈四千一百六十九萬七千二百七 |
| 七日 | 九千一百一十八 | 益三十六 | 盈四千四百六十七萬三千五百七十五〔三〕 |
| 八日 | 八千九百五十三 | 損三十八 | 盈四千五百七十二萬九千五十五 |
| 九日 | 八千七百八十八 | 損百一十二 | 盈四千四百六十三萬六千五百五十七 |
| 十日 | 八千六百四十 | 損百七十八 | 盈四千一百三十九萬八千六十八 |
| 十一日 | 八千五百八 | 損二百三十八 | 盈三千六百三十二萬四千六百九十二〔四〕 |
| 十二日 | 八千三百九十二 | 損二百九十 | 盈二千九百三十五萬四千五百二十八 |
| 十三日 | 八千二百七十七 | 損三百四十一 | 盈二千九十六萬五千六百六十 |
| 十四日 | 八千一百七十八 | 損三百八十六 | 盈一千一百八萬一千一百六 |
| 十五日 | 八千二百一十一 | 益三百七十一 | 縮九萬一千四十三 |
| 十六日 | 八千三百一十 | 益三百二十六 | 縮千八十三萬四千四 |
| 十七日 | 八千四百二十五 | 益二百一十五〔五〕 | 縮二千二十八萬九千三百七十二 |
| 十八日 | 八千五百五十五〔六〕 | 益二百一十六 | 縮二千八百二十三萬九千五十〔七〕 |

| | | | |
|---|---|---|---|
| 十九日 | 八千六百八十九 | 益百五十六 | 縮三千四百四十九萬一千九百三十六 |
| 二十日 | 八千八百三十七 | 益九十 | 縮三千九百一萬八千三十 |
| 二十一日 | 八千九百八十六 | 益二十三 | 縮四千一百六十一萬九千二百三十五 |
| 二十二日 | 九千一百五十一 | 損五十一 | 縮四千二百二十八萬二千五百四十七 |
| 二十三日 | 九千二百九十九 | 損百一十八 | 縮四千七百九萬九千八百五十七〔八〕 |
| 二十四日 | 九千四百四十七 | 損百八十四 | 縮三千七百三十九萬二千二百七十九 |
| 二十五日 | 九千五百七十八 | 損二百四十三 | 縮三千二百五十萬九千八百一十四〔九〕 |
| 二十六日 | 九千七百一十 | 損三百二 | 縮二千五百二萬三千五百六十二 |
| 二十七日 | 九千八百九 | 損三百四十七 | 縮千六百二十九萬五千一百一十八〔一〇〕 |
| 二十八日 | 九千八百九十一 | 損三百八十三 | 縮六百二十二萬九千八百八十 |

曆行分與次日相減，爲行差，後多爲進，後少爲退。減去行分六百七十六，爲差法。各置平朔、弦、望加時入曆日餘，乘所入日損益率，以損益其下積分，差法除，爲定盈縮積分。置平朔、弦、望小餘，各以入氣積分盈加、縮減之，以入曆積分盈減、縮加之，滿若不足、進

退日法，皆爲定大小餘，命日甲子算外。以歲分乘年爲積分，滿周分去之；餘如度法得一，爲度。命以虛六，經斗去分，得冬至日度及分。以冬至去朔日算及分減之，得天正平朔前夜半日度及分。以小分法十四約度分爲行分。凡小分滿法成行分，行分滿法成度。若注曆，又以二十六約行分。月星準此。斗分百七十七，小分七半。累加一度，得次日。以行分法乘朔、望定小餘，以九百二十九除爲度分，又以十四約爲行分。以加夜半度，爲朔、望加時日度。定朔加時，日月同度。望則因加日度百八十二、行分四百二十六、小分十太。以夜半入曆日餘乘行差，滿曆法得一，以進加、退減曆行分，爲行定分。以朔定小餘乘之，滿日法得一，爲行分。以減加時月度，爲朔、望夜半月度。求次日，加月行定分，累之。

## 歲星

率三百七十七萬五千二十三。

終日三百九十八，行分五百九十六，小分七。

平見，入冬至初日，減行分五千四百一十一。自後日損所減百二十分。立春初，日增所加六十分。春分，均加四日。清明畢穀雨，均加五日。立夏畢大暑，均加六日。立秋初日，加四千八十分。乃日損所加六十七分。入寒露，日增所減百一十七分。入小雪，畢大雪，均減八日。

初見，順，日行百七十一分，日益遲一分，百一十四日行十九度二百九分。而留，二十六日。乃退，日九十七分，八十四日退十二度三十六分。又留，二十五日五百九十六分，小分七。凡五星留日有分者，以初定見日分加之。若滿行分法，去之，又增一日。乃順，初日行六十分，日益疾一分，百一十四日行十九度四百三十七分。而伏。

熒惑

率七百三十八萬一千二百二十三。

終日七百七十九，行分六百二十六，小分三。

平見，入冬至初日，減萬六千三百五十四分。乃日損所減五百四十五分。入大寒，日增所加四百二十六分。入雨水後，均加二十九日。立夏初日，加萬九千三百九十二分。乃日損所加二百一十三分。入立秋，依平。入處暑，日增所減百八十四分。入小雪後，均減二十五日。

初見，入冬至，初率二百四十一日行百六十三度。自後二日損日度各一，自百二十八日〔二〕，率百七十七日行九十九度，畢百六十一日。又三日損一，盡百八十二日，率百七十日行九十二度，畢百八十八日。乃三日益一，盡二百二十七日，率百八十三日行百五度。又二日益一，盡二百四十九日，率百九十四日行百一十六度。又每日益一，盡三百一十日，率二百五十五日行百七十七度，畢三百三十七日。乃二日損一，盡大雪，復初見。入小寒後〔三〕，三日去日率一。入雨水，畢立夏，均去日率二十。自後三日減所去一日，畢小暑，依平，爲定日率。若入處暑，畢秋分，皆去度率六。各依冬至後日數而損益之，又依所入之氣以減之，爲前疾日度率。若初行入大寒，畢大暑，皆差行，日益遲一分；其餘皆平行。若入白露，畢秋分，初遲〔三〕，日行半度，四十日行二十度。即去日率四十、度率二十，別爲半度之。行訖，然後求平行分，續之。以行分法乘度定率，如日定率而一，爲平行分。不盡，爲小分。求差行者，減日率一，又半之，加平行分，爲初日行分。各盡其日度而遲。初日行三百二十六分，日益遲一分半，六十日行二十五度五分。其前疾去度六者，行三十一度五分。此遲初日加六十七分、小分六十分之三十六。

而留，十三日。前疾去日者，分日於二留，奇從後留。乃退，日百九十二分，六十日退十七度二十八分。又留，十二日六百二十六分，小分三。

又順。後遲，初日行二百三十八分，日益疾一分半，六十日行二十五度三十五分。此遲在立秋至秋分者，加六度，行三十一度三十五分。此遲初日加行分六十七、小分六十分之三十六。而後疾。入冬至，初率二百一十四日行百三十六度。乃每日損一，盡三十七日，率百七十七日行九十九度。又二日損一，盡五十七日，率百六十七日行八十九度，畢七十九日。又三日益一，盡百三十日，率百八十四日行百六度。又二日益一，盡百四十四日，率百九十一日行百一十三度。又每日益一，盡百九十日，率二百三十七日行百五十九度。又每日益二，盡二百日，率二百五十七日行百七十九度。又每日益一，盡二百一十日，率二百六十七日行百八十九度，畢二百五十九日。乃二日損一，畢大雪，復初。後遲加六度者，此後疾去度率六，爲定。各依多至後日數而損益之，爲後疾日度率。若入立夏，畢夏至，日行半度，盡六十日，行三十度。若入小暑，畢大暑，盡四十日，行二十度。皆去日度率，別爲半度之。行訖，然後求平行分，續之。各盡其日度而伏。

鎭星

率三百五十七萬八千二百四十六。

終日三百七十八，行分六十一。

平見，入冬至初日，減四千八百一十四分。乃日增所減七十九分。入小寒，均減九日。乃每氣損所減一日。入夏至初日，均減二日。自後十日損所減一日。小暑五日外，依平。入大暑，日增所加百八十一分。入處暑，均加九日。入白露初日，加六千二分。乃日損所加百三十三分。入霜降，日增所減七十九分。

初見，順，日行六十分，八十三日行七度二百四十八分。而留，三十八日。乃退，日四十一分，百日退六度四十四分。又留，三十七日六十一分。乃順，日行六十分，八十三日行七度二百四十八分。而伏。

太白

率五百五十二萬六千二百。

終日五百八十三，行分六百二十，小分八。

晨見伏三百二十七日，行分六百二十，小分八。

夕見伏二百五十六日。

晨平見，入冬至，依平。入小寒，日增所加六十六分。入立春，畢立夏，均加三日。小滿初日，加千九百六十四分。乃日損所加六十分〔四〕。入夏至，依平。入小暑，日增所減六十分〔五〕。入立秋，畢立冬，均減三日。小雪初日，減千九百六十四分。乃日損所減六十六分。

初見，乃退，日半度，十日退五度。而留，九日。乃順，遲，差行，日益疾八分，四十日行三十度。入大雪畢小滿者，依此。入芒種，十日減一度。入小暑，畢霜降，均減三度。入立冬，十日損所減一度，畢小雪。皆爲定度。以行分法乘定度，四十除，爲平行分。又以四乘三十九，以減平行，爲初日行分。平行，日一度，十五日行十五度。入小寒，十日益日度各一。入雨水後，皆二十一日行二十一度。入春分後，十日減一。畢立夏，依平。入小滿後，六日減一。畢立秋，日度皆盡，無平行。入霜降後，四日加一。畢大雪，依平。疾，百七十日行二百四度。前順遲減度者，計所減之數，以益此度爲定。而晨伏。

夕平見，入冬至，日增所減百分。入啓蟄，畢春分，均減九日。淸明初日，減五千九百八十六分。乃日損所減百分。入芒種，依平。入夏至，日增所加百分。入處暑，畢秋分，均加九日。寒露初日，加五千九百八十六分。乃日損所減百分。入大雪，依平。

初見，順疾，百七十日行二百四度。入冬至畢立夏者，依此。入小滿，六日加一度。入夏至，畢小暑，均加五度。入大暑，三日減一度。入立秋，畢大雪，依平。從白露畢春分，皆差行，日益疾一分半〔四〕。以一分半乘百六十九而半之，以加平行，爲初日行分。入淸明，畢於處暑，皆平行。乃平行，日一度，十五日行十五度。入冬至後，十日減日度各一。入啓蟄，畢芒種，皆九日行九度。入夏至後，五日益一。入大暑，依平。入立秋後，六日加一。畢秋分，二十五日行二十五度。入寒露，六日減一。入大雪，依平。順遲，日益遲八分，四十日行三十度。前加度者，此依數減之。又留，九日。乃退，日半度，十日退五度。而夕伏。

辰星

率百九萬六千六百八十三。

終日百一十五，行分五百九十四，小分七。

晨見伏六十三日，行分五百九十四，小分七。

夕見伏五十二日。

晨平見，入冬至，均減四日。入小寒，依平。入立春後，均減三日。入雨水，畢立夏，應見不見。其在啓蟄、立夏氣內，去日十八度外、三十六度內，晨有木、火、土、金一星者，亦見。入小滿，依平。入霜降，畢立冬，均加一日。入小雪，至大雪十二日，依平。若在大雪十三日後，日增所減一日。

初見，留，六日。順遲，日行百六十九分。入大寒，畢啓蟄，無此遲行。乃平行，日一度，十日行十度。入大寒後，二日去日度各一，畢於二十日，日度俱盡，無此平行。疾，日行一度六百九分，十日行十九度六分。前無遲行者，此疾日減二百三分，十日行十六度四分。而晨伏。

夕平見，入冬至後，依平。入穀雨，畢芒種，均減二日。入夏至，依平。入立秋，畢霜降，應見不見。其在立秋、霜降氣內，夕有星去日如前者，亦見。入立冬，畢大雪，依平。

初見，順疾，日行一度六百九分，十日行十九度六分。若入小暑，畢處暑，日減二百三分。乃平行，日一度，十日行十度。入大暑後，二日去日及度各一，畢於二十日，日度俱盡，無此平行。遲，日行百六十九分。若疾減二百三分者，即不須此遲行。又留，六日七分。而夕伏。

各以星率去歲積分，餘反以減其率，餘如度法得一爲日，得冬至後晨平見日及分。以冬至去朔日算及分加之，起天正，依月大小計之，命日算外，得所在日月。金、水各以晨見伏日及分加之，得夕平見。各以其星初日所加減之分，計後日損益之數以損益之。訖，乃以加減平見爲定見。其加減分皆滿行分法爲日。以定見去朔日及分加其朔前夜半日度，又以星初見去日度，歲星十四，太白十一，熒惑、鎭星、辰星皆十七，晨減、夕加之，得初見宿度。求次日，各加一日所行度及分。熒惑、太白有小分者，各以日率爲母。其行有益疾遲者，副置一日行分，各以其差疾益、遲損，乃加之。留者因前，退則依減，伏不注度。順行出斗，去其分；退行入斗，先加分。訖，皆以二十六約行分，爲度分。

交會法千二百七十四萬一千二百五八分〔一七〕。

交分法六百三十七萬六百二九分。

朔差百八萬五千四百九十四二分。

望分六百九十一萬三千三百五十。

交限五百八十二萬七千八百五十五八分。

望差五十四萬二千七百四十七一分。

外限六百七十六萬七百八十二九分。

中限千二百三十五萬一千二十五八分。

內限千二百一十九萬一千四百五十八七分。

以朔差乘積月，滿交會法去之；餘得天正月朔入平交分。求望，以望分加之。求次月，以朔差加之。其朔望，入大雪，畢冬至，依平。入小寒，日加氣差千六百五十分。入啓蟄，畢清明，均加七萬六千一百分。自後日損所加千六百五十分。入芒種，畢夏至，依平。加之滿法，去之。若朔交入小寒畢雨水，及立夏畢小滿，值盈二時已下，皆半氣差加之。二時已上則否。如望差已下、外限已上有星伏，木、土去見十日外，火去見四十日外，金晨伏去見二十二日外，有一星者，不加氣差。入小暑後，日增所減千二百分。入白露，畢霜降，均減九萬五千八百二十五分。立冬初日，減六萬三千三百分，自後日損所減二千一百一十分。減若不足，加法，乃減之，餘爲定交分。朔入交分，如交限內限已上、交分中限已下有星伏如前者，不減。不滿交分法者，爲在外道；滿去之，餘爲在內道。如望差已下，爲去先交分。交限已上，以減交分，餘爲去後交分。皆三日法約，爲時數。望則月蝕，朔在內道則日蝕。雖在外道，去交近，亦蝕。在內道，去交遠，亦不蝕。

置蝕望定小餘。入曆一日，減二百八十；若十五日，即加之；十四日，加五百五十；若二十八日，即減之；餘日皆盈加、縮減二百八十：爲月蝕定餘。十二乘之，時法而一，命子半算外；不盡，得月蝕加時。約定小餘如夜漏半已下者，退日算上。

置蝕朔定小餘。入曆一日，即減二百八十；若十五日，即加之；十四日，加五百五十；若二十八日，即減之：爲定。後不入四時加減之限。其內道，春，去交四時已上入曆，盈加、縮減二百八十；夏，盈加、縮減二百八十；秋，去交十一時已下，惟盈加二百八十，已上者，盈加五百五十，縮加二百八十；冬，去交五時已下，惟盈加二百八十：皆爲定餘。十二乘之，時法而一，命子半算外；不盡，爲時餘，副之。仲辰半前，以副減法爲差率；半後，退半辰，以法加餘，以副爲差率。季辰半前，以法加副爲差率；半後，退半辰，以法加餘，倍法加副，爲差率。孟辰半前，三因其法，以副減之，餘爲差率；半後，退半辰，以法加餘，又以法加副，乃三因其法，以副減之，爲差率。又置去交時數，三已下，加三；六已下，加二；九已下，加一；九已上，依數；十二已上，從十二。若季辰半後，孟辰半前，去交六時已上者，皆從其六。六時已下，依數不加。皆乘差率，十四除，爲時差。子午半後，以加時餘；卯酉半後，以減時餘；加之滿若不足，進退時法：孟謂寅、巳、申，仲謂午、卯、酉，季謂辰、未、戌〔二〇〕。得日蝕加時。

望去交分，冬先後交，皆去二時；春先交，秋後交，去半時；春後交，秋先交，去二時；夏則依定。不足去者，旣。乃以三萬六千一百八十三爲法而一，以減十五，餘爲月蝕分。

朔去交，在內道，五月朔，加時在南方，先交十三時外；六月朔，後交十三時外者：不蝕。啓蟄畢淸明，先交十三時外，值縮，加時在未西；處暑畢寒露，後交十三時外，值盈，加時在巳東，皆不蝕。交在外道，先後去交一時內者，皆蝕。若二時內，及先交值盈、後交值縮二時外者，亦蝕。夏去交二時內，加時在南方者，亦蝕。若去分、至十二時內，去交六時內者，亦蝕。若去春分三日內，後交二時；秋分三日內，先交二時內者，亦蝕。諸去交三時內有星伏，土、木去見十日外，火去見四十日外，金晨伏去見二十二日外，有一星者，不蝕。

各置去交分。秋分後，畢立春，均減二十二萬八百分。啓蟄初日，畢芒種，日損所減千八百一十分。夏至後，畢白露，日增所減二千四百分。以減去交分，餘爲不蝕分。不足減，反相減爲不蝕分。亦以減望差爲定法。後交值縮者，直以望差爲定法。其不蝕分，大寒畢立春，後交五時外，皆去一時。時差值減者，先交減之，後交加之。時差值加者，先交加之，後交減之。不足減者，皆既。十五乘之，定法而一，以減十五，餘爲日蝕分。

置日月蝕分，四已下，因增二；五已下，因增三；六已上，因增五：各爲刻率，副之。以乘所入曆損益率，四千五十七爲法而一。值盈，反其損益；值縮，依其損益。皆損益其副，爲定用刻。乃六乘之，十而一，以減蝕甚辰刻，爲虧初。又四乘之，十而一，以加食甚辰刻，爲復滿。

# 校勘記

〔一〕小餘千六百五十四小分四　按自四季之節至土王，等於歲分的三十分之一，卽氣策的五分之四。依此推算，「小分四」應作「半」或「小分八之四」或「小分四之二」。

〔二〕盈二千一百四十四萬一千二百二十六　按戊寅曆盈縮積分爲每日盈縮分之累計，而二日盈積實卽一日盈分。據李善蘭麟德術解卷三附錄所提示之公式，戊寅曆盈縮分卽當日行分差與日法之乘積，其中行分差爲日行分與平行分之差，而平行分爲章月與章歲之和。依此推算，「二千一百四十四萬」應作「一千一百三十四萬」。

〔三〕盈四千四百六十七萬三千五百七十五　據麟德術解公式核算，「三千五百七十五」應作「五千六百一十」。

〔四〕盈三千六百三十二萬四千六百九十二　據核算，「三十二萬」當作「二十三萬」。

〔五〕益二百一十五　衲、十行、汲、殿本同，局本作「益二百一十」。按戊寅曆損益率等於盈縮分除以曆分所得之商。依此推算，當作「二百七十五」。

〔六〕八千五百五十五　按十八、十九兩日縮分積之差，卽十八日之縮分。依此推算，當作「八千五百五十七」。

〔七〕縮二千八百二十三萬九千五十　據推算，「二十三萬」當作「二十四萬」。

〔八〕縮四千七百九萬九千八百五十七　據推算，「七百九萬」當作「七十九萬」。

〔九〕縮三千二百五十萬九千八百一十四　據推算，「二百五十萬」當作「二百五萬」。

〔一〇〕縮千六百二十九萬五百一十八　據推算，「二十九萬」當作「二十七萬」。

〔一一〕自百二十八日　「自」，各本同，新舊唐書合鈔（下簡稱合鈔）作「盡」。據本卷上下文「盡」、「畢」二字用法，並參考隋書卷十八律曆志所載大業曆，作「盡」是。

〔一二〕入小寒後　「小寒」，各本原作「小雪」，舊書卷三二曆志作「小寒」。舊書是，據改。

〔一三〕初遲　舊書卷三二曆志作「初」。本卷下文有「各盡其日度而遲」一語，此處所述仍屬前疾期間，「遲」字疑衍。

〔一四〕乃日損所加六十分　錢寶琮新唐書曆志校勘記（下簡稱錢校）云：據術，「六十分」當作「六十六分」。按自小滿初日至夏至初日，計三十日，共損所加一千九百六十四分，平均每日損六十五分半，四捨五入，正得六十六分。

〔一五〕日增所減六十分　「六十分」，舊書卷三二曆志同。錢校云：「二志並誤，據術當作『日增所減六十六分』。」

〔一六〕日益疾一分半　舊書卷三二曆志作「先疾，日益遲」。按：在夕順期間，金星運行速度由疾而遲。此當從舊書。

〔七〕交會法千二百七十四萬一千二百五八分　按以三十六乘月法，以交會法減之，得朔差。據此核算，「五八分」卽今「五·八分」。以下七項用數同例。

〔八〕孟謂寅巳申仲謂午卯酉季謂辰未戌　舊書卷三二曆志作「子、午、卯、酉爲仲，辰、戌、丑、未爲季，寅、申、巳、亥爲孟」。

# 唐書卷二十六

## 志第十六

### 曆二

高宗時，戊寅曆益疎，淳風作甲子元曆以獻。詔太史起麟德二年頒用，謂之麟德曆。古曆有章、蔀，有元、紀，有日分、度分，參差不齊，淳風爲總法千三百四十以一之。損益中晷術以考日至，爲木渾圖以測黃道，餘因劉焯皇極曆法，增損所宜。當時以爲密，與太史令瞿曇羅所上經緯曆參行。

弘道元年十二月甲寅朔，壬午晦。八月，詔二年元日用甲申，故進以癸未晦焉。

永昌元年十一月，改元載初，用周正，以十二月爲臘月，建寅月爲一月。神功二年，司曆以臘爲閏，而前歲之晦，月見東方，太后詔以正月爲閏十月。是歲，甲子南至，改元聖曆。命瞿曇羅作光宅曆，將用之。三年，罷作光宅曆，復行夏時，終開元十六年。

麟德曆麟德元年甲子，距上元積二十六萬九千八百八十算。

總法千三百四十。

朞實四十八萬九千四百二十八。

常朔實三萬九千五百七十一。加三百六十二日盈朔實，減三百五十一日朒朔實。

辰率三百三十五。

以朞實乘積算，爲朞總。如總法得一，爲日。六十去之，命甲子算外，得冬至。累加日十五、小餘二百九十二、小分六之五，得次氣。六乘小餘，辰率而一，命子半算外，各其加時。

以常朔實去朞總，不滿爲閏餘。以閏餘減朞總，爲總實〔一〕，如總法得一，爲日。以減冬至，得天正常朔。又以常朔小餘并閏餘，以減朞總，爲總實。因常朔加日二十九、小餘七百一十一，得次朔。因朔加日七、小餘五百一十二太，得上弦。又加，得望及下弦。

進綱十六。秋分後。

退紀十七。春分後。

| 中節 | 躔差率 | 消息總 | 先後率 | 盈縮積 |
|---|---|---|---|---|
| 冬至 | 益七百二十二 | 息初 | 先五十四 | 盈初 |
| 小寒 | 益六百一十八 | 息七百二十二 | 先四十六 | 盈五十四 |
| 大寒 | 益五百一十四 | 息千三百四十 | 先三十八 | 盈百 |
| 立春 | 益五百一十四 | 息千八百五十四 | 先三十八 | 盈百三十八 |
| 啓蟄 | 益六百一十八 | 息二千三百六十八 | 先四十六 | 盈百七十六 |
| 雨水 | 益七百二十二 | 息二千九百八十六 | 先五十四 | 盈二百二十二 |
| 春分 | 損七百二十二 | 息三千七百八 | 後五十四 | 盈二百七十六 |
| 清明 | 損六百一十八 | 息二千九百八十六 | 後四十六 | 盈二百二十二 |
| 穀雨 | 損五百一十四 | 息二千三百六十八 | 後三十八 | 盈百七十六 |
| 立夏 | 損五百一十四 | 息千八百五十四 | 後三十八 | 盈百三十八 |
| 小滿 | 損六百一十八 | 息千三百四十 | 後四十六 | 盈百 |
| 芒種 | 損七百二十二 | 息七百二十二 | 後五十四 | 盈五十四 |

| | | | | |
|---|---|---|---|---|
| 夏至 | 益七百二十二 | 消初 | 先五十四 | 朒初 |
| 小暑 | 益六百一十八 | 消七百二十二 | 先四十六 | 朒五十四 |
| 大暑 | 益五百一十四 | 消千三百四十 | 先三十八 | 朒百 |
| 立秋 | 益五百一十四 | 消千八百五十四 | 先三十八 | 朒百三十八 |
| 處暑 | 益六百一十八 | 消二千三百六十八 | 先四十六 | 朒百七十六 |
| 白露 | 益七百二十二 | 消二千九百八十六 | 先五十四 | 朒二百二十二 |
| 秋分 | 損七百二十二 | 消三千七百八 | 後五十四 | 朒二百七十六 |
| 寒露 | 損六百一十八 | 消二千九百八十六 | 後四十六 | 朒二百二十二 |
| 霜降 | 損五百一十四 | 消二千三百六十八 | 後三十八 | 朒百七十六 |
| 立冬 | 損五百一十四 | 消千八百五十四 | 後三十八 | 朒百三十八 |
| 小雪 | 損六百一十八 | 消千三百四十 | 後四十六 | 朒百 |
| 大雪 | 損七百二十二 | 消七百二十二 | 後五十四 | 朒五十四 |

各以其氣率并後氣率而半之，十二乘之，綱紀除之，爲末率。二率相減，餘以十二乘之，綱紀除　爲總差。又以十二乘總差，綱紀除之，爲別差。以總差前少以減末率，前多以加末率，爲初率。累以別差，前少以加初率，前多以減初率，爲每日躔差及先後率。乃循積而損益之，各得其日定氣消息與盈朒積。其後無同率，因前末爲初率；前少者加總差，前多者以總差減之，爲末率。餘依術入之。

各以氣下消息積，息減、消加常氣，爲定氣。各以定氣大小餘減所近朔望大小餘，十二通其日，以辰率約其餘，相從爲辰總〔二〕。其氣前多以乘末率，前少以乘初率，十二而一，爲總率。前多者，以辰總減綱紀，以乘十二，綱紀而一，以加總率，辰總乘之，二十四除之〔三〕；前少者，辰總再乘別差，二百八十八除之，皆加總率。乃以先加、後減其氣盈朒積爲定。以定積盈加、朒減常朔弦望，得盈朒大小餘。

變周四十四萬三千七十七。

變日二十七，餘七百四十三，變奇一。

變奇法十二。

月程法六十七。

以奇法乘總實，滿變周，去之；不滿者，奇法而一，爲變分。盈總法從日，得天正常朔夜半入變。加常朔小餘，爲經辰所入。因朔加七日、餘五百一十二、奇九，得上弦。轉加，得望、下弦及次朔。加之滿變日及餘，去之。又以所入盈朒定積，盈加、朒減之，得朔、弦、望盈朒經辰所入。

| 變日 | 離程 | 增減率 | 遲速積 |
| --- | --- | --- | --- |
| 一日 | 九百八十五 | 增百三十四 | 速初 |
| 二日 | 九百七十四 | 增百一十七 | 速百三十四 |
| 三日 | 九百六十二 | 增九十九 | 速二百五十一 |
| 四日 | 九百四十八 | 增七十八 | 速三百五十 |
| 五日 | 九百三十三 | 增五十六 | 速四百二十八 |
| 六日 | 九百一十八 | 增三十三 | 速四百八十四 |
| 七日 | 九百二 | 增九初增九末減隱 | 速五百一十七 |
| 八日 | 八百八十六 | 減十四 | 速五百二十六 |

| | | | |
|---|---|---|---|
| 九日 | 八百七十 | 減三十八 | 速五百一十二 |
| 十日 | 八百五十四 | 減六十四〔四〕 | 速四百七十四 |
| 十一日 | 八百三十九 | 減八十五 | 速四百一十二 |
| 十二日 | 八百二十六 | 減百四 | 速三百二十七 |
| 十三日 | 八百一十五 | 減百二十一 | 速二百二十三 |
| 十四日 | 八百八 | 初減百二 末增二十九 | 速百二 |
| 十五日 | 八百十 | 增百二十八 | 遲二十九 |
| 十六日 | 八百一十九 | 增百一十五 | 遲百五十七 |
| 十七日 | 八百三十二 | 增九十五 | 遲二百七十二 |
| 十八日 | 八百四十六 | 增七十四 | 遲三百六十七 |
| 十九日 | 八百六十一 | 增五十二 | 遲四百四十一 |
| 二十日 | 八百七十七 | 增二十八 | 遲四百九十三 |
| 二十一日 | 八百九十三 | 增四 初增四 末減隱 | 遲五百二十一 |

| | | | |
|---|---|---|---|
| 二十二日 | 九百九 | 減二十 | 遲五百二十五 |
| 二十三日 | 九百二十五 | 減四十四 | 遲五百五 |
| 二十四日 | 九百四十一 | 減六十八 | 遲四百六十一 |
| 二十五日 | 九百五十五 | 減八十九 | 遲三百九十三 |
| 二十六日 | 九百六十八 | 減百八 | 遲三百四 |
| 二十七日 | 九百七十九 | 減百二十五 | 遲百九十六 |
| 二十八日 | 九百八十五 | 減百四十四 初減七十一末增入後 | 遲七十一 |

以離程與次相減，得進、退差；後多爲進，後少爲退，等爲平。各列朔、弦、望盈朒經辰所入日增減率，幷後率而半之，爲通率。又二率相減，爲率差。增者以入變曆日餘減總法，餘乘率差，總法而一，幷率差而半之；減者半入餘乘率差，亦總法而一：皆加通率。以乘入餘，總法除，爲經辰變率。半之，以速減、遲加入餘，爲轉餘。增者以減總法，減者因餘：皆乘率差，總法而一；以加通率，變率乘之，總法除之，以速減、遲加變率，爲定率。乃以定率增減遲速積爲定。其後無同率，亦因前率。應增者，以通率爲初數，半率差而減之；應損者，卽爲通率。其曆率損益入餘進退日者，分爲二日，隨餘初末，如法求之，所得幷以加減變率爲定。

七日：初，千一百九十一；末，百四十九。十四日：初，千四十二；末，二百九十八。二十一日：初，八百九十二；末，四百四十八。二十八日：初，七百四十三；末，五百九十七。各視入餘初數，已下爲初，已上以初數減之，餘爲末。

各以入變遲速定數，速減、遲加朔弦望盈朒小餘；滿若不足，進退其日。加其常日者爲盈，減其常日者爲朒。各爲定大小餘，命日如前。乃前朔、後朔迭相推校，盈朒之課，據實爲準；損不侵朒，益不過盈。

定朔日名與次朔同者大，不同者小，無中氣者爲閏月。其元日有交、加時應見者，消息前後一兩月，以定大小，令虧在晦、二，弦、望亦隨消息。月朔盈朒之極，不過頻三。其或過者，觀定小餘近夜半者量之。

黃道：南斗，二十四度三百二十八分。牛，七度。婺女，十一度。虛，十度。危，十六度。營室，十八度。東壁，十度。奎，十七度。婁，十三度。胃，十五度。昴，十一度。畢，十六度。觜觿，二度。參，九度。東井，三十度。輿鬼，四度。柳，十四度。七星，七度。張，十七度。翼，十九度。軫，十八度。角，十三度。亢，十度。氐，十六度。房，五度。心，五度。尾，十八度。箕，十度。

冬至之初日躔定在南斗十二度。每加十五度二百九十二分、小分五，依宿度去之，各得定氣加時日度。

各以初日躔差乘定氣小餘，總法而一，進加、退減小餘，爲分；以減加時度，爲氣初夜半度。乃日加一度，以躔差進加、退減之，得次日。以定朔弦望小餘副之；以乘躔差，總法而一，進加、退減其副，各加夜半日躔，爲加時宿度。

合朔度，卽月離也。上弦，加度九十一度、分四百一十七。望，加度百八十二度、分八百三十四。下弦，加度二百七十三度、分千二百五十一。訖，半其分，降一等，以同程法，得加時月離。因天正常朔夜半所入變日及餘，定朔有進退日者，亦進退一日，爲定朔夜半所入。累加一日，得次日。

各以夜半入變餘乘進退差，總法而一，進加、退減離程，爲定程。以定朔弦望小餘乘之，總法而一，以減加時月離，爲夜半月離。求次日，程法約定程，累加之。若以定程乘夜刻，二百除，爲晨分。以減定程，爲昏分。其夜半月離，朔後加昏爲昏度，望後加晨爲晨度。其注曆，五乘弦望小餘，程法而一，爲刻。不滿晨前刻者，退命算上。

辰刻八，分二十四。

刻分法七十二。

| 定氣 | 晨前刻 | 黃道去極度 | 屈伸率 | 發斂差 |
|---|---|---|---|---|
| 冬至 | 三十刻 | 百一十五度三分 | 伸一三分 | 益十六 |
| 小寒 | 二十九刻五十四分 | 百一十三度一分〔五〕 | 伸三七分 | 益十六 |
| 大寒 | 二十九刻十八分 | 百一十度七分〔六〕 | 伸六一分 | 益二十二 |
| 立春 | 二十八刻三十三分 | 百七度九分 | 伸九四分 | 益九 |
| 啓蟄 | 二十七刻三十分 | 百二度九分 | 伸十七分半 | 益七 |
| 雨水 | 二十六刻十八分 | 九十七度三分 | 伸十一八分 | 益三 |
| 春分 | 二十五刻 | 九十一度三分 | 伸十二二分半 | 損三 |
| 清明 | 二十三刻五十四分 | 八十五度三分 | 伸十一八分 | 損七 |
| 穀雨 | 二十二刻四十二分 | 七十九度七分 | 伸十七分半 | 損九 |
| 立夏 | 二十一刻三十九分 | 七十四度七分 | 伸九四分 | 損二十二 |
| 小滿 | 二十刻五十四分 | 七十度九分 | 伸六一分 | 損十六 |
| 芒種 | 二十刻十八分 | 六十八度五分 | 伸三七分 | 損十六 |

| | | | | |
|---|---|---|---|---|
| 夏至 | 二十刻 | 六十七度三分 | 屈一三分 | 益十六 |
| 小暑 | 二十刻十八分 | 六十八度五分 | 屈三七分 | 益十六 |
| 大暑 | 二十刻五十四分 | 七十度九分 | 屈六一分 | 益二十二 |
| 立秋 | 二十一刻三十九分 | 七十四度七分 | 屈九四分 | 益九 |
| 處暑 | 二十二刻四十二分 | 七十九度七分 | 屈十七分半 | 益七 |
| 白露 | 二十三刻五十四分 | 八十五度三分 | 屈十一八分 | 益三 |
| 秋分 | 二十五刻 | 九十一度三分 | 屈十二二分半 | 損三 |
| 寒露 | 二十六刻十八分 | 九十七度三分 | 屈十一八分 | 損七 |
| 霜降 | 二十七刻三十分 | 百二度九分 | 屈十七分半 | 損九 |
| 立冬 | 二十八刻三十三分 | 百七度九分 | 屈九四分 | 損二十二 |
| 小雪 | 二十九刻十八分 | 百一十度七分〔七〕 | 屈六一分 | 損十六 |
| 大雪 | 二十九刻五十四分 | 百一十三度一分〔八〕 | 屈三七分 | 損十六 |

置其氣屈伸率，各以發斂差損益之，爲每日屈伸率。差滿十，從分；分滿十，爲率。各累計其率爲刻分。百八十乘之，十一乘綱紀除之，爲刻差。各半之，以伸減、屈加晨前刻分，爲每日晨前定刻。倍之，爲夜刻。以減一百，爲晝刻。以三十四約刻差，爲分；分滿十，爲度。以伸減、屈加氣初黃道去極，得每日。以晝刻乘朞實，二百乘，總法除，爲昏中度。以減三百六十五度三百二十八分，餘爲旦中度。各以加日躔，得昏旦中星，赤道計之。其赤道同太初星距。

遊交終率千九十三萬九千三百一十三。

奇率三百。

約終三萬六千四百六十四，奇百一十三。

交中萬八千二百三十二，奇五十六半。

交終日二十七，餘二百八十四，奇百一十三。

交中日十三，餘八百一十二，奇五十六半。

虧朔三千一百六，奇百八十七。

實望萬九千七百八十五，奇百五十。

後準千五百五十三，奇九十三半。

前準萬六千六百七十八，奇二百六十三。

置總實，以奇率乘之，滿終率去之；不滿，以奇率約，爲入交分。加天正常朔小餘，得朔汎交分。求次朔，以虧朔加之。因朔求望，以實望加之。各以朔望入氣盈朒定積，盈加、朒減之；又六十乘遲速定數，七百七十七除，爲限數；以速減、遲加，爲定交分。其朔，月在日道裏者，以所入限數減遲速定數，餘以速減、遲加其定交分。而出日道表者，爲變交分。不出表者，依定交分。其變交分三時半內者，依術消息，以定蝕不。交中已下者，爲月在外道；已上者，去之，餘爲月在內道。其分如後準已下，爲交後分；前準已上者，反減交中，餘爲交前分。望則月蝕，朔在內道則日蝕。百一十二約前後分，爲去交時。置定朔小餘，副之。辰率約之，以艮、巽、坤、乾爲次，命算外。其餘，半法已下爲初；已上者，去之，爲末。初則因餘，末則減法，各爲差率。月在內道者，益去交時十而三除之。以乘差率，十四而一，爲差。其朔，在二分前後一氣內，卽以差爲定；近冬至以去寒露、雨水，近夏至以去清明、白露氣數倍之，又三除去交時增之；近冬至艮巽以加、坤乾以減，近夏至艮巽以減、坤乾以加其差，爲定差。艮、巽加副，坤、乾減副。月在外道者，三除去交時數，以乘差率，十四而一，爲差。艮、坤以減副，巽、乾以加副，爲食定小餘。望卽因定望小餘，卽所在辰；近朝夕者，以日出沒刻校前後十二刻半內候之。

月在外道，朔不應蝕。夏至初日，以二百四十八爲初準。去交前後分如初準已下、加時在午正前後七刻內者，蝕。朔去夏至前後，每一日損初準二分，皆畢於九十四日，爲每日變準。交分如變準已下、加時如前者，亦蝕。又以末準六十減初準及變準，餘以十八約之，爲刻準。以并午正前後七刻內數，爲時準。加時準內交分，如末準已下，亦蝕。又置末準，每一刻加十八，爲差準。加時刻去午前後如刻準已上、交分如差準已下者，亦蝕〔九〕。自秋分至春分，去交如末準已下、加時巳、午、未者，亦蝕。

月在內道，朔應蝕。若在夏至初日，以千三百七十三爲初準。去交如初準已上、加時在午正前後十八刻內者，或不蝕。夏至前後每日益初準一分半，皆畢於九十四日，爲每日變準。以初準減變準，餘十而一，爲刻準。以減午正前後十八刻，餘爲時準。其去交在變準已上、加時在準內，或不蝕。

望去交前後定分，冬，減二百二十四；夏，減五十四；春，交後減百，交前減二百；秋，交後減二百，交前減百。不足減者，蝕既。有餘者，以減後準，百四而一，得月蝕分。

朔交，月在內道，入冬至畢定雨水，及秋分畢大雪，皆以五百五十八爲蝕差。入春分，日損六分，畢芒種〔一〇〕。以蝕差減去交分；不足減者，反減蝕差，爲不蝕分。其不蝕分，自小滿畢小暑，加時在午正前後七刻外者，皆減一時；三刻內者，加一時。大寒畢立春交前五時外、大暑畢立冬交後五時外者，皆減一時；五時內者，加一時。諸加時蝕差應減者，交後減之，交前加之；應加者，交後加之，交前減之。不足減者，皆旣；加減入不蝕限者，或不蝕。月在外道，冬至初日，無蝕差。自後日益六分，畢於雨水。入春分，畢白露，皆以五百二十二爲差。入秋分，日損六分，畢大雪。以差加去交分，爲蝕分。以減後準，餘爲不蝕分。十五約蝕差，以百四，爲定法〔二〕。其不蝕分，如定法得一，以減十五，餘得日蝕分。

歲星

總率五十三萬四千四百八十三，奇四十五。
伏分二萬四千三十一，奇七十二半。
終日三百九十八，餘千一百六十三，奇四十五。

平見，入冬至，畢小寒，均減六日。入大寒，日損六十七分。入春分，依平。乃日加八十九分。入立夏，畢小滿，均加六日。入芒種，日損八十九分。入夏至，畢立秋，均加四日。入處暑，日損百七十八分。入白露，依平。自後日減五十二分。入小雪，畢大雪，均減六日。

初順，百一十四日行十八度五百九分，日益遲一分。前留，二十六日。旋退，四十二日，退六度十二分，日益疾二分。又退，四十二日，退六度十二分，日益遲二分。後留，二十五日。後順，百一十四日行十八度五百九分，日益疾一分。日盡而夕伏。

熒惑

總率百四萬五千八十，奇六十。

伏分九萬七千九十，奇三十。

終日七百七十九，餘千二百二十，奇六十。

平見，入冬至，減二十七日。自後日損六百三分。入大寒，日加四百二分。入雨水，畢穀雨，均加二十七日。入立夏，日損百九十八分。入立秋，依平。入處暑，日減百九十八分。入小雪，畢大雪，均減二十七日。

初順，入冬至，率二百四十三日行百六十五度。乃三日損日度各二。小寒初日，率二百三十三日行百五十五度。乃二日損一。入穀雨四日，平，畢小滿九日，率百七十八日行百度。乃三日損一。夏至初日，平，畢六日，率百七十一日行九十三度。乃三日益一。入立秋初日，百八十四日行百六度。乃每日益一。入白露初日，率二百一十四日行百三十六度。乃五日益六。入秋分初日，率二百三十二日行百五十四度。又每日益一。入寒露初日，率二百四十七日行百六十九度。乃五日益三。入霜降五日，平，畢立冬十三日，率二百五十九日行百八十一度。乃二日損日一〔三〕。入冬至，復初。

各依所入常氣，平者依率，餘皆計日損益，爲前疾日度定率。其前遲及留退，入氣有損益日、度者，計日損益，皆準此法。疾行日率，入大寒，六日損一；入春分，畢立夏，均減十日；入小滿，三日損所減一；畢芒種，依平；入立秋，三日益一；入白露，畢秋分，均加十日；入寒露，一日半損所加一；畢氣盡，依平：爲變日率。疾行度率，入大寒畢啓蟄，立夏畢夏至，大暑畢氣盡，霜降畢小雪，皆加四度；清明畢穀雨，加二度：爲變度率。

初行入處暑，減日率六十，度率三十；入白露，畢秋分，減日率四十四，度率二十二；皆爲初遲半度之行。盡此日、度，乃求所減之餘日、度率，續之，爲疾。初行入大寒畢大暑，差行，日益遲一分。其前遲、後遲，日率既有增損，而益遲、益疾，差分皆檢括前疾末日行分，爲前遲初日行分。以前遲平行分減之，餘爲前遲總差。後疾初日行分，爲後遲末日行分，以後遲初日行分減之，餘爲後遲總差。相減，爲前後別日差分。其不滿者皆謂爲小分。遲疾之際，行分衰殺不倫者，依此。

前遲，入冬至，率六十日行二十五度；先疾，日益遲二分。入小寒，三日損一。大寒初日，率五十五日行二十度。乃三日益一。立春初日，平，畢清明，率六十日行二十五度。入穀雨，每氣別減一度。立夏初日，平，畢小滿，率六十日行二十二度。入芒種，每氣別益一度。夏至初日，平，畢處暑，率六十日行二十五度。入白露，三日損一。秋分初日，率六十日行二十五度。乃每日益日一，三日益度二。寒露初日，率七十五日行三十度。乃每日損日一，三日損度一。霜降初日，率六十日行二十五度。乃二日損一度。入立冬一日，平，畢氣盡，率六十日行十七度。入小雪，五日益一度。大雪初日，率六十日行二十度。乃三日益一度。入冬至，復初。

前留，十三日。前疾減日率一者，以其數分益此留及後遲日率。前疾加日率者，以其數分減此留及後遲日率。旋退，西行。入冬至初日，率六十三日退二十一度。乃四日益度一。小寒一日，率六十三日退二十六度。乃三日半損度一。立春三日，平，畢啓蟄，率六十三日退十七度。乃二日益日、度各一。雨水八日，平，畢氣盡，率六十七日退二十一度。入春分，每氣損日、度各一。大暑初日，平，畢氣盡，率五十八日退十二度。立秋初日，平，畢氣盡，率五十七日退十一度。乃二日益日一。寒露九日，平，畢氣盡，率六十六日退二十度。乃二日損一。霜降六日，平，畢氣盡，率六十三日退十七度。乃三日益一。立冬十一日，平〔三〕，畢氣盡，率六十七日退二十一度。乃二日損一。入冬至，復初。

後留，冬至初，留十三日。乃二日半益一。大寒初日，平，畢氣盡，留二十五日。乃二日半損一。雨水初日，留十三日。乃三日益一。清明初日，留二十三日。乃日損一。清明十日，平，畢處暑，留十三日。乃二日損一。秋分十一日，無留。乃每日益一。霜降初日，留十九日。乃三日損一。立冬畢大雪，留十三日。

後遲，順，六十日行二十五度，日益疾二分。前疾加度者，此遲依數減之，爲定度。前疾無加度者，此遲入秋分至立冬減三度，入冬至減五度。後留定日朒十三日者，以所朒日數加此遲日率。

後疾，冬至初日，率二百一十日行百三十二度。乃每日損一。大寒八日，率百七十二日行九十四度。乃二日損一。啓蟄，平，畢氣盡，率百六十一日行八十三度。乃二日益一。芒種十四日，平，畢夏至，率二百三十三日行百五十五度。乃每日益一。大暑初日，平，畢處暑，率二百六十三日行百八十五度。乃二日損一。秋分一日，率二百五十五日行百七十七度。乃一日半損一。大雪初日，率二百五日行百二十七度。乃三日益一。入冬至，復初。

其入常氣日度之率有損益者，計日損益，爲後疾定日度率。疾行日率，其前遲定日朒六十及退行定日朒六十三者，皆以所朒日數加疾行定日率；前遲定日盈六十、退行定日盈六十三、後留定日盈十三者，皆以所盈日數減此疾定日率：各爲變日率。疾行度率，其前遲定度朒二十五、退行定度盈十七、後遲入秋分到冬至減度者，皆以所盈朒度數加此疾定率；前遲定度盈二十五及退行定度朒十七者，皆以所盈朒度數減此疾定度率：各爲變度率。

初行入春分畢穀雨，差行，日益疾一分。初行入立夏畢夏至，日行半度，六十六日行三十三度。小暑畢大暑，五十日行二十五度。立秋畢氣盡，二十日行十度。減率續行，並同前。盡日度而夕伏。

鎭星

總率五十萬六千六百二十三，奇二十九。一

伏分二萬二千八百三十一，奇六十四半。

終日三百七十八，餘一百三，奇二十九。

平見，入冬至，初減四日。乃日益八十九分。入大寒，畢春分，均減八日。入清明，日損五十九分。入小暑初，依平。自後日加八十九分。入白露初，加八日。自後日損百七十八分。入秋分，均加四日。入寒露，日損五十九分。入小雪初日，依平。乃日減八十九分。

初順，八十三日行七度二百九十分，日益遲半分。前留，三十七日。旋退，五十一日退二度四百九十一分，日益疾少半。又退，五十一日退二度四百九十一分，日益遲少半。後留，三十七日。後順，八十三日，行七度二百九十分，日益疾半分。日盡而夕伏。

太白

總率七十八萬四千四百四十九，奇九。

伏分五萬六千二百二十四，奇五十四半。

終日五百八十三，餘千二百二十九，奇九。

夕見伏日二百五十六。

晨見伏日三百二十七，餘千二百二十九，奇九。

夕平見，入冬至，初依平，乃日減百分。入啓蟄，畢春分，均減九日。入淸明，日損百分。入芒種，依平。入夏至，日加百分。入處暑，畢秋分，均加九日。入寒露，日損百分。入大雪，依平。

夕順，入冬至畢立夏，入立秋畢大雪，率百七十二日行二百六度。入小滿後，十日益一度，爲定度。入白露，畢春分，差行，益遲二分〔四〕。自餘平行。夏至畢小暑，率百七十二日行二百九度。入大暑，五日損一度，畢氣盡。平行，入冬至，大暑畢氣盡，率十三日行十三度。入冬至，十日損一，畢立春。入立秋，十日益一〔五〕，畢秋分。啓蟄畢芒種，七日行七度。入夏至後，五日益一，畢於小暑。寒露初日，率二十三日行二十二度〔六〕，乃六日損一，畢小雪。順遲，四十二日，行三十度，日益遲八分。前疾加過二百六度者，準數損此度。夕留，七日。夕退，十日退五度。日盡而夕伏。

晨平見，入冬至，依平。入小寒，日加六十七分。入立春，畢立夏，均加三日。入小滿，日損六十七分。入夏至，依平。入小暑，日減六十七分。入立秋，畢立冬，均減三日。入小雪，日損六十七分。

晨退，十日退五度。晨留，七日。順遲，冬至畢立夏，大雪畢氣盡，率四十二日行三十度，日益疾八分。入小滿，率十日損一度，畢芒種。夏至畢寒露，率四十二日行二十七度。入小寒入霜降，每氣益一度，畢小雪。平行，冬至畢氣盡，立夏畢氣盡，十三日行十三度。入小寒後，六日益日、度各一，畢啓蟄。小滿後，七日損日、度各一，畢立秋。雨水初日，率二十三日行二十三度。自後六日損日、度各一，畢穀雨。處暑畢寒露，無平行。入霜降後，五日益日、度各一，畢大雪。疾行，百七十二日，行二百六度。前遲行損度不滿三十度者，此疾依數益之。處暑畢寒露，差行，日益疾一分。自餘平行。日盡而晨伏。

辰星

總率十五萬五千二百七十八，奇六十六。

伏分二萬二千六百九十九，奇三十三。

終日百一十五，餘千一百七十八，奇六十六。

夕見伏日五十二。

晨見伏日六十三，餘千一百七十八，奇六十六。

夕平見，入冬至，畢清明，依平。入穀雨，畢芒種，均減二日。入夏至，畢大暑，依平。入立秋，畢霜降，應見不見。其在立秋、霜降氣內，夕去日十八度外、三十六度內有木、火、土、金星者，亦見。

入立冬，畢大雪，依平。

順疾，十二日行二十一度六分，日行一度五百三分。大暑畢處暑，十二日行十七度二分〔七〕，日行一度二百八十分。平行，七日行七度。入大暑後，二日損日、度各一。入立秋，無此平行。順遲，六日行二度四分，日行二百二十四分。前疾行十七度者，無此遲行。夕留，五日。日盡而夕伏。

晨平見，入冬至，均減四日。入小寒，畢大寒，依平。入立春，畢啓蟄，均減三日。其在啓蟄氣內，去日度如前，晨無木、火、土、金星者，不見。入雨水，畢立夏，應見不見。其在立夏氣內，去日度如前，晨有木、火、土、金星者，亦見。入小滿，畢寒露，依平。入霜降，畢立冬，均加一日。入小雪，畢大雪，依平。

晨見，留，五日。順遲，六日行二度四分，日行二百二十四分。入大寒，畢啓蟄，無此遲行。平行，七日行七度。入大寒後，二日損日、度各一。入立春，無此平行。順疾，行十二日行二十一度六分，日行一度五百三分。前無遲行者，十二日行十七度一十分，日行一度二百八十分。日盡而晨伏。

各以伏分減總實，以總率去之；不盡，反以減總率，如總法，爲日。天正定朔與常朔有進退者，亦進減、退加一日。乃隨次月大小去之，命日算外，得平見所在。各半見餘以同半總。太白、辰星以夕見伏日加之，得晨平見。各依所入常氣加減日及應計日損益者，以損益所加減；訖，餘以加減平見，爲常見。又以常見日消息定數之半，息減、消加常見，爲定見日及分。

置定見夜半日躔，半其分，以其日躔差乘定見餘，總法而一，進加、退減之，乃以其星初見去日度，歲星十四，太白十一，熒惑、鎭星、辰星十七，晨減、夕加，得初見定辰所在宿度。其初見消息定數，亦半之，以息加、消減其星初見行留日率。其歲星、鎭星不須加減。其加減不滿日者，與見通之，過半從日，乃依行星日度率，求初日行分。

置定見餘，以減半總，各以初日行分乘之，半總而一，順加、逆減星初見定辰所在度分，得星見後夜半宿度。以所行度分，順加、逆減之。其差行益疾益遲者，副置初日行分，各以其差遲損、疾加之，留者因前，逆則依減，以程法約行分爲度分，得每日所至。

求行分者，皆以半總乘定度率，有分者從之。日率除，爲平行度分。置定日率，減一，以所差分乘之，二而一，爲差率。以疾減、遲加平行，爲初日所行度及分。

中宗反正，太史丞南宮說以麟德曆上元，五星有入氣加減，非合璧連珠之正，以神龍元年歲次乙巳，故治乙巳元曆。推而上之，積四十一萬四千三百六十算，得十一月甲子朔夜牛冬至，七曜起牽牛之初。其術有黃道而無赤道，推五星先步定合，加伏日以求定見。他與淳風術同。所異者，惟平合加減差。既成，而睿宗即位，罷之。

## 校勘記

〔一〕以閏餘減朞總爲總實　按下文，「以常朔小餘并閏餘，以減朞總，爲總實」。舊書卷三三曆志同。疑「爲總實」三字衍。

〔二〕十二通其日以辰率約其餘相從爲辰總　錢校云：「據術當作『十二通其日，三其餘，以辰率約之，相從爲辰總』。」

〔三〕前多者以辰總減綱紀以乘十二綱紀而一以加總率辰總乘之二十四除之　錢校云：「據術當作『前多者以辰總減綱紀，以乘總差，綱紀而一，以加總差，辰總乘之，二十四除之』。」

〔四〕減六十四　「六十四」，舊書卷三三曆志作「六十二」。按九日速積減十日減率，得十日速積。依此核算，得「六十二」。據麟德術解有關公式核算，答數亦同。此當從舊書。

〔五〕百一十三度　舊書卷三三曆志同。但舊書大雪值「三」作「四」。按小寒、大雪兩值應相同；小寒、芒種兩值之和應爲一百八十二度六分，即今一百八十度。據此核算，并參考太陽極距的現代數值，小寒值應爲百一十四度。

〔六〕百一十度　舊書卷三三曆志同，但舊書小雪值作「百一十一度」。按大寒、小雪兩值應相同；大寒、小滿兩值之和應爲一百八十二度六分，即今一百八十度。據此核算，幷參考太陽極距的近代數值，大寒值應爲百一十一度。

〔七〕百一十度　「一十」，舊書卷三三曆志作「一十一」。經核算，當以舊書爲正。

〔八〕百一十三度　「三」，舊書卷三三曆志作「四」。經核算，舊書是。

〔九〕加時刻去午前後如刻準已上交分如差準已下者亦蝕　「刻準已上」，舊書卷三三曆志作「刻準已下」。錢校云當從舊書。按加時愈近中午，交分值愈小，則日蝕的可能性愈大。錢校可從。

〔一〇〕畢芒種　「芒種」，舊書卷三三曆志作「白露」。據術，「畢芒種」下當云「入夏至，日盈六分，畢白露」。此疑脫。

〔一一〕以百四爲定法　舊書卷三三曆志作「以減百四，爲定法」。據術，舊書是。

〔一二〕乃二日損日一　按自立冬十三日至冬至初日，計三十二日。「復初」即恢復到一百六十五日行二百四十三度之率。據此核算，三十二日共損日度各十六。本卷上文作「乃二日損一」。此處「損」下「日」字疑爲衍文。

〔一三〕立冬十一日平　據上下文所列日度率，其間共盈日度各四。按「三日盈一」計之，需十二日，「十一日」疑爲「十二日」之訛。

〔四〕差行益遲二分　舊書卷三三曆志「差行」下有「日」字。據術，舊書是。

〔五〕十日益一　據上下文核算，「十」應爲「六」。正元曆（其步五星術與麟德曆同）亦作「六」。

〔六〕率二十三日行二十二度　「二十二度」，據上下文核算，應爲「二十三度」。正元曆亦作「二十三度」。

〔七〕大暑畢處暑十二日行十七度二分　錢校云：「依術推算，『十七度二分』乃『十七度一十分』之譌，舊書亦誤作『十七度二分』。」

# 唐書卷二十七上

## 志第十七上

### 曆三上

開元九年，麟德曆署日蝕比不效，詔僧一行作新曆，推大衍數立術以應之，較經史所書氣朔、日名、宿度可考者皆合。十五年，草成而一行卒，詔特進張說與曆官陳玄景等次爲曆術七篇、略例一篇、曆議十篇，玄宗顧訪者則稱制旨。明年，說表上之，起十七年頒于有司。時善算瞿曇譔者，怨不得預改曆事，二十一年，與玄景奏：「大衍寫九執曆，其術未盡。」太子右司禦率南宮說亦非之。詔侍御史李麟、太史令桓執圭較靈臺候簿，大衍十得七、八，麟德纔三、四，九執一、二焉。乃罪說等，而是否決。

自太初至麟德，曆有二十三家，與天雖近而未密也。至一行，密矣，其倚數立法固無以易也。後世雖有改作者，皆依倣而已，故詳錄之。略例，所以明述作本旨也；曆議，所以考古今得失也。其說皆足以爲將來折衷。略其大要，著于篇者十有二。

其一曆本議曰：

易：「天數五，地數五，五位相得而各有合，所以成變化而行鬼神也。」天數始於一，地數始於二，合二始以位剛柔。天數終於九，地數終於十，合二終以紀閏餘。天數中於五，地數中於六，合二中以通律曆。天有五音，所以司日也。地有六律，所以司辰也。參伍相周，究於六十，聖人以此見天地之心也。自五以降，爲五行生數；自六以往，爲五材成數。錯而乘之，以生數衍成位。一、六而退極，五、十而增極；一、六爲爻位之統，五、十爲大衍之母。成數乘生數，其算六百，爲天中之積。生數乘成數，其算亦六百，爲地中之積。合千有二百，以五十約之，則四象周六爻也；二十四約之，則太極包四十九用也。綜成數，約中積，皆十五。綜生數，約中積，皆四十。兼而爲天地之數，以五位取之，復得二中之合矣。蓍數之變，九、六各一，乾坤之象也。七、八各三，六子之象也。故爻數通乎六十，策數行乎二百四十。是以大衍爲天地之樞，如環之無端，蓋律曆之大紀也。

夫數象微於三、四，而章於七、八。卦有三微，策有四象，故二微之合，在始中之際焉。蓍以七備，卦以八周，故二章之合，而在中終之際焉。中極居五六間，由闢闔之交，而在章微之際者，人神之極也。天地中積，千有二百，揲之以四，爲爻率三百；以十位乘之，而二章之積三千；以五材乘八象，爲二微之積四十。兼章微之積，則氣朔之分母也。以三極參之，倍六位除之，凡七百六十，是謂辰法，而齊於代軌。以十位乘之，倍大衍除之，凡三百四，是謂刻法，而齊于德運。半氣朔之母，千五百二十，得天地出符之數，因而三之，凡四千五百六十，當七精返初之會也。易始于三微而生一象，四象成而後八卦章。三變皆剛，太陽之象。三變皆柔，太陰之象。一剛二柔，少陽之象。一柔二剛，少陰之象。少陽之剛，有始、有壯、有究。少陰之柔，有始、有壯、有究。兼三才而兩之，神明動乎其中。故四十九象，而大業之用周矣。數之德圓，故紀之以三而變於七。象之德方，故紀之以四而變于八。

人在天地中，以閱盈虛之變，則閏餘之初，而氣朔所虛也。以終合通大衍之母，虧其地十，凡九百四十爲通數。終合除之，得中率四十九，餘十九分之九，終歲之弦，而斗分復初之朔也。地於終極之際，虧十而從天，所以遠疑陽之戰也。夫十九分之九，盈九而虛十也。乾盈九，隱乎龍戰之中，故不見其首。坤虛十，以導潛龍之氣，故不見其成。周日之朔分，周歲之閏分，與一章之弦，一蔀之月，皆合於九百四十，蓋取諸中率也。

一策之分十九，而章法生；一揲之分七十六，而蔀法生。一蔀之日二萬七千七百五十七〔二〕，以通數約之，凡二十九日餘四百九十九，而日月相及於朔，此六爻之紀也。以卦當歲，以爻當月，以策當日，凡三十二歲而小終，二百八十五小終而與卦運大終，二百八十五，則參伍二終之合也。數象既合，而遯行之變在乎其間矣。

所謂遯行者，以爻率乘朔餘，爲十四萬九千七百，以四十九用、二十四象虛之，復以爻率約之，爲四百九十八、微分七十五太半，則章微之中率也。二十四象，象有四十九蓍，凡千一百七十六。故虛遯之數七十三，半氣朔之母，以三極乘參伍，以兩儀乘二十四變，因而并之，得千六百一十三，爲朔餘。四揲氣朔之母，以八氣九精遯其十七，得七百四十三，爲氣餘。歲八萬九千七百七十三而氣朔會，是謂章率。歲二億七千二百九十萬九百二十而無小餘，合于夜半，是謂蔀率。歲百六十三億七千四百五十九萬五千二百而大餘與歲建俱終，是謂元率。此不易之道也。

策以紀日，象以紀月。故乾坤之策三百六十，爲日度之準。乾坤之用四十九象，爲月弦之檢。日之一度，不盈全策；月之一弦，不盈全用。故策餘萬五千九百四十三，則十有二中所盈也。用差萬七千一百二十四，則十有二朔所虛也。綜盈虛之數，五歲而再閏。中節相距，皆當三五；弦望相距，皆當二七。升降之應，發斂之候，皆紀之以策而從日者也。表裏之行，朓朒之變，皆紀之以用而從月者也。

積算曰演紀，日法曰通法，月氣曰中朔，朔實曰揲法，歲分曰策實，周天曰乾實，餘分日虛分。氣策曰三元，一元之策，則天一遜行也。月策曰四象，一象之策，則朔、弦、望相距也。五行用事，曰發斂。候策曰天中，卦策曰地中，半卦曰貞悔。旬周曰爻數，小分母曰象統。日行曰躔，其差曰盈縮，積盈縮曰先後。古者平朔，月朝見曰朒，夕見曰朓。今以日之所盈縮、月之所遲疾損益之，或進退其日，以爲定朔。舒亟之度，乃數使然，躔離相錯，偕以損益，故同謂之朓朒。月行曰離，遲疾曰轉度，母曰轉法。遲疾有衰，其變者勢也。月逶迆馴屈，行不中道，進退遲速，不率其常。過中則爲速，不及中則爲遲。積遲謂之屈，積速謂之伸。陽，執中以出令，故曰先後；陰，含章以聽命，故曰屈伸。日不及中則損之，過則益之。月不及中則益之，過則損之。尊卑之用睽，而及中之志同。觀晷景之進退，知軌道之升降。軌與晷名舛而義合，其差則水漏之所從也。總名曰軌漏。中晷長短謂之陟降。景長則夜短，景短則夜長〔三〕。積其陟降，謂之消息。遊交曰交會，交而周曰交終。交終不及朔，謂之朔差。交中不及望，謂之望差。日道表曰陽曆，其裏曰陰曆。五星見伏周，謂之終率。以分從日謂之終日，其差爲進退。

其二中氣議曰：

曆氣始于冬至，稽其實，蓋取諸晷景。春秋傳僖公五年正月辛亥朔，日南至。以周曆推之，入壬子蔀第四章，以辛亥一分合朔冬至，殷曆則壬子蔀首也。昭公二十年二月己丑朔，日南至。魯史失閏，至不在正。左氏記之，以懲司曆之罪。周曆得己丑二分，殷曆得庚寅一分。殷曆南至常在十月晦，則中氣後天也。周曆蝕朔差經或二日，則合朔先天也。傳所據者周曆也，緯所據者殷曆也。氣合于傳，朔合于緯，斯得之矣。戊寅曆月氣專合于緯，麟德曆專合于傳，偏取之，故兩失之。又命曆序以爲孔子脩春秋用殷曆，使其數可傳於後。考其蝕朔不與殷曆合，及開元十二年，朔差五日矣，氣差八日矣。上不合於經，下不足以傳於後代，蓋哀、平間治甲寅元曆者託之，非古也。又漢太史令張壽王說黃帝調曆以非太初。有司劾：「官有黃帝調曆不與壽王同，壽王所治乃殷曆也。」漢自中興以來，圖讖漏泄，而考靈曜、命曆序皆有甲寅元，其所起在四分曆庚申元後百一十四歲。延光初中謁者亶誦，靈帝時五官郎中馮光等，皆請用之，卒不施行。緯所載壬子冬至，則其遺術也。魯曆南至，又先周曆四分日之三，而朔後九百四十分日之五十一。故僖公五年辛亥爲十二月晦，壬子爲正月朔。又推日蝕密於殷曆，其以閏餘一爲章首，亦取合於當時也。

開元十二年十一月，陽城測景，以癸未極長，較其前後所差，則夜半前尙有餘分。新曆大餘十九，加時九十九刻，而皇極、戊寅、麟德曆皆得甲申，以玄始曆氣分二千四百四十三爲率，推而上之，則失春秋辛亥，是減分太多也。以皇極曆氣分二千四百四十五爲率，推而上之，雖合春秋，而失元嘉十九年乙巳冬至及開皇五年甲戌冬至、七年癸未夏至；若用麟德曆率二千四百四十七，又失春秋己丑。是滅分太少也。故新曆以二千四百四十四爲率，而舊所失者皆中矣。

漢會稽東部尉劉洪以四分疏闊，由斗分多。更以五百八十九爲紀法，百四十五爲斗分，減餘太甚，是以不及四十年而加時漸覺先天。韓翊、楊偉、劉智等皆稍損益，更造新術，而皆依讖緯「三百歲改憲」之文，考經之合朔多中，較傳之南至則否。玄始曆以爲十九年七閏，皆有餘分，是以中氣漸差。據渾天，二分爲東西之中，而晷景不等；二至爲南北之極，而進退不齊。此古人所未達也。更因劉洪紀法，增十一年以爲章歲，而減閏餘十九分之一。春秋後五十四年，歲在甲寅，直應鍾章首，與景初曆閏餘皆盡。雖減章閏，然中氣加時尙差，故未合于春秋。其斗分幾得中矣。

後代曆家，皆因循玄始，而損益或過差。大抵古曆未減斗分，其率自二千五百以上。乾象至于元嘉曆，未減閏餘，其率自二千四百六十以上。玄始、大明至麟德曆皆減分破章，其率自二千四百二十九以上。較前代史官注記，惟元嘉十三年十一月甲戌景長，皇極、麟德、開元曆皆得癸酉，蓋日度變常爾。祖沖之既失甲戌冬至，以爲加時太早，增小餘以附會之。而十二年戊辰景長，得己巳；十七年甲午景長，得乙未；十八年己亥景長，得庚子。合一失三，其失愈多。劉孝孫、張胄玄因之，小餘益強，又以十六年己丑景長爲庚寅矣。治曆者糾合衆同，以稽其所異，苟獨異焉，則失行可知。今曲就其一，而少者失三，多者失五，是捨常數而從失行也。周建德六年，以壬辰景長，而麟德、開元曆皆得癸巳。開皇七年，以癸未景短，而麟德、開元曆皆得壬午。先後相戾，不可叶也，皆日行盈縮使然。

凡曆術在於常數，而不在於變行。既叶中行之率，則可以兩齊先後之變矣。麟德已前，實錄所記，乃依時曆書之，非候景所得。又比年候景，長短不均，由加時有早晏，行度有盈縮也。

自春秋以來，至開元十二年，冬、夏至凡三十一事，戊寅曆得十六，麟德曆得二十三，開元曆得二十四。

其三合朔議曰：

日月合度謂之朔。無所取之，取之蝕也。春秋日蝕有甲乙者三十四。殷曆、魯曆先一日者十三，後一日者三；周曆先一日者二十二，先二日者九。其僞可知矣。

莊公三十年九月庚午朔，襄公二十一年九月庚戌朔，定公五年三月辛亥朔，當以盈縮、遲速爲定朔。殷曆雖合，適然耳，非正也。僖公五年正月辛亥朔，十二月丙子朔，十四年三月己丑朔；文公元年五月辛酉朔，十一年三月甲申晦；襄公十九年五月壬辰晦；昭公元年十二月甲辰朔，二十年二月己丑朔，二十三年正月壬寅朔、七月戊辰晦：皆與周曆合。其所記多周、齊、晉事，蓋周王所頒，齊、晉用之。僖公十五年九月己卯晦，十六年正月戊申朔；成公十六年六月甲午晦；襄公十八年十月丙寅晦、十一月丁卯朔，二十六年三月甲寅朔，二十七年六月丁未朔：與殷曆、魯曆合。此非合蝕，故仲尼因循時史，而所記多宋、魯事，與齊、晉不同可知矣。

昭公十二年十月壬申朔，原輿人逐原伯絞，與魯曆、周曆皆差一日，此丘明即其所聞書之也。僖公二十二年十一月己巳朔，宋、楚戰于泓。周、殷、魯曆皆先一日，楚人所赴也。昭公二十年六月丁巳晦，衞侯與北宮喜盟；七月戊午朔，遂盟國人。三曆皆先二日，衞人所赴也。此則列國之曆不可以一術齊矣。而長曆日子不在其月，則改易閏餘，欲以求合。故閏月相距，近則十餘月，遠或七十餘月，此杜預所甚繆也。夫合朔先天，則經書日蝕以糾之。中氣後天，則傳書南至以明之。其在晦、二日，則原乎定朔以得之。列國之曆或殊，則稽於六家之術以知之。此四者，皆治曆之大端，而預所未曉故也。

新曆本春秋日蝕、古史交會加時及史官候簿所詳，稽其進退之中，以立常率。然後以日躔、月離、先後、屈伸之變，偕損益之。故經朔雖得其中，而躔離或失其正；若躔離各得其度，而經朔或失其中，則參求累代，必有差矣。三者迭相爲經，若權衡相持，使千有五百年間朔必在晝，望必在夜，其加時又合，則三術之交，自然各當其正，此最微者也。若乾度盈虛，與時消息，告譴於經數之表，變常於潛遯之中，則聖人且猶不質，非籌曆之所能及矣。

昔人考天事，多不知定朔。假蝕在二日，而常朔之晨，月見東方；食在晦日，則常朔之夕，月見西方。理數然也。而或以爲朓朒變行，或以爲曆術疎闊，遇常朔朝見則增朔餘，夕見則減朔餘，此紀曆所以屢遷也。漢編訢、李梵等又以晦猶月見，欲令蔀首先大。賈逵曰：「春秋書朔晦者，朔必有朔，晦必有晦，晦朔必在其月前也。先大，則一月再朔，後月無朔，是朔不可必也。訢、梵等欲諧偶十六日，月朓昏，晦當滅而已。又晦與合朔同時，不得異日。」考逵等所言，蓋知之矣。晦朔之交，始終相際，則光盡明生之限，度數宜均。故合於子正，則晦日之朝，猶朔日之夕也，是以月皆不見。若合於午正，則晦日之晨，猶二日之昏也，是以月或皆見。若陰陽遲速，軌漏加時不同，舉其中數率，去日十三度以上而月見，乃其常也。且晦日之光未盡也，如二日之明已生也。一以爲是，一以爲非。又常朔進退，則定朔之晦、二也。或以爲變，或以爲常。是未通於四三交質之論也。

綜近代諸曆，以百萬爲率齊之，其所差，少或一分，多至十數失一分。考春秋纔差一刻，而百數年間不足成朓朒之異。施行未幾，旋復疎闊，由未知躔離經朔相求耳。李業興、甄鸞等欲求天驗，輒加減月分，遷革不已，朓朒相戾，又未知昏明之限與定朔故也。楊偉採乾象爲遲疾陰陽曆，雖知加時後天，蝕不在朔，而未能有以更之也。

何承天欲以盈縮定朔望小餘。錢樂之以爲：「推交會時刻雖審，而月頻三大二小。日蝕不唯在朔，亦有在晦、二者。」皮延宗又以爲：「紀首合朔，大小餘當盡，若每月定之，則紀首位盈，當退一日，便應以故歲之晦爲新紀之首。立法之制，如爲不便。」承天乃止。虞劆曰：「所謂朔在會合，苟躔次既同，何患於頻大也？日月相離，何患於頻小也？」春秋日蝕不書朔者八，公羊曰：「二日也。」穀梁曰：「晦也。」左氏曰：「官失之也。」劉孝孫推俱得朔日，以丘明爲是，乃與劉焯皆議定朔，爲有司所抑不得行。傅仁均始爲定朔，而曰「晦不東見，朔不西朓」，以爲昏晦當滅，亦訢、梵之論。淳風因循皇極，皇極密於麟德，以朔餘乘三千四十，乃一萬除之，就全數得千六百一十三。又以九百四十乘之，以三千四十而一，得四百九十八秒七十五太彊，是爲四分餘率。

劉洪以古曆斗分太彊，久當後天，乃先正斗分，而後求朔法，故朔餘之母煩矣。韓翊以乾象朔分太弱，久當先天，乃先考朔分，而後覆求度法，故度餘之母煩矣。何承天反覆相求，使氣朔之母合簡易之率，而星數不得同元矣。李業興、宋景業、甄鸞、張賓欲使六甲之首衆術同元，而氣朔餘分，其細甚矣。麟德曆有總法，開元曆有通法，故積歲如月分之數，而後閏餘偕盡。

考漢元光已來史官注記，日蝕有加時者凡三十七事，麟德曆得五，開元曆得二十二。

其四沒滅略例曰：

古者以中氣所盈之日爲沒，沒分偕盡者爲滅。開元曆以中分所盈爲沒，朔分所虛爲滅。綜終歲沒分，謂之策餘。終歲滅分，謂之用差。皆歸于揲易再扐而後掛也。

其五卦候議曰：

七十二候，原于周公時訓。月令雖頗有增益，然先後之次則同。自後魏始載于曆，乃依易軌所傳，不合經義。今改從古。

其六卦議曰：

十二月卦出於孟氏章句，其說易本於氣，而後以人事明之。京氏又以卦爻配期之日，坎、離、震、兌，其用事自分、至之首，皆得八十分日之七十三。頤、晉、井、大畜，皆五日十四分，餘皆六日七分，止於占災眚與吉凶善敗之事。至於觀陰陽之變，則錯亂而不明。自乾象曆以降，皆因京氏。惟天保曆依易通統軌圖。自入十有二節、五卦、初爻，相次用事，及上爻而與中氣偕終，非京氏本旨及七略所傳。按郎顗所傳，卦皆六日七分，不以初爻相次用事，齊曆謬矣。又京氏減七十三分，爲四正之候，其說不經，欲附會緯文「七日來復」而已。

夫陽精道消，靜而無迹，不過極其正數，至七而通矣。七者，陽之正也，安在益其小餘，令七日而後雷動地中乎？當據孟氏，自冬至初，中孚用事，一月之策，九六、七八，是爲三十。而卦以地六，候以天五，五六相乘，消息一變，十有二變而歲復初。坎、震、離、兌，二十四氣，次主一爻，其初則二至、二分也。坎以陰包陽，故自北正，微陽動於下，升而未達，極於二月，凝冱之氣消，坎運終焉。春分出於震，始據萬物之元，爲主於內，則羣陰化而從之，極于南正，而豐大之變窮，震功究焉。離以陽包陰，故自南正，微陰生於地下，積而未章，至于八月，文明之質衰，離運終焉。仲秋陰形于兌，始循萬物之末，爲主於內，羣陽降而承之，極於北正，而天澤之施窮，兌功究焉。故陽七之靜始於坎，陽九之動始于震，陰八之靜始于離，陰六之動始于兌。故四象之變，皆兼六爻，而中節之應備矣。易爻當日，十有二中，直全卦之初；十有二節，直全卦之中。齊曆又以節在貞，氣在悔，非是。

其七日度議曰：

古曆，日有常度，天周爲歲終，故係星度于節氣。其說似是而非，故久而益差。虞喜覺之，使天爲天，歲爲歲，乃立差以追其變，使五十年退一度。何承天以爲太過，乃倍其年，而反不及。皇極取二家中數爲七十五年，蓋近之矣。考古史及日官候簿，以通法之三十九分太爲一歲之差。自帝堯演紀之端，在虛一度。及今開元甲子，却三十六度，而乾策復初矣。日在虛一，則鳥、火、昴、虛皆以仲月昏中，合于堯典。

劉炫依大明曆四十五年差一度，則冬至在虛、危，而夏至火已過中矣。梁武帝據虞劆曆，百八十六年差一度，則唐、虞之際，日在斗、牛間，而冬至昴尚未中。以爲皆承閏後節前，月却使然。而此經終始一歲之事，不容頓有四閏，故淳風因爲之說曰：「若冬至昴中，則夏至秋分星火、星虛，皆在未正之西。若以夏至火中，秋分虛中，則冬至昴在巳正之東。互有盈縮，不足以爲歲差證。」是又不然。今以四象分天，北正玄枵中，虛九度；東正大火中，房二度；南正鶉火中，七星七度；西正大梁中，昴七度。總晝夜刻以約周天，命距中星，則春分南正中天，秋分北正中天。冬至之昏，西正在午東十八度；夏至之昏，東正在午西十八度：軌漏使然也。冬至，日在虛一度，則春分昏張一度中；秋分虛九度中；冬至胃二度中，昴距星直午正之東十二度；夏至尾十一度中，心後星直午正之西十二度。四序進退，不逾午正間。而淳風以爲不叶，非也。又王孝通云：「如歲差自昴至壁，則堯前七千餘載，多至，日應在東井。井極北，故暑；斗極南，故寒。寒暑易位，必不然矣。」所謂歲差者，日與黃道俱差也。假冬至日躔大火之中，則春分黃道交於虛九，而南至之軌更出房、心外，距赤道亦二十四度。設在東井，差亦如之。若日在東井，猶去極最近，表景最短，則是分、至常居其所。黃道不遷，日行不退，又安得謂之歲差乎？孝通及淳風以爲冬至日在斗十三度，昏東壁中，昴在巽維之左，向明之位，非無星也。水星昏正可以爲仲冬之候，何必援昴於始覿之際，以惑民之視聽哉！

夏后氏四百三十二年，日却差五度。太康十二年戊子歲冬至，應在女十一度。

書曰：「乃季秋月朔，辰弗集于房。」劉炫曰：「房，所舍之次也。集，會也。會，合也。不合則日蝕可知。或以房爲房星，知不然者，且日之所在正可推而知之。君子愼疑，寧當以日在之宿爲文？近代善曆者，推仲康時九月合朔，已在房星北矣。」按古文「集」與「輯」義同。日月嘉會，而陰陽輯睦，則陽不疚乎位，以常其明，陰亦含章示沖，以隱其形。若變而相傷，則不輯矣。房者，辰之所次，星者，所次之名，其揆一也。又春秋傳「辰在斗柄」、「天策焞焞」、「降婁之初」、「辰尾之末」，君子言之，不以爲繆，何獨愼疑於房星哉？新曆仲康五年癸巳歲九月庚戌朔，日蝕在房二度。炫以五子之歌，仲康當是其一，肇位四海，復脩大禹之典，其五年，羲、和失職，則王命徂征。虞鄺以爲仲康元年，非也。

國語單子曰：「辰角見而雨畢，天根見而水涸，本見而草木節解，駟見而隕霜，火見而清風戒寒。」韋昭以爲夏后氏之令，周人所因。推夏后氏之初，秋分後五日，日在氐十三度，龍角盡見，時雨可以畢矣。又先寒露三日，天根朝覿，時訓「爰始收潦」，而月令亦云「水涸」。後寒露十日，日在尾八度而本見，又五日而駟見。故隕霜則蟄蟲墐戶。鄭康成據當時所見，謂天根朝見，在季秋之末，以月令爲謬。韋昭以仲秋水始涸，天根見乃竭。皆非是。霜降六日，日在尾末，火星初見，營室昏中，於是始脩城郭、宮室。故時儆曰：「營室之中，土功其始。火之初見，期于司理。」麟德曆霜降後五日，火伏。小雪後十日，晨見。至大雪而後定星中，日且南至，冰壯地坼。又非土功之始也。

夏曆十二次，立春，日在東壁三度，於太初星距壁一度太也。

顓頊曆上元甲寅歲正月甲寅晨初合朔立春，七曜皆直艮維之首。蓋重黎受職於顓頊，九黎亂德，二官咸廢，帝堯復其子孫，命掌天地四時，以及虞、夏。故本其所由生，命曰顓頊，其實夏曆也。湯作殷曆，更以十一月甲子合朔冬至爲上元。周人因之，距羲、和千祀，昏明中星率差半次。夏時直月節者，皆當十有二中，故因循夏令。其後呂不韋得之，以爲秦法，更考中星，斷取近距，以乙卯歲正月己巳合朔立春爲上元。洪範傳曰：「曆記始於顓頊上元太始閼蒙攝提格之歲，畢陬之月，朔日己巳立春，七曜俱在營室五度。」是也。秦顓頊曆元起乙卯，漢太初曆元起丁丑，推而上之，皆不値甲寅，猶以日月五緯復得上元本星度，故命曰閼蒙攝提格之歲，而實非甲寅。

夏曆章蔀紀首，皆在立春，故其課中星，揆斗建與閏餘之所盈縮，皆以十有二節爲損益之中。而殷、周、漢曆，章蔀紀首皆直冬至，故其名察發斂，亦以中氣爲主。此其異也。夏小正雖頗疎簡失傳，乃羲、和遺迹。何承天循大戴之說，復用夏時，更以正月甲子夜半合朔雨水爲上元，進乖夏曆，退非周正，故近代推月令、小正者，皆不與古合。開元曆推夏時立春，日在營室之末，昏東井二度中。古曆以參右肩爲距，方當南正。故小正曰：「正月初昏，斗杓懸在下。」魁枕參首，所以著參中也。季春，在昴十一度半，去參距星十八度，故曰：「三月，參則伏。」立夏，日在井四度，昏角中。南門右星入角距西五度，其左星入角距東六度，故曰：「四月初昏，南門正。昴則見。」五月節，日在輿鬼一度半。參去日道最遠，以渾儀度之，參體始見，其肩股猶在濁中。房星正中。故曰：「五月，參則見。初昏，大火中。」「八月，參中則曙」，失傳也。辰伏則參見，非中也。「十月初昏，南門見」，亦失傳也。定星方中，則南門伏，非昏見也。

商六百二十八年，日却差八度。太甲二年壬午歲冬至，應在女六度。

國語曰：「武王伐商，歲在鶉火，月在天駟，日在析木之津，辰在斗柄，星在天黿。」舊說歲在己卯，推其朏魄，迺文王崩，武王成君之歲也。其明年，武王即位，新曆孟春定朔丙辰，於商爲二月，故周書曰：「維王元祀二月丙辰朔，武王訪于周公。」竹書「十一年庚寅，周始伐商」。而管子及家語以爲十二年，蓋通成君之歲也。先儒以文王受命九年而崩；至十年，武王觀兵盟津；十三年，復伐商。推元祀二月丙辰朔，距伐商日月，不爲相距四年。所說非是。武王十年，夏正十月戊子，周師始起。於歲差日在箕十度，則析木津也。晨初，月在房四度。於易，雷乘乾曰大壯，房、心象焉。心爲乾精，而房，升陽之駟也。房與歲星實相經緯，以屬靈威仰之神，后稷感之以生。故國語曰：「月之所在，辰馬農祥，我祖后稷之所經緯也。」又三日得周正月庚寅朔，日月會南斗一度。故曰「辰在斗柄」。壬辰，辰星夕見，在南斗二十度。其明日，武王自宗周次于師所。凡月朔而未見曰「死魄」，夕而成光則謂之「朏」。朏或以二日，或以三日，故武成曰：「維一月壬辰，旁死魄。翌日癸巳，王朝步自周，于征伐商。」是時辰星與周師俱進，由建星之末，歷牽牛、須女，涉顓頊之虛。戊午，師度盟津，而辰星伏于天黿。辰星，汁光紀之精，所以告顓頊而終水行之運，且木帝之所繇生也。故國語曰：「星與日辰之位皆在北維，顓頊之所建也，帝嚳受之。我周氏出自天黿；及析木，有建星、牽牛焉，則我皇妣太姜之姪、伯陵之後逄公之所憑神也。」是歲，歲星始及鶉火。其明年，周始革命。歲又退行，旅於鶉首，而後進及鳥帑，所以返復其道，經綸周室。鶉火直軒轅之虛，以爰稼穡，稷星繫焉，而成周之大萃也。鶉首當山河之右，太王以興，后稷封焉，而宗周之所宅也。歲星與房實相經緯，而相距七舍；木與水代終，而相及七月。故國語曰：「歲之所在，則我有周之分也。自鶉及駟七列，南北之揆七月〔三〕。」其二月戊子朔，哉生明，王自克商還，至于豐，於周爲四月。新曆推定望甲辰，而乙巳旁之。故武成曰：「維四月，既旁生魄，粵六日庚戌，武王燎于周廟。」麟德曆，周師始起，歲在降婁，月宿天根，日躔心而合辰在尾，水星伏於星紀，不及天黿。又周書，革命六年而武王崩。管子、家語以爲七年，蓋通克商之歲也。

周公攝政七年二月甲戌朔，己丑望，後六日乙未。三月定朔甲辰，三日丙午。故召誥曰：「惟二月既望，越六日乙未，王朝步自周，至于豐」，「三月，惟丙午朏，越三日戊申，太保朝至于洛。」其明年，成王正位。三十年四月己酉朔甲子，哉生魄。故書曰：「惟四月，才生魄。」甲子，作顧命。康王十二年，歲在乙酉，六月戊辰朔，三日庚午。故畢命曰：「惟十有二年，六月庚午朏。越三日壬申，王以成周之衆命畢公。」自伐紂及此，五十六年，朏魄日名，上下無不合。而三統曆以己卯爲克商之歲，非也。夫有効於古者，宜合於今。三統曆自太初至開元，朔後天三日。推而上之，以至周初，先天，失之蓋益甚焉。是以知合於歆者，必非克商之歲。

自宗周訖春秋之季，日卻差八度。康王十一年甲申歲冬至，應在牽牛六度。

周曆十二次，星紀初，南斗十四度，於太初星距斗十七度少也。

古曆分率簡易，歲久輒差。達曆數者隨時遷革，以合其變。故三代之興，皆揆測天行，考正星次，爲一代之制。正朔既革，而服色從之。及繼體守文，疇人代嗣，則謹循先王舊制焉。

國語曰：「農祥晨正，日月底于天廟，土乃脈發。先時九日，太史告稷曰，自今至于初吉，陽氣俱蒸，土膏其動。弗震不渝，脈其滿眚，穀乃不殖。」周初，先立春九日，日至營室。古曆距中九十一度，是日晨初，大火正中，故曰「農祥晨正，日月底于天廟」也。於易象，升氣究而臨受之，自冬至後七日，乾精始復。及大寒，地統之中，陽洽於萬物根柢，而與萌芽俱升，木在地中之象，升氣已達，則當推而大之，故受之以臨。於消息，龍德在田，得地道之和澤，而動於地中，升陽憤盈，土氣震發，故曰：「自今至於初吉，陽氣俱蒸，土膏其動。」又先立春三日，而小過用事，陽好節止於內，動作于外，矯而過正，然後返求中焉。是以及于艮維，則山澤通氣，陽精闢戶，甲坼之萌見，而莩穀之際離，故曰：「不震不渝，脈其滿眚，穀乃不殖。」君子之道，必擬之而後言，豈億度而已哉！韋昭以爲日及天廟，在立春之初，非也。於麟德曆則又後立春十五日矣。

春秋「桓公五年，秋，大雩」。傳曰：「書不時也。凡祀，啓蟄而郊，龍見而雩。」周曆立夏日在觜觿二度。於軫濡，昏角一度中，蒼龍畢見。然則當在建巳之初，周禮也。至春秋時，日已潛退五度，節前月却，猶在建辰。月令以爲五月者，呂氏以顓頊曆芒種亢中，則龍以立夏昏見，不知有歲差，故雩祭失時。然則唐禮當以建巳之初，農祥始見而雩。若據麟德曆，以小滿後十三日，則龍角過中，爲不時矣。傳曰：「凡土功，龍見而畢務，戒事。火見而致用，水昏正而栽，日至而畢。」十六年冬，城向。十有一月，衞侯朔出奔齊。「冬，城向，書時也。」以歲差推之，周初霜降，日在心五度，角、亢晨見。立冬，火見營室中。後七日，水星昏正，可以興板幹。故祖沖之以爲定之方中，直營室八度。是歲九月六日霜降，二十一日立冬。十月之前，水星昏正，故傳以爲得時。杜氏據晉曆，小雪後定星乃中，季秋城向，似爲大早。因曰功役之事，皆總指天象，不與言曆數同。引詩云「定之方中」，乃未正中之辭，非是。麟德曆，立冬後二十五日火見，至大雪後營室乃中。而春秋九月書時，不已早乎。大雪，周之孟春，陽氣靜復，以繕城隍，治宮室，是謂發天地之房，方於立春斷獄，所失多矣。然則唐制宜以玄枵中天興土功。

僖公五年，晉侯伐虢。卜偃曰：「克之。童謠云：『丙之辰，龍尾伏辰，袀服振振，取虢之旂，鶉之賁賁，天策焞焞，火中成軍。』其九月十月之交乎！丙子旦，日在尾，月在策，鶉火中，必是時。」策，入尾十二度。新曆是歲十月丙子定朔，日月合尾十四度於黃道。古曆日在尾，而月在策，故曰「龍尾伏辰」，於古距張中而曙，直鶉火之末，始將西降，故曰「賁賁」。

昭公七年四月甲辰朔，日蝕。士文伯曰：「去衞地，如魯地。於是有災，魯實受之。」新曆是歲二月甲辰朔入常，雨水後七日，在奎十度。周度爲降婁之始，則魯、衞之交也。自周初至是已退七度，故入雨水。七日方及降婁，雖日度潛移，而周禮未改，其配神主祭之宿，宜書於建國之初。淳風駁戊寅曆曰：「漢志降婁初在奎五度，今曆日蝕在降婁之中，依無歲差法，食於兩次之交。」是又不然。議者曉十有二次之所由生，然後可以明其得失。且劉歆等所定辰次，非能有以覩陰陽之賾，而得於鬼神，各據當時中節星度耳。歆以太初曆冬至日在牽牛前五度，故降婁直東壁八度。李業興正光曆，冬至在牽牛前十二度，故降婁退至東壁三度。及祖沖之後，以爲日度漸差，則當據列宿四正之中，以定辰次，不復係於中節。淳風以冬至常在斗十三度，則當以東壁二度爲降婁之初，安得守漢曆以駁仁均耶？又三統曆昭公二十年，己丑，日南至，與麟德及開元曆同。然則入雨水後七日，亦入降婁七度，非魯、衞之交也。三十一年十二月辛亥朔，日蝕。史墨曰：「日月在辰尾，庚午之日，日始有讁。」開元曆是歲十月辛亥朔，入常立冬。五日，日在尾十三度，於古距辰尾之初。麟德曆日在心三度於黃道，退直于房矣。

哀公十二年冬十有二月，螽。開元曆推置閏當在十一年春，至十二年冬，失閏已久。是歲九月己亥朔，先寒露三日，於定氣，日在亢五度，去心近一次。火星明大，尙未當伏。至霜降五日，始潛日下。乃月令「蟄蟲咸俯」，則火辰未伏，當在霜降前。雖節氣極晚，不得十月昏見。故仲尼曰：「丘聞之，火伏而後蟄者畢。今火猶西流，司曆過也。」方夏后氏之初，八月辰伏，九月內火，及霜降之後，火已朝覿東方，距春秋之季千五百餘年，乃云「火伏而後蟄者畢」。向使冬至常居其所，則仲尼不得以西流未伏，明是九月之初也。自春秋至今又千五百歲，麟德曆以霜降後五日，日在氐八度，房、心初伏，定增二日，以月蝕衝校之，猶差三度。閏餘稍多，則建亥之始，火猶見西方。向使宿度不移，則仲尼不得以西流未伏，明非十月之候也。自羲、和已來，火辰見伏，三覩厥變。然則丘明之記，欲令後之作者參求微象，以探仲尼之旨。是歲失閏寖久，季秋中氣後天三日，比及明年仲冬，又得一閏。寤仲尼之言，補正時曆，而十二月猶可以螽。至哀公十四年五月庚申朔，日蝕。以開元曆考之，則日蝕前又增一閏，魯曆正矣。長曆自哀公十年六月，迄十四年二月，纔置一閏，非是。

戰國及秦，日却退三度。始皇十七年辛未歲冬至，應在斗二十二度。秦曆上元正月己巳朔，晨初立春，日、月、五星俱起營室五度，蔀首日名皆直四孟。假朔退十五日，則閏在正月前。朔進十五日，則閏在正月後。是以十有二節，皆在盈縮之中，而晨昏宿度隨之。以顓頊曆依月令自十有二節推之，與不韋所記合。而潁子嚴之倫謂月令晨昏距宿，當在中氣，致雩祭太晚，自乖左氏之文，而杜預又據春秋以月令爲否。皆非是。梁大同曆夏后氏之初，冬至日在牽牛初，以爲明堂、月令乃夏時之記，據中氣推之不合，更以中節之間爲正，迺稍相符。不知進在節初，自然契合。自秦初及今，又且千歲，節初之宿，皆當中氣。淳風因爲說曰：「今孟春中氣，日在營室，昏明中星，與月令不殊。」按秦曆立春，日在營室五度。麟德曆以啓蟄之日迺至營室，其昏明中宿十有二建，以爲不差，妄矣。

古曆，冬至昏明中星去日九十二度〔四〕，春分、秋分百度，夏至百一十八度，率一氣差三度，九日差一刻。

秦曆十二次，立春在營室五度，於太初星距危十六度少也。昏，畢八度中，月令參中，謂肩股也。晨，心八度中，月令尾中，於太初星距尾也。仲春昏，東井十四度中，月令弧中，弧星入東井十八度。晨，南斗二度中，月令建星中，於太初星距西建也。甄耀度及魯曆，南方有狼、弧，無東井、鬼，北方有建星，無南斗，井、斗度長，弧、建度短，故以正昏明云。

古曆星度及漢落下閎等所測，其星距遠近不同，然二十八之宿體不異。古以牽牛上星爲距，太初改用中星，入古曆牽牛太半度，於氣法當三十二分日之二十一。故洪範傳冬至日在牽牛一度，減太初星距二十一分，直南斗二十六度十九分也。顓頊曆立春起營室五度，冬至在牽牛一度少。洪範傳冬至所起無餘分，故立春在營室四度太。祖沖之自營室五度，以太初星距命之，因云秦曆冬至，日在牽牛六度。虞劆等襲沖之之誤，爲之說云：「夏時冬至，日在斗末，以歲差考之，牽牛六度乃顓頊之代。漢時雖覺其差，頓移五度，故多至還在牛初。」按洪範古今星距，僅差四分之三，皆起牽牛一度。劆等所說，亦非是。魯宣公十五年，丁卯歲，顓頊曆第十三蔀首與麟德曆俱以丁巳平旦立春。至始皇三十三年丁亥，凡三百八十歲，得顓頊曆壬申蔀首。是歲秦曆以壬申寅初立春，而開元曆與麟德曆俱以庚午平旦，差二日，日當在南斗二十二度。古曆後天二日，又增二度。然則秦曆冬至，定在牛前二度。氣後天二日，日不及天二度，微而難覺，故呂氏循用之。

及漢興，張蒼等亦以爲顓頊曆比五家疎闊中最近密。今考月蝕衝，則開元冬至，上及牛初正差一次。淳風以爲古術疎舛，雖弦望、昏明，差天十五度而猶不知。又引呂氏春秋，黃帝以仲春乙卯日在奎，始奏十二鍾，命之曰咸池。至今三千餘年，而春分亦在奎，反謂秦曆與今不異。按不韋所記，以其月令孟春在奎，謂黃帝之時亦在奎，猶淳風曆冬至斗十三度，因謂黃帝時亦在建星耳。經籍所載，合於歲差者，淳風皆不取，而專取於呂氏春秋。若謂十二紀可以爲正，則立春在營室五度，固當不易，安得頓移，使當啓蟄之節？此又其所不思也。

漢四百二十六年，日却差五度。景帝中元三年甲午歲冬至，應在斗二十一度。太初元年，三統曆及周曆皆以十一月夜半合朔冬至，日月俱起牽牛一度。古曆與近代密率相較，二百年氣差一日，三百年朔差一日。推而上之，久益先天；引而下之，久益後天。僖公五年，周曆正月辛亥朔，餘四分之一，南至。以歲差推之，日在牽牛初。至宣公十一年癸亥，周曆與麟德曆俱以庚戌日中冬至，而月朔尚先麟德曆十五辰。至昭公二十年己卯，周曆以正月己丑朔日中南至，麟德曆以己丑平旦冬至。哀公十一年丁巳，周曆入己酉蔀首，麟德曆以戊申禺中冬至。惠王四十三年己丑，周曆入丁卯蔀首，麟德曆以乙丑日昳冬至。呂后八年辛酉，周曆入乙酉蔀首，麟德曆以壬午黃昏冬至；其十二月甲申，人定合朔。太初元年，周曆以甲子夜半合朔冬至，麟德曆以辛酉禺中冬至，十二月癸亥晡時合朔。氣差三十二辰，朔差四辰。此疎密之大較也。

僖公五年，周曆、漢曆、唐曆皆以辛亥南至。後五百五十餘歲，至太初元年，周曆、漢曆皆得甲子夜半冬至，唐曆皆以辛酉，則漢曆後天三日矣。祖沖之、張胄玄促上章歲至太初元年，沖之以癸亥雞鳴冬至，而胄玄以癸亥日出。欲令合於甲子，而適與魯曆相會。自此推僖公五年，魯曆以庚戌冬至〔三〕，而二家皆以甲寅。且僖公登觀臺以望而書雲物，出於表晷天驗，非時史億度。乖丘明正時之意，以就劉歆之失。今考麟德元年甲子，唐曆皆以甲子冬至，而周曆、漢曆皆以庚午。然則自太初下至麟德差四日，自太初上及僖公差三日，不足疑也。

以歲差考太初元年辛酉冬至加時，日在斗二十三度。漢曆，氣後天三日，而日先天三度，所差尚少。故落下閎等雖候昏明中星，步日所在，猶未覺其差。然洪範、太初所揆，冬至昏奎八度中，夏至昏氐十三度中，依漢曆，冬至，日在牽牛初太半度，以昏距中命之，奎十一度中；夏至，房一度中。此皆閎等所測，自差三度，則劉向等殆已知太初冬至不及天三度矣。

及永平中，治曆者考行事，史官注日，常不及太初曆五度。然諸儒守讖緯，以爲當在牛初，故賈逵等議：「石氏星距，黃道規牽牛初直斗二十度，於赤道二十一度也。尚書考靈耀斗二十二度，無餘分。冬至，日在牽牛初，無牽牛所起文。編訢等據今日所去牽牛中星五度，於斗二十一度四分一，與考靈耀相近。」遂更曆從斗二十一度起。然古曆以斗魁首爲距，至牽牛爲二十二度，未聞移牽牛六度以就太初星距也。逵等以末學僻於所傳，而昧天象，故以權誣之，而後聽從他術，以爲日在牛初者，由此遂黜。

今歲差，引而退之，則辛酉冬至，日在斗二十度，合於密率，而有驗於今。推而進之，則甲子冬至，日在斗二十四度，昏奎八度中，而有證於古。其虛退之度，又適及牽牛之初。而沖之雖促減氣分，冀符漢曆，猶差六度，未及於天。而麟德曆冬至不移，則昏中向差半次。淳風以爲太初元年得本星度，日月合璧，俱起建星。賈逵考曆，亦云古曆冬至皆起建星。兩漢冬至，日皆後天，故其宿度多在斗末。今以儀測，建星在斗十三四度間，自古冬至無差，審矣。

按古之六術，並同四分。四分之法，久則後天。推古曆之作，皆在漢初，却較春秋，朔並先天，則非三代之前明矣。

古曆，南斗至牽牛上星二十一度，入太初星距四度，上直西建之初。故六家或以南斗命度，或以建星命度。方周、漢之交，日已潛退，其襲春秋舊曆者，則以爲在牽牛之首；其考當時之驗者，則以爲入建星度中。然氣朔前後不逾一日，故漢曆冬至，當在斗末。以爲建星上得太初本星度，此其明據也。四分法雖疏，而先賢謹於天事，其遷革之意，俱有効於當時，故太史公等觀二十八宿疏密，立晷儀，下漏刻，以稽晦朔、分至、躔離、弦望，其赤道遺法，後世無以非之。故雜候淸臺，太初最密。若當時日在建星，已直斗十三度，則壽王調曆宜允得其中，豈容頓差一氣而未知其謬，不能觀乎時變，而欲厚誣古人也。

後百餘歲，至永平十一年，以麟德曆較之，氣當後天二日半，朔當後天半日。是歲四分曆得辛酉蔀首，已減太初曆四分日之三，定後天二日太半。開元曆以戊午禺中冬至，日在斗十八度半弱，潛退至牛前八度。進至辛酉夜半，日在斗二十一度半弱。續漢志云：「元和二年冬至，日在斗二十一度四分之一。」是也。

祖沖之曰：「四分曆立冬景長一丈，立春九尺六寸，冬至南極日晷最長。二氣去至日數既同，則中景應等。而相差四寸，此冬至後天之驗也。二氣中景，日差九分半弱，進退調均，略無盈縮。各退二日十二刻，則景皆九尺八寸。以此推冬至後天亦二日十二刻矣。」東漢晷漏定於永元十四年，則四分法施行後十五歲也。

二十四氣加時，進退不等，其去午正極遠者四十九刻有餘。日中之晷，頗有盈縮，故治曆者皆就其中率，以午正言之。而開元曆所推氣及日度，皆直子半之始。其未及日中，尚五十刻。因加二日十二刻，正得二日太半。與沖之所算及破章二百年間輒差一日之數，皆合。

自漢時辛酉冬至，以後天之數減之，則合於今曆歲差斗十八度。自今曆戊午冬至，以後天之數加之，則合於賈逵所測斗二十一度。反復僉同。而淳風冬至常在斗十三度，豈當時知不及牽牛五度，而不知過建星八度耶？

晉武帝太始三年丁亥歲冬至，日當在斗十六度。晉用魏景初曆，其冬至亦在斗二十一度少。

太元九年，姜岌更造三紀術，退在斗十七度。曰：「古曆斗分彊，故不可施於今；乾象斗分細，故不可通於古。景初雖得其中，而日之所在，乃差四度，合朔虧盈，皆不及其次。假月在東井一度蝕，以日檢之，乃在參六度。」岌以月蝕衝知日度，由是躔次遂正，爲後代治曆者宗。

宋文帝時，何承天上元嘉曆，曰：「四分、景初曆，冬至同在斗二十一度，臣以月蝕檢之，則今應在斗十七度。又土圭測二至，晷差三日有餘，則天之南至，日在斗十三四度矣。」事下太史考驗，如承天所上。以開元曆考元嘉十年冬至，日在斗十四度，與承天所測合。

大明八年，祖沖之上大明曆，冬至在斗十一度，開元曆應在斗十三度。梁天監八年，沖之之子員外散騎侍郎暅之上其家術。詔太史令將作大匠道秀等較之，上距大明又五十年，日度益差。其明年，閏月十六日，月蝕，在虛十度，日應在張四度。承天曆在張六度，沖之曆在張二度。

大同九年，虞劆等議：「姜岌、何承天俱以月蝕衝步日所在。承天雖移岌三度，然其冬至亦上岌三日。承天在斗十三四度，而岌在斗十七度。其實非移。祖沖之謂爲實差，以推今冬至，日在斗九度，用求中星不合。自岌至今，將二百年，而冬至在斗十二度。然日之所在難知，驗以中星，則漏刻不定。漢世課昏明中星，爲法已淺。今候夜半中星，以求日衝，近於得密。而水有清濁，壺有增減，或積塵所擁，故漏有遲疾。臣等頻夜候中星，而前後相差或至三度。大略冬至遠不過斗十四度，近不出十度。」又以九年三月十五日夜半，月在房四度蝕。九月十五日夜半，月在昴三度蝕。以其衝計，冬至皆在斗十二度。自姜岌、何承天所測，下及大同，日已却差二度。而淳風以爲晉、宋以來三百餘歲，以月蝕衝考之，固在斗十三四度間，非矣。

劉孝孫甲子元曆，推太初冬至在牽牛初，下及晉太元、宋元嘉皆在斗十七度。開皇十四年，在斗十三度。而劉焯曆仁壽四年冬至，日在黃道斗十度，於赤道斗十一度也。其後孝孫改從焯法，而仁壽四年冬至，日亦在斗十度。焯卒後，胄玄以其前曆上元起虛五度，推漢太初，猶不及牽牛，乃更起虛七度，故太初在斗二十三度，永平在斗二十一度，並與今曆合。而仁壽四年，冬至在斗十三度，以驗近事，又不逮其前曆矣。戊寅曆，太初元年辛酉冬至，進及甲子，日在牽牛三度。永平十一年，得戊午冬至，進及辛酉，在斗二十六度。至元嘉，中氣上景初三日，而冬至猶在斗十七度。欲以求合，反更失之。又曲循孝孫之論，而不知孝孫已變從皇極，故爲淳風等所駁。歲差之術，由此不行。

以太史注記月蝕衝考日度，麟德元年九月庚申，月蝕在婁十度。至開元四年六月庚申，月蝕在牛六度。較麟德曆率差三度，則今冬至定在赤道斗十度。

又皇極曆歲差皆自黃道命之，其每歲周分，常當南至之軌，與赤道相較，所減尤多。計黃道差三十六度，赤道差四十餘度，雖每歲遯之，不足爲過。然立法之體，宜盡其原，是以開元曆皆自赤道推之，乃以今有術從變黃道。

## 校勘記

〔一〕一蔀之日二萬七千七百五十七　按一蔀爲七十六年，一年爲三百六十五又四分之一日，依此計算，一蔀之日當爲二萬七千七百五十九，正合下文「以通數約之，凡二十九日餘四百九十九」之數。後漢書律曆志下正作「蔀日二萬七千七百五十九」。

〔二〕景長則夜短景短則夜長　按後漢書律曆志下劉注引月令章句曰：「冬至之爲極有三意焉：晝漏極短，去極極遠，晷景極長。」又曰：「夏至之爲極有三意焉：晝漏極長，去極極近，晷景極短。」則晷景長短與晝夜長短之關係應是景長則晝短夜長，景短則晝長夜短。此疑誤。

〔三〕南北之揆七月　按國語周語下作「南北之揆七同」，韋昭解云：「七同，合七律也。」此作「七月」，疑誤。

〔四〕冬至昏明中星去日九十二度　考異卷四三：「四分及祖沖之術，冬至昏明中星大率去日八十二度。此云『九十二度』，疑誤。」按本卷下文云：「春分、秋分百度，夏至百一十八度。率一气差三度，九日差一刻。」依此核算，冬至昏明中星去日應爲八十二度。

〔五〕魯曆以庚戌冬至　唐會要卷四二載傅仁均奏新術七事：「春秋命曆序云魯僖公五年壬子朔旦冬至，諸歷莫能符合，臣今造歷，卻推僖公五年春正月壬子朔日冬至則同。」考異卷四三據本卷中氣議及合朔議所述推論，以爲魯術推僖公五年冬至應在壬子，此云「庚戌冬至」誤。

# 唐書卷二十七下

## 志第十七下

### 曆三下

其八日躔盈縮略例曰：

北齊張子信積候合蝕加時，覺日行有入氣差，然損益未得其正。至劉焯，立盈縮躔衰術，與四象升降。麟德曆因之，更名躔差。凡陰陽往來，皆馴積而變。日南至，其行最急，急而漸損，至春分及中而後遲。迨日北至，其行最舒，而漸益之，以至秋分又及中而後益急。急極而寒若，舒極而燠若；及中而雨暘之氣交，自然之數也。焯術於春分前一日最急，後一日最舒；秋分前一日最舒，後一日最急。舒急同于二至，而中間一日平行。其說非是。當以二十四氣晷景，考日躔盈縮而密於加時。

其九九道議曰：

洪範傳云：「日有中道，月有九行。」中道，謂黃道也。九行者，青道二，出黃道東；朱道二，出黃道南；白道二，出黃道西；黑道二，出黃道北。立春、春分，月東從青道；立夏、夏至，月南從朱道；立秋、秋分，月西從白道；立冬、冬至，月北從黑道。漢史官舊事，九道術廢久，劉洪頗採以著遲疾陰陽曆，然本以消息爲奇，而術不傳。

推陰陽曆交在冬至、夏至，則月行青道、白道，所交則同，而出入之行異。故青道至春分之宿，及其所衡，皆在黃道正東；白道至秋分之宿，及其所衡，皆在黃道正西。若陰陽曆交在立春、立秋，則月循朱道、黑道，所交則同，而出入之行異。故朱道至立夏之宿，及其所衡，皆在黃道西南；黑道至立冬之宿，及其所衡，皆在黃道東北。若陰陽曆交在春分、秋分之宿，則月行朱道、黑道，所交則同，而出入之行異。故朱道至夏至之宿，及其所衡，皆在黃道正南；黑道至冬至之宿，及其所衡，皆在黃道正北。若陰陽曆交在立夏、立冬，則月循青道、白道，所交則同，而出入之行異。故青道至立春之宿，及其所衡，皆在黃道東南；白道至立秋之宿，及其所衡，皆在黃道西北。其大紀皆兼二道，而實分主八節，合于四正四維。

按陰陽曆中終之所交，則月行正當黃道，去交七日，其行九十一度，齊於一象之率，而得八行之中。八行與中道而九，是謂九道。凡八行正於春秋，其去黃道六度，則交在冬夏；

正於冬夏，其去黃道六度，則交在春秋。易九六、七八，迭爲終始之象也。乾坤定位，則八行各當其正。及其寒暑相推，晦朔相易，則在南者變而居北，在東者徙而爲西，屈伸、消息之象也。

黃道之差，始自春分、秋分，赤道所交前後各五度爲限。初，黃道增多赤道二十四分之十二，每限損一，極九限，數終于四，率赤道四十五度而黃道四十八度，至四立之際，一度少強，依平。復從四起，初限五度，赤道增多黃道二十四分之四，每限益一，極九限而止，終于十二，率赤道四十五度而黃道四十二度，復得冬、夏至之中矣。

月道之差，始自交初、交中，黃道所交亦距交前後五度爲限。初限，月道增多黃道四十八分之十二，每限損一，極九限而止，數終于四，率黃道四十五度而月道四十六度半，乃一度強，依平。復從四起，初限五度，月道差少黃道四十八分之四，每限益一，極九限而止，終于十二，率黃道四十五度而月道四十三度半，至陰陽曆二交之半矣。凡近交初限增十二分者，至半交末限減十二分，去交四十六度得損益之平率。

夫日行與歲差偕遷，月行隨交限而變，遡伏相消，朓朒相補，則九道之數可知矣。其月道所交與二分同度，則赤道、黑道近交初限，黃道增二十四分之十二，月道增四十八分之十二。至半交之末，其減亦如之。故於九限之際，黃道差三度，月道差一度半，蓋損益之數齊也。若所交與四立同度，則黃道在損益之中，月道差四十八分之十二。月道至損益之中，黃道差二十四分之十二。於九限之際，黃道差三度，月道差四分度之三，皆朓朒相補也。若所交與二至同度，則青道、白道近交初限，黃道減二十四分之十二，月道增四十八分之十二。至半交之末，黃道增二十四分之十二，月道減四十八分之十二。於九限之際，黃道與月道差同，蓋遯伏相消也。

日出入赤道二十四度，月出入黃道六度，相距則四分之一，故於九道之變，以四立爲中交。在二分，增四分之一，而與黃道度相半。在二至，減四分之一，而與黃道度正均。故推極其數，引而伸之，每氣移一候。月道所差，增損九分之一，七十二候而九道究矣。

凡月交一終，退前所交一度及餘八萬九千七百七十三分度之四萬二千五百三少半，積二百二十一月及分七千七百五十三，而交道周天矣。因而半之，將九年而九道終。以四象考之，各據合朔所交，入七十二候，則其八道之行也，以朔交爲交初，望交爲交中。若交初在冬至初候而入陰曆，則行青道。又十三日七十六分日之四十六，至交中得所衝之宿，變入陽曆，亦行青道。若交初入陽曆，則白道也。故考交初所入，而周天之度可知。若望交在冬至初候，則減十三日四十六分，視大雪初候陰陽曆而正其行也。

其十晷漏中星略例曰：

日行有南北，晷漏有長短。然二十四氣晷差徐疾不同者，句股使然也。直規中則差遲，與句股數齊則差急。隨辰極高下，所遇不同，如黃道刻漏。此乃數之淺者，近代且猶未曉。今推黃道去極，與晷景、漏刻、昏距、中星四術返覆相求，消息同率，旋相爲中，以合九服之變。

其十一日蝕議曰：

小雅「十月之交，朔日辛卯」。虞劆以曆推之，在幽王六年。開元曆定交分四萬三千四百二十九，入蝕限，加時在晝。交會而蝕，數之常也。詩云：「彼月而食，則維其常。此日而食，于何不臧。」日，君道也，無朏魄之變；月，臣道也，遠日益明，近日益虧。望與日軌相會，則徙而浸遠，遠極又徙而近交，所以著臣人之象也。望而正於黃道，是謂臣干君明，則陽斯蝕之矣。朔而正於黃道，是謂臣壅君明，則陽爲之蝕矣。且十月之交，於曆當蝕，君子猶以爲變，詩人悼之。然則古之太平，日不蝕，星不孛，蓋有之矣。

若過至未分，月或變行而避之；或五星潛在日下，禦侮而救之；或涉交數淺，或在陽曆，陽盛陰微則不蝕；或德之休明，而有小眚焉，則天爲之隱，雖交而不蝕。此四者，皆德敎之所由生也。

四序之中，分同道，至相過，交而有蝕，則天道之常。如劉歆、賈逵，皆近古大儒，豈不知軌道所交，朔望同術哉？以日蝕非常，故闕而不論。

黃初已來，治曆者始課日蝕疎密，及張子信而益詳。劉焯、張胄玄之徒自負其術，謂日月皆可以密率求，是專於曆紀者也。

以戊寅、麟德曆推春秋日蝕，大最皆入蝕限。於曆應蝕而春秋不書者尚多，則日蝕必在交限，其入限者不必盡蝕。開元十二年七月戊午朔，於曆當蝕半強，自交趾至于朔方，候之不蝕。十三年十二月庚戌朔，於曆當蝕太半，時東封泰山，還次梁、宋間，皇帝徹饍，不舉樂，不蓋，素服，日亦不蝕。時羣臣與八荒君長之來助祭者，降物以需，不可勝數，皆奉壽稱慶，肅然神服。雖算術乖舛，不宜如此，然後知德之動天，不俟終日矣。若因開元二蝕，曲變交限而從之，則差者益多。

自開元治曆，史官每歲較節氣中晷，因檢加時小餘，雖大數有常，然亦與時推移，每歲不等。晷變而長，則日行黃道南；晷變而短，則日行黃道北。行而南，則陰曆之交也或失；行而北，則陽曆之交也或失。日在黃道之中，且猶有變，況月行九道乎！杜預云：「日月動物，雖行度有大量，不能不小有盈縮。故有雖交會而不蝕者，或有頻交而蝕者。」是也。

故較曆必稽古史，虧蝕深淺、加時朓朒陰陽，其數相叶者，反覆相求，由曆數之中，以合辰象之變；觀辰象之變，反求曆數之中。類其所同，而中可知矣；辨其所異，而變可知矣。其循度則合于曆，失行則合于占。占道順成，常執中以追變；曆道逆數，常執中以俟變。知此之說者，天道如視諸掌。

略例曰：舊曆考日蝕淺深，皆自張子信所傳，云積候所得，而未曉其然也。以圓儀度日月之徑，乃以月徑之半減入交初限一度半，餘爲闇虛半徑。以月去黃道每度差數，令二徑相掩，以驗蝕分，以所入日遲疾乘徑，爲泛所用刻數，大率去交不及三度，卽月行沒在闇虛，皆入既限。又半日月之徑，減春分入交初限相去度數，餘爲斜射所差。乃考差數，以立既限。而優游進退於二度中間，亦令二徑相掩，以知日蝕分數。月徑踰既限之南，則雖在陰曆，而所虧類同外道，斜望使然也。既限之外，應向外蝕，外道交分，準用此例。以較古今日蝕四十三事，月蝕九十九事，課皆第一。

使日蝕皆不可以常數求，則無以稽曆數之疏密。若皆可以常數求，則無以知政教之休咎。今更設考日蝕或限術，得常則合于數。又日月交會大小相若，而月在日下，自京師斜射而望之，假中國食既，則南方戴日之下所虧纔半，月外反觀，則交而不蝕。步九服日晷以定蝕分，晨昏漏刻與地偕變，則宇宙雖廣，可以一術齊之矣。

其十二五星議曰：

歲星自商、周迄春秋之季，率百二十餘年而超一次。戰國後其行寖急，至漢尚微差，及哀、平間，餘勢乃盡，更八十四年而超一次，因以爲常。此其與餘星異也。姬氏出自靈威仰之精，受木行正氣。歲星主農祥，后稷憑焉，故周人常閱其禨祥，而觀善敗。其始王也，次于鶉火，以達天黿。及其衰也，淫于玄枵，以害鳥帑。其後羣雄力爭，禮樂隕壞，而從衡攻守之術興。故歲星常贏行於上，而侯王不寧於下，則木緯失行之勢，宜極於火運之中，理數然也。

開元十二年正月庚午，歲星在進賢東北尺三寸，直軫十二度，於麟德曆在軫十五度。推而上之，至漢河平二年，其十月下旬，歲星在軒轅南耑大星西北尺所。麟德曆在張二度，直軒轅大星。上下相距七百五十年，考其行度，猶未甚盈縮，則哀、平後不復每歲漸差也。又上百二十年，至孝景中元三年五月，星在東井、鉞。麟德曆在參三度。又上六十年，得漢元年十月，五星聚于東井，從歲星也。於秦正歲在乙未，夏正當在甲午。麟德曆白露八日，歲星留觜觿一度。明年立夏，伏于參。由差行未盡，而以常數求之使然也。又上二百七十一年，至哀公十七年，歲在鶉火，麟德曆初見在輿鬼二度。立冬九日，留星三度。明年啓蟄十日退至柳五度，猶不及鶉火。又上百七十八年，至僖公五年，歲星當在大火。麟德曆初見在張八度，明年伏于翼十六度，定在鶉火，差三次矣。哀公以後，差行漸遲，相去猶近；哀公以前，率常行遲。而舊曆猶用急率，不知合變，故所差彌多。武王革命，歲星亦在大火，而麟德曆在東壁三度，則唐、虞已上，所差周天矣。

太初、三統曆歲星十二周天超一次，推商、周間事，大抵皆合。驗開元注記，差九十餘度，蓋不知歲星後率故也。皇極、麟德曆七周天超一次，以推漢、魏間事尚未差。上驗春秋所載，亦差九十餘度，蓋不知歲星前率故也。天保、天和曆得二率之中，故上合於春秋，下猶密於記注。以推永平、黃初間事，遠者或差三十餘度，蓋不知戰國後歲星變行故也。自漢元始四年，距開元十二年，凡十二甲子，上距隱公六年，亦十二甲子。而二曆相合於其中，或差三次於古，或差三次於今，其兩合於古今者，中間亦乖。欲一術以求之，則不可得也。

開元曆歲星前率，三百九十八日，餘二千二百一十九，秒九十三。自哀公二十年丙寅後，每加度餘一分〔二〕，盡四百三十九合，次合乃加秒十三而止，凡三百九十八日，餘二千六百五十九，秒六，而與日合，是爲歲星後率。自此因以爲常，入漢元始六年也。

歲星差合術曰：置哀公二十年冬至合餘，加入差已來中積分，以前率約之，爲入差合數。不盡者如曆術入之，反求冬至後合日，乃副列入差合數，增下位一算，乘而半之，盈大衍通法爲日，不盡爲日餘，以加合日，即差合所在也。求歲星差行徑術，以後終率約上元以來中積分，亦得所求。若稽其實行，當從元始六年置差步之，則前後相距，間不容髮，而上元之首，無忽微空積矣。

成湯伐桀，歲在壬戌，開元曆星與日合于角，次于氐十度而後退行。其明年，湯始建國爲元祀，順行與日合于房，所以紀商人之命也。

後六百一算至紂六祀，周文王初禴于畢，十三祀歲在己卯，星在鶉火，武王嗣位。克商之年，進及輿鬼，而退守東井。明年，周始革命，順行與日合于柳，進留于張。考其分野，則分陝之間，與三監封域之際也。

成王三年，歲在丙午，星在大火，唐叔始封，故國語曰：「晉之始封，歲在大火。」春秋傳僖公五年，歲在大火，晉公子重耳自蒲奔狄。十六年，歲在壽星，適齊過衞，野人與之塊，子犯曰：「天賜也，天事必象，歲及鶉火必有此乎！復于壽星，必獲諸侯。」二十三年，歲星在胃、昴。秦伯納晉文公。董因曰：「歲在大梁，將集天行。元年，實沈之星，晉人是居。君之行也，歲在大火，閼伯之星也，是謂大辰。辰以善成，后稷是相，唐叔以封。且以辰出而以參入，皆晉祥也。」二十七年，歲在鶉火，晉侯伐衞，取五鹿，敗楚師于城濮，始獲諸侯。歲適及壽星，皆與開元曆合。

襄公十八年，歲星在陬訾之口，開元曆大寒三日，星與日合，在危三度，遂順行至營室八度。其明年，鄭子蟜卒。將葬，公孫子羽與裨竈晨會事焉，過伯有氏，其門上生莠，子羽曰：「其莠猶在乎，於是歲在降婁中而曙。」裨竈指之曰：「猶可以終歲，歲不及此次也。」開元曆，歲星在奎。奎，降婁也。麟德曆，在危。危，玄枵也。二十八年春，無冰。梓愼曰：「歲在星紀，而淫於玄枵。」裨竈曰：「歲棄其次，而旅於明年之次，以害鳥帑。周、楚惡之。」開元曆，歲星至南斗十七度，而退守西建間，復順行，與日合于牛初。應在星紀，而盈行進及虛宿，故曰「淫」。留玄枵二年，至三十年。開元曆，歲星順行至營室十度，留。距子蟜之卒一終矣。其年八月，鄭人殺良霄，故曰「及其亡也，歲在陬訾之口」。其明年，乃及降婁。

昭公八年十一月，楚滅陳。史趙曰：「未也。陳，顓頊之族也。歲在鶉火，是以卒滅。今在析木之津，猶將復由。」開元曆，在箕八度，析木津也。十年春，進及婺女初，在玄枵之維首。傳曰：「正月，有星出于婺女。」裨竈曰：「今茲歲在顓頊之墟。」是歲與日合于危。其明年進及營室，復得豕韋之次。景王問萇弘曰：「今茲諸侯何實吉？何實凶？」對曰：「蔡凶。此蔡侯般殺其君之歲，歲在豕韋，弗過此矣，楚將有之。歲及大梁，蔡復楚凶。」至十三年，歲星在昴、畢，而楚弑靈王，陳、蔡復封。初，昭公九年，陳災。裨竈曰：「後五年，陳將復封。歲五及鶉火，而後陳卒亡。」自陳災五年，而歲在大梁，陳復建國。哀公十七年，五及鶉火，而楚滅陳。是年，歲星與日合在張六度。昭公三十一年夏，吳伐越。始用師於越也，史墨曰：「越得歲而吳伐之，必受其凶。」是歲，星與日合于南斗三度。昔僖公六年，歲陰在卯，星在析木。昭公三十二年，亦歲陰在卯，而星在星紀。故三統曆因以爲超次之率。考其實，猶百二十餘年。近代諸曆，欲以八十四年齊之，此其所惑也。後三十八年而越滅吳，星三及斗、牛，已入差合二年矣。

夫五事感於中，而五行之祥應于下，五緯之變彰于上。若聲發而響和，形動而影隨，故王者失典刑之正，則星辰爲之亂行；汩彝倫之敍，則天事爲之無象。當其亂行、無象，又可以曆紀齊乎？故襄公二十八年，歲在星紀，淫于玄枵。至三十年八月，始及陬訾之口，超次而前，二年守之。

漢元鼎中，太白入于天苑，失行，在黃道南三十餘度。閒歲，武帝北巡守，登單于臺，勒兵十八萬騎，及誅大宛，馬大死軍中。

晉咸寧四年九月，太白當見不見，占曰：「是謂失舍，不有破軍，必有亡國。」時將伐吳，明年三月，兵出，太白始夕見西方，而吳亡。

永寧元年，正月至閏月，五星經天，縱橫無常。永興二年四月丙子，太白犯狼星，失行，在黃道南四十餘度。永嘉三年正月庚子，熒惑犯紫微。皆天變所未有也，終以二帝蒙塵，天下大亂。

後魏神瑞二年十二月，熒惑在瓠瓜星中，一夕忽亡，不知所在。崔浩以日辰推之，曰：「庚午之夕，辛未之朝，天有陰雲，熒惑之亡，在此二日。庚午未皆主秦，辛爲西夷。今姚興據咸陽，是熒惑入秦矣。」其後熒惑果出東井，留守盤旋，秦中大旱赤地，昆明水竭。明年，姚興死，二子交兵。三年，國滅。

齊永明九年八月十四日，火星應退在昴三度，先歷在畢；二十一日始逆行，北轉，垂及立冬，形色彌盛。魏永平四年八月癸未，熒惑在氐，夕伏西方，亦先期五十餘日，雖時曆疎闊，不宜若此。

隋大業九年五月丁丑，熒惑逆行入南斗，色赤如血，大如三斗器，光芒震耀，長七八尺，於斗中句巳而行，亦天變所未有也。後楊玄感反，天下大亂。

故五星留逆伏見之効，表裏盈縮之行，皆係之於時，而象之於政。政小失則小變，事微而象微，事章而象章。已示吉凶之象，則又變行，襲其常度。不然，則皇天何以陰騭下民，警悟人主哉！

近代算者昧於象，占者迷於數，覩五星失行，皆謂之曆舛。雖七曜循軌，猶或謂之天災。終以數象相蒙，兩喪其實。故較曆必稽古今注記，入氣均而行度齊，上下相距，反復相求。苟獨異於常，則失行可知矣。

凡二星相近，多爲之失行。三星以上，失度彌甚。天竺曆以九執之情，皆有所好惡。遇其所好之星，則趣之行疾，捨之行遲。

張子信曆辰星應見不見術，晨夕去日前後四十六度內，十八度外，有木、火、土、金一星者見，無則不見。張胄玄曆，朔望在交限，有星伏在日下，木、土去見十日外，火去見四十日外，金去見二十二日外者，並不加減差，皆精氣相感使然。

夫日月所以著尊卑不易之象，五星所以示政教從時之義。故日月之失行也，微而少；五星之失行也，著而多。今略考常數，以課疏密。

略例曰：其入氣加減，亦自張子信始，後人莫不遵用之。原始要終，多有不叶。今較麟德曆，熒惑、太白見伏行度過與不及，熒惑凡四十八事，太白二十一事。餘星所差，蓋細不足考。且盈縮之行，宜與四象潛合，而二十四氣加減不均。更推易數而正之，又各立歲差，以究五精運周二十八舍之變。較史官所記，歲星二十七事，熒惑二十八事，鎭星二十一事，太白二十二事，辰星二十四事，開元曆課皆第一云。

至肅宗時，山人韓穎上言大衍曆或誤。帝疑之，以穎爲太子宮門郎，直司天臺。又損益其術，每節增二日，更名至德曆，起乾元元年用之，訖上元三年。

## 校勘記

〔一〕每加度餘一分　錢校云：「依文義『每』字下當有『合』字。」